Julián del Casal

Prosas

Edición de Ángel Augier

Barcelona **2024**
Linkgua-ediciones.com

Créditos

Título original: Prosas.

© 2024, Red ediciones S.L.

e-mail: info@linkgua.com

Diseño de cubierta: Michel Mallard

ISBN rústica ilustrada: 978-84-9007-143-4.
ISBN rústica: 978-84-9816-339-1.
ISBN ebook: 978-84-9897-966-4.

Sumario

Crónicas

La sociedad de La Habana
Ecos mundanos recogidos y publicados por el Conde de Camors

DEDICATORIA
A *Madame* Juliette Lambert

Señora:

desde el lejano París, esa Atenas moderna, hasta nuestra Cuba, esta Irlanda americana, han venido, impulsados por las ondas azules del océano y los vientos favorables del aplauso, los volúmenes encantadores que, bajo el seudónimo de El conde Paul de Valisi, habéis publicado en los últimos tiempos, acerca de las sociedades más notables del mundo civilizado. Aquí se han leído esas obras, escritas por vuestra pluma fina —tan fina que a veces parece rozar el papel— con el mismo deleite que se leen las producciones de vuestros inmortales compatriotas. Hemos sentido, al devorar cada página, la misma impresión que siente el navegante, perdido entre los hielos del polo, condenado a fría noche perpetua, al respirar, en fúlgido rayo de Sol, efluvios perfumados de rosas primaverales. Habéis dejado en nuestros labios la miel de vuestro estilo galano y el sabor picante de vuestras deliciosas historietas.

Impulsado por la lectura de vuestros trabajos, me he atrevido, desde el rincón sombrío de mi vivienda de bohemio, a levantar mi voz —mi humilde voz nunca escuchada de vuestros oídos— hasta el pedestal gigante de vuestra gloria, donde aparecéis, a los del universo, como la Aspasia de los tiempos modernos, para presentaros, con desusado atrevimiento, aunque no sin cierta timidez, a la sociedad cubana de nuestros días. Algunos de los personajes que veréis desfilar en estas páginas, si vuestros hermosos ojos se dignan fijarse en ellas, os serán conocidos por haberlos encontrado muchas veces en el Bosque de Bolonia, en los Campos Elíseos, en los espectáculos de la Ópera Cómica y en las recepciones públicas. ¡Quizás alguno haya tenido la dicha de besar vuestras lindas manos de mundana y artista!

A vos, que habéis nacido en una comarca donde las mujeres poseen el don supremo de agradar, a vos, que representáis la doble majestad del talento y la belleza; a vos, que habéis sabido combatir noblemente, ya por la causa de vuestra patria ultrajada, ya por los derechos de vuestro sexo adorable; a vos, que fuisteis la humana inspiradora del ilustre Gambeta, como la famosa cortesana griega lo fue del sabio Pericles; a vos, que habéis empuñado las riendas doradas del salvaje corcel de la fortuna; a vos, que sabéis guardar en el alma el culto de vuestras viejas amistades, como lo habéis probado recientemente, abriendo las puertas de vuestra opulenta mansión, para congregar las notabilidades europeas y reivindicar la memoria del calumniado Tourguéniev; a vos, dedico estas páginas, inspiradas en la lectura de vuestras últimas publicaciones, no sin antes besar respetuosamente, aunque con el pensamiento, vuestros rosados piececitos de refinada parisiense.

Capítulo I. El general Sabas marín y su familia

Su personalidad. Su carácter. Recuerdos de algunos generales. Su encumbramiento. Sus antipatías. Su aislamiento. Salones del Palacio. Remembranzas de tiempos pasados. Escenas frecuentes. La quinta de los Molinos. Servidumbre palaciega. La generala. Sus hermanas. Rasgos distintivos. Ofrendas piadosas. Sobrenombre. Ocultas simpatías. Sus dos hijas.

De frente ancha, surcada de leves arrugas, por donde la calvicie se empieza a abrir paso; de ojos negros, luctuosamente negros, acostumbrados a presenciar los horrores de sangrientos campos de batalla; de nariz irregular, algo abierta, semejante a la de los emperadores romanos; de boca risueña, poco sensual, sombreada por luengos mostachos teñidos; de rostro agradable, bastante cárdeno, como el de toda persona que ha tomado grandes dosis de hierro; de andar lento, mitad por sus achaques, mitad por su naciente obesidad; tal es, en rápido bosquejo, la personalidad física del general Marín.

Respecto a su carácter, es altivo, no a la manera de Concha, ese gran vanidoso, que nunca se dignó estrechar la mano de sus inferiores; impetuoso, del mismo modo que Fajardo, a quien una señora parecida a *Madame* Stäel, la eterna enemiga de Napoleón, se vio obligada a amenazar; arbitrario, de una arbitrariedad de monarca absoluto, según lo prueban sus disposiciones. Los que le rodean temen sus primeros arranques. Parece que firma sus decretos, no con pluma de acero, sino con la punta de la espada. Dícese que, en mejores tiempos, ha combatido en los campos de Venus. Asegúrase también que los médicos le han aconsejado la estricta observancia de las siete virtudes capitales.

Un día, al salir el Sol, los habaneros encontraron los muelles rodeados de guardias de Orden Público. Inquiriendo la causa de esta medida, supieron que había sido dictada, por orden superior, para impedir la salida de algunos contrabandos. Este acto, conocido vulgarmente por La Toma de la Aduana, contribuyó poderosamente al nombramiento del general Marín para el puesto que hoy desempeña en propiedad.

Teniendo la desdicha de estar rodeado de malos consejeros, el general se ha hecho antipático a sus subordinados. Tanto la prensa, a quien persigue tenazmente, como el comercio, a quien no ha querido escuchar, lo han dejado en el más terrible aislamiento. Todos comentan desfavorablemente sus actos gubernamentales.

Los salones del Palacio, notables por sus esplendores pasados, están convertidos en amplios museos de antigüedades. Ya no se celebran, como en tiempos de Serrano, magníficas fiestas, en las cuales se encontraba lo más selecto de nuestra sociedad. La condesa de San Antonio, esa miniatura de la emperatriz Eugenia, que tanto ha figurado en las grandes poblaciones, gozaba de generales simpatías. Hay familias, que desde aquella época, no han pisado los umbrales de la Capitanía General. Tampoco se dan bailes, como los del general Blanco, el eterno adorador de las mujeres, en los cuales se gastaban algunos millares de pesos. Los burócratas son los más asiduos concurrentes de las recepciones vulgares del general Marín. Solo algunas familias cubanas, ya por razones de alta política, ya por hacerse merecedoras de algún favor, frecuentan todavía dichos salones. Un día de besamanos, al entrar el cónsul de Francia, vestido de rigurosa etiqueta, la concurrencia palaciega se sonrió maliciosamente, tan solo porque llevaba el traje de última moda y saludaba como el más correcto *gentleman*. También llama la atención, en los saraos (?) semanales, el señor Gómez Acebo, gran protector de las fábricas de Lubin y Coudray, porque pretende trasplantar las costumbres extranjeras. El señor don Venancio Aldama, al salir de Albisu, donde sonríe a la Rusquella, se dirige al Palacio y ameniza la velada tocando algunos danzones. Pocas veces se ven allí cubanos conocidos. Nuestro amigo el ilustrado Juan Federico Centellas, quien maneja admirablemente toda clase de armas, hasta el arma de Cupido, asiste algunos días. Los militares, que se agrupan en torno suyo, escuchan la narración de sus maravillosas cacerías, mitad sonrientes, mitad asombrados.

La quinta de los Molinos, residencia veraniega de los capitanes generales, situada dentro de la misma población, no se halla en mejor estado que la Capitanía General. El arte está proscrito de ambos lugares. El general Calleja, su último morador, la reformó ligeramente para celebrar un acontecimiento familiar. Ya no se dan, en esta quinta, las ansiadas retretas y espléndidos conciertos de pasados días.

La servidumbre palaciega deja también mucho que desear. Además de no ser numerosa, está compuesta de individuos que nunca han desempeñado tales funciones. Ya no lucen los sirvientes, en días de gala, el calzón corto de terciopelo negro y la casaca de raso del mismo color. Tampoco los lacayos están acostumbrados a la ostentación de pomposas libreas y al adorno minucioso de los corceles que engordan en las cuadras palaciegas. El general Marín se sirve indistintamente de sus dos coches para todos los actos necesarios.

La excelentísima señora doña Matilde León, esposa del general Marín, es una de las damas notables de nuestra sociedad. Hija de Andalucía, la tierra española más semejante a la nuestra, vive hace mucho tiempo entre nosotros. Tiene tres hermanas. Una, la condesa de Romero, tan conocida de los habaneros, es un modelo de belleza. Conserva todavía, a pesar de sus años, la hermosura de otros días. Los astros, hasta en su ocaso, son hermosos. Vive rodeada del amor de su familia y de las simpatías de sus semejantes. Otra, la marquesa de Casa Mantilla, verdadera dama del gran mundo, se ha distinguido, no solo por su hermosura, sino por su elegancia. Tenía en su casa salones orientales, donde se daban espléndidos saraos. Su esposo ha sido embajador de España en Washington y en Constantinopla. La marquesa ha llamado la atención en todas partes. La otra hermana, cuyo nombre ignoramos, se nos dice que vive retirada en Málaga. Por lo que se ve, la hermosura es tradicional en esta familia.

La esposa del general ha sido dotada pródigamente por la madre naturaleza. Todo lo que le falta a su esposo, se encuentra amontonado en ella. La benevolencia, la amabilidad y la ternura son sus rasgos distintivos. Desde la altura de su posición, se digna fijar sus ojos en los que están a sus pies. Conocidas son del público sus ofrendas piadosas. Se le llama *la madre de los desheredados*.

Aunque no puede demostrarlas, posee maravillosas aptitudes sociales. Une a su belleza hereditaria, la más refinada elegancia. La generala sabe llevar dignamente los entorchados. Goza de ocultas simpatías, entre las familias cubanas, pero no se las demuestran, ya por su retraimiento, ya por su posición, ya por otras circunstancias. Afírmase que sus protegidos la colman de valiosos regalos.

Tiene dos hijas, bastante hermosas, siempre elegantes, que ella ostenta, en algunos sitios, como un rosal, en floridos jardines, sus entreabiertos capullos.

La Habana Elegante, 25 de marzo de 1888.

Capítulo III. La antigua nobleza[1]

La condesa de Fernandina. Su persona. Anécdotas de su vida. Sus hijas.
El conde de Fernandina. Recuerdo de Marie Colombier. La marquesa de Calderón. Su existencia. La condesa de Casa Bayona. Su retiro.
El conde de Casa Bayona. Dotes personales. Sus dos hijos.
El conde de Romero. Su señora madre. Fiestas de Guanabacoa.
Hospedaje del general Martínez Campos. Candidatura. Aspecto del conde. Su esposa. Sus fiestas y carrozas. Recuerdo del tiempo pasado.
Sus hijas. El marqués de Santa Lucía. Su carácter. Sacrificio de su bienestar. Su hermana y sobrinas. Permanencia de éstas en la guerra.
Muerte del cuñado del marqués. Posición actual de esta familia.
Residencia del marqués. La marquesa del Real Socorro.

---

1   Al hablar de la antigua nobleza, solo nos ocupamos de los nobles que viven entre nosotros y llevan títulos antiguos. (N. del A.).

Su ilustración. Sus poetas favoritos. Su buen sentido práctico. El marqués del Real Socorro. Su enfermedad. Su muerte. Su carácter. Triunfos de otros días. Origen del título. El marquesito. Sus aventuras. La marquesita. El marqués Du-Quesne. Su descendencia. Muerte de su hermano. Sus antepasados. Cargos del marqués. Su esposa. Fiesta memorable. El conde de Lagunillas. Su nieta. Belleza de ésta. Sus favoritos. Elogio de éstos. El conde de la Reunión. Semejanza. Su aspecto. Triunfos mundanos. Su arte. Su esposa.

Una nocheinolvidable, mientras Sarah Bernhardt, la idolatrada trágica, prendido el manto imperial, recamado de gruesos zafiros, caracterizaba magistralmente, en nuestro gran teatro, a la emperatriz Teodora; vimos entrar, en palco inmediato a nuestra butaca, una dama de noble presencia, acompañada de dos señoritas. Aquella señora de rostro blanco, ligeramente sonrosado, semejante a nieve ensoleicida; de ojos azules, de un azul desvanecido, velados por leves sombras de tristeza; y de cabellos blondos, artísticamente rizados, como el de las antiguas damas venecianas; llevaba un rico traje de seda negro, con lujosos adornos, que hacía resaltar sus naturales encantos. Algunas joyas centelleaban en su cuello torneado y en sus mórbidos brazos. Benévola sonrisa vagaba por sus labios encarnados. Al verla por primera vez, nos hizo recordar la augusta matrona en quien Coppée, el aplaudido poeta parisiense, personificó la imagen de la Francia, para descubrirnos «Un idilio durante el sitio».

—¿Quién es la dama que acaba de entrar? —preguntamos al amigo inmediato.

—Es la condesa de Fernandina. Ha pasado la mayor parte de su vida en París, donde adquirió rápida celebridad. Se cuentan varias anécdotas de su estancia en las grandes capitales. Un día, en Londres, gastó veinticinco mil pesos, en una pareja de caballos, para rivalizar con el príncipe de Gales. Otra vez, en memorable concierto, obsequió a la estudiantina húngara con mayor suma que el barón de Rotschild. La condesa se ha distinguido también por su hermosura. Una noche, al verla entrar en las Tullerías, el emperador Napoleón se arrojó a sus pies y le dijo:

—Saludo a la mujer más hermosa de las Américas.

La condesa, no solo arroja fortunas, sino prodiga su bondad a manos llenas. Es la reina de la benevolencia. Siempre tiene frases halagadoras, hasta para los que nada merecen. Sus hijas, que son las dos señoritas que la acompañan, le preguntaron, en cierta ocasión, al oír los elogios que hacía de ridículo personaje:

—¿También le encuentras algo bueno a Fulano?

—¡Es tan raro! —respondió la condesa.

Durante la representación, aquella dama distinguida no apartó sus ojos de la escena. ¡Tal vez se imaginaba que oía a Sarah, la gran fascinadora, en el teatro de la Porte de Saint Martin! Al caer el telón, nos pareció que la condesa sentía la nostalgia de París.

—¿Y el conde de Fernandina? —preguntamos a nuestro amigo.

—Es un buen señor. Habrá ido a saludar a Sarah, su amiga predilecta de otros días, según afirma Marie Colombier.

La marquesa de Calderón, venerable señora, vive consagrada a los deberes religiosos. Inspira la más profunda veneración. El óvalo de su rostro, coronado de cabellos blancos, recuerda al de María Antonieta, en sus postrimerías. Su hija, la condesa de Casa Bayona, es una de las señoras más respetables de nuestra sociedad. Desde la muerte de su primogénita, la condesa se ha retirado al desierto de su dolor. La pérdida de su ángel adorado le ha abierto una herida profunda que no se puede cicatrizar. Ejercita la primera de las virtudes: la caridad. Su esposo, el conde de Casa Bayona, divide con ella su pesar. Es un excelente causeur. Se distingue por su aristocrática figura y sus refinados modales. Posee una vasta ilustración. ¡Lástima que haya abandonado su carrera diplomática, donde hubiera podido recoger numerosos laureles! De este matrimonio, quedan dos hijos. El mayor, que lleva el título de vizconde de Santibáñez, sigue la carrera de abogado, cultiva la literatura y tiene buenas dotes oratorias. Ha pronunciado discursos políticos, en Guanabacoa y en el Mariel, que han sido muy aplaudidos. El menor, que es niño todavía, asombra por su precocidad. Tiene profundos conocimientos históricos. Se le llama el futuro Cantú cubano. Ambos brindan a sus padres la esperanza de glorioso porvenir.

El conde de Romero se ha distinguido mucho en pasados tiempos. Su señora madre en cumplimiento de una promesa hecha por la salvación de la vida de su hijo, hacía celebrar anualmente, en la Villa de Guanabacoa, fiestas religiosas, en honor de Santa Filomena. Durante las ceremonias, la piadosa señora adornaba la imagen sagrada, con sus mejores joyas, y hacía que sus domésticos repartiesen estampas. El general Martínez Campos, al regresar de la guerra, se albergó la primera noche en casa del conde de Romero. Este señor tiene un tipo bastante criollo. Viste elegantemente, aunque con mucha sencillez. Sabe ocultar sus años. Ha sido candidato en estos tiempos para la Alcaldía Municipal de La Habana. Su esposa, hermana de nuestra generala, ha dado notables recepciones. Sus carrozas han llamado mucho la atención. Durante el gobierno del general Serrano, los condes de Romero, que estaban recién casados, se presentaron en un baile de trajes de la Capitanía General, vestidos de reyes. Aún nos parece ver a la hermosa condesa, con su regio manto carmesí, estrellado de brillantes. Esta señora despierta vivamente la atención del que tiene la dicha de contemplarla. Hace tres años, en Aguas Buenas, donde fue a curar a una de sus hijas, atraía las miradas de todos. Los condes han vivido siempre fuera de la capital. Sus dos hijas figuran en nuestro gran mundo. Han heredado mucho de la belleza materna. Una se ha casado recientemente y la otra permanece soltera aún.

El marqués de Santa Lucía, uno de los supervivientes de la revolución cubana, es el más demócrata de los aristócratas y el más aristócrata de los demócratas. Se ocupa de todo, menos de su título. Sacrificando su bienestar, se lanzó a la defensa de la Patria y logró reemplazar a Carlos Manuel de Céspedes, en el puesto de Presidente de la República Cubana. La señora doña Ciriaca Cisneros de Velasco, hermana del marqués, acompañada de sus hijas, también se arrojó a los campos de batalla. Cuando estalló la revolución, esta familia se dividió en tres grupos. Durante el espacio de un año, anduvieron errantes, sin saber unas de otras. Ocultas en miserables harapos, iban por el escenario de la guerra, asordadas por el estruendo de las balas y ennegrecidas por el humo del combate, enardeciendo a los valientes y llorando sobre los despojos de los muertos. Sufrieron indecibles privaciones. Todo buen cubano debe venerarlas. La hermana del marqués tuvo la valentía de presenciar la ejecución de su esposo que cayó prisionero. ¡Qué adiós tan triste debieron darse ambos consortes!, ¡qué cosas debieron decirse con los ojos!, ¡qué escena tan magnífica para Alejandro Parodi!, ¡el primer trágico del teatro griego de nuestros días! Antes de ser fusilado, el reo de amor patrio pidió que se le hiciera un cigarro, el cual se le compuso con hojas secas, suplicando al mismo tiempo que no vertieran lágrimas por su muerte. Esta familia, que perdió su fortuna por la Patria, estaría en la mayor miseria, si no tuviera la virtud del trabajo. La venerable señora Cisneros de Velasco se encuentra en Puerto Príncipe, trabajando por la reconstrucción de la provincia y el establecimiento del gran ferrocarril central.

La marquesa del Real Socorro, honra de su sexo, digna de figurar en la serie de damas ilustres de un Brantome del porvenir, vive oculta en las nieblas de su viudez. La lectura de los grandes escritores aminora la intensidad de su dolor. Byron y Musset son sus poetas favoritos. Además de su vastísima ilustración, posee grandes dotes para la dirección de los negocios. Conoce tan bien el precio del azúcar como el de la última obra publicada. Su esposo, el Marqués del Real Socorro, atormentado por la gota, «...enfermedad que solo ataca a los pocos felices de este mundo», se despojó de la vida. Era un cumplido caballero, excesivamente galante con las damas. Montado a caballo, parecía un centauro. Fue uno de los mejores ecuestres habaneros. Aleo, su rival, figura actualmente en el Reading Club de Nueva York. Nada consolaba al marqués, en sus últimos días, «del inmenso dolor de hacerse viejo».

Este título fue dado por haber ayudado al gobierno en la construcción de las murallas de La Habana. El marquesito se ha distinguido por sus aventuras amorosas. Hoy la marquesita, nacida Murias, posee entero el corazón del marquesito.

El marqués Du-Quesne, descendiente del gran almirante francés, a cuya memoria se han erigido tantas estatuas en Francia, es uno de los antiguos nobles que no están empobrecidos. Un hermano suyo murió en la guerra franco-prusiana, durante la batalla de Champigny. Sus antepasados tenían la costumbre de dedicar un hijo a Francia y otro a España. A pesar de ser muy joven, el marqués ha sido electo diputado a Cortes, es consejero de Administración y presidente del Amillaramiento. Por ser algo más se hizo conservador; pero hemos visto, en su gabinete, un retrato de don José de la Luz. Su esposa, la señora Concepción Montalvo, surnommée Cotón, sobresale en nuestra buena sociedad. Hace poco tiempo, con motivo de la celebración de sus días, dio una espléndida fiesta que ha dejado recuerdos imperecederos. Frecuenta mucho los teatros y las recepciones del general Marín.

El conde de Lagunillas, ilustrado miembro de la familia del poeta Zequeira, se ha distinguido por los diversos cargos que ha desempeñado en el Casino Español. El Austria cubana lo cuenta entre los suyos. Cultiva discretamente la poesía; pero administra mejor sus bienes. Su nieta, la señora Rosario Armenteros, hoy esposa del hijo de los condes de Fernandina, ha figurado mucho en nuestros salones. Reúne las cualidades que se exigen para la posesión de la belleza; el colorido; la proporción de los rasgos, la expresión y las gracias. Los gatos son sus favoritos. Piensa, como Baudelaire, que son los mejores confidentes de los dolores solitarios. El amor a los gatos es propio de las almas superiores. El gran Lamartine, mientras escribía, acariciaba la cola de uno de estos animales, el cual descansaba en sus rodillas. Los gatos eran adorados por los egipcios. Hay pocos matrimonios europeos, sobre todo en el mediodía de Francia, que no tenga un hermoso gato negro como emblema de perpetua felicidad.

El conde de la Reunión ha sido uno de nuestros elegantes. Parece un héroe de las novelas de Feuillet. Alto, de gallarda presencia, correctamente vestido, marcha de tal manera, que es imposible notarlo sin preguntar quién es. Ha obtenido grandes triunfos mundanos. Como D'Orsay, que hacía llevar su efigie hasta los hombres, cosa que no le perdonaron nunca las mujeres, el conde agrada naturalmente. Es un gran artista a su manera. Admira con su persona, como otros admiran con sus obras. Ha sido uno de los mejores drivers habaneros. Llamó la atención en el Hipódromo de Marianao, su mailcoach con trompetas. Merecía haber sido enteramente poderoso, porque sabe llevar la corona condal. Su esposa, muerta recientemente, era una reina de la belleza. Su alma, al salir del mundo, debe haberse refugiado en el cielo azul, dentro del lucero de Venus, esa isla luminosa de amor, hecha de piedras preciosas, donde nos aguardan, según la leyenda, las bellas muertas adoradas.

El Conde de Camors
La Habana Elegante, 1.º de abril de 1888.

La antigua nobleza

(Continuación)

El conde de Mopox y de Jaruco. Su descendencia. Acción meritoria. Su residencia actual. La condesa de Merlín. Su nacimiento. Su entrada en el convento. Su rápida salida. Su viaje a Madrid. Su educación y sus conocimientos. Grandes hombres españoles. Matrimonio de la condesa. Fuga a París. Su permanencia en la capital de Francia. Salones célebres. El salón de la condesa. Sus triunfos. Recuerdo de un concierto. Viaje a La Habana. Su muerte. Sus obras. El conde de Jibacoa. Su aspecto. La condesa de Jibacoa. Su semejanza. Alhajas célebres. Recuerdos del carnaval. El marqués de Prado Ameno. Su probable celebridad. Su espectáculo favorito. El conde de Casa Barreto. Sus aspiraciones. Su prole. Su casa. Anécdota del viejo conde. El marqués de la Gratitud. Sus grandes trenes. Su mejor título. El marqués de la Real Proclamación. Su patriotismo. Su capital. Sus amores. El marqués de la Real Campiña. Su existencia. La marquesa de la Real Proclamación. Sobrenombre. Digresión sobre las viejas mujeres.

El conde de Mopox y de Jaruco, descendiente del infante don Alonso de Aragón, por lo que ostenta, en un cuartel de su escudo, las armas del famoso reino citado, es el decano de los antiguos nobles cubanos. Habiendo heredado de su padre el señor don Joaquín de Santa Cruz y Cárdenas, gran benefactor de su país, la crecida suma de siete millones y medio de pesos, reconoció caballerosamente, por no ver manchado su ilustre nombre, la cantidad de nueve millones en deudas. Después de haber llevado una vida laboriosa, consagrada estrictamente al cumplimiento del deber, se ha retirado, con su hija mayor, apreciable poetisa, a una de sus posesiones. Aunque sienta llegar la muerte, la esperará resignado, como el filósofo pagano, con la conciencia tranquila al lado suyo.

Por más que nos habíamos propuesto ocuparnos solo de los antiguos nobles vivientes, no podemos omitir los nombres de algunos muertos ilustres. Tratándose del conde de Mopox y de Jaruco, asalta nuestra memoria el recuerdo de su insigne hermana. Nuestros lectores habrán pronunciado mentalmente el nombre de la condesa de Merlín.

Esta hija de Cuba, tan famosa por su talento como por su belleza, es una de las glorias femeninas de nuestro país. Nacida en 1789, pasó a educarse, después de algún tiempo, al Monasterio de Santa Clara, fundado por el capitán general don Pedro Valdés, quien gobernó desde el año 1602 hasta el 1608. Allí encontró la condesa dos tías suyas, una de las cuales era la abadesa. No pudiendo resignarse a vivir en el convento, se alejó secretamente a casa de su abuela materna, donde estuvo hasta que su padre la llevó a Madrid. Durante su permanencia en España, recibió una brillantísima educación y conoció la buena sociedad. La casa de sus padres estaba siempre abierta a los grandes hombres españoles. Quintana, Moratín y Maury iban todas las noches. Goya expuso sus mejores cuadros en los salones de aquella elegante mansión.

Habiendo contraído matrimonio en el año 1810, con el conde de Merlín, general francés, la hija de los condes de Jaruco se vio obligada a huir a París. Allí se dio pronto a conocer. Su casa estaba siempre invadida por lo más selecto del mundo parisiense. Solo se mencionaban en aquella época, cinco salones célebres: el de la baronesa de Staël, el de la actriz *mademoiselle* Contat, el del barón Gérard, el de la emperatriz Josefina y el de la condesa de Merlín. Este último, según *madame* Sophie Gay, era un paraíso armonioso. La condesa ejercía su influencia sobre los artistas. Además de sus cualidades de escritora, poseía condiciones para ser una gran cantatriz. Todavía recuerdan los parisienses, el triunfo de la condesa, al cantar públicamente en compañía de *madame* Dubignon, ante un parterre numeroso, en la sala de Wauxhall, el día del concierto dirigido y dado por ella a beneficio de los griegos. Después de haber hecho un viaje a La Habana, regresó nuevamente a Europa. Murió en París, en el año 1852, dejando escritas algunas obras que son muy conocidas.

El conde de Jibacoa, notable *sportsman*, hércules famoso, no tiene las costumbres de sus antecesores. Parece, a primera vista, un *burgeois*. La *embonpoint*, ese monstruo devorador, tan temido de Byron, se va apoderando de sus formas.

La condesa de Jibacoa, madre del conde, parecía una dama de la corte de Luis . Encantadora mujer de mundo, hermosa, espiritualmente galante, dominada por todos los gustos y todos los refinamientos, sabía encantar a los que los trataban. Era dueña de magníficas alhajas. Se han hecho célebres su deslumbrante cinturón de diamantes y sus valiosos grilletes de oro, esmaltados de piedras preciosas. Aún nos parece verla, con sus ojos verde mar y sus cabellos rubios, recorrer triunfalmente, en soberbia carroza, tirada por ocho parejas a la gran Dumont, el paseo de carnaval. Al pasar entre las filas enmascaradas, precedida de un séquito de numerosos amigos, hacía pensar en las antiguas reinas que entraban, por primera vez, en el país conquistado.

El marqués de Prado Ameno es la antítesis del conde de la Reunión. Viste decentemente, pero sin elegancia. Contrasta notablemente su figura con la de su mujer. Brillaría en la historia, como rival de Lúculo, si hubiera vivido en la Roma antigua. Es uno de los más decididos protectores de los bufos cubanos. Aplaude estrepitosamente. Hace repetir, para él solo, en algunas ocasiones, escenas enteras. Se ha distinguido en el cuerpo de bomberos.

El conde de Casa Barreto, a quien corresponde el título de marqués de Almendares, se dedica solamente a la agricultura. Prefiere la gloria de tener dinero a la de ostentar sus blasones. Recuerda, por su prole numerosa, al patriarca Jacob. Todo en él revela al hombre de campo y no al noble que vive en sociedad. Su casa es de las más abigarradas que conocemos.

Desde que se llega al umbral, hasta que se penetra interiormente, todo revela el mal gusto de su dueño. Se cuenta que un viejo conde de Barreto, poco querido de sus familiares, no fue velado en la noche de su muerte. Al tratar de conducir el cadáver al cementerio, llamó la atención el excesivo peso del ataúd. Destapáronlo cuidadosamente y vieron sorprendidos que estaba lleno de guijarros. Nunca se ha podido saber, al decir de algunos, la verdad del suceso.

El marqués de la Gratitud, poseedor, en un tiempo, de inmensa fortuna, vive retirado de la sociedad. Ha tenido siempre, como la difunta condesa de Jibacoa, magníficos trenes que ostentaba en el carnaval. Su mejor título es el de ser nieto del gran Arango, una de las glorias verdaderas de Cuba.

El marqués de la Real Proclamación, como la mayor parte de los miembros de su familia, se ha distinguido por su acendrado patriotismo. Durante las épocas más temibles de la política, cuando hasta los olvidos *involuntarios*, según la célebre frase de un amigo nuestro, eran calificados de infidentes, el marqués no dejó de poner su firma al pie de los mensajes que se remitían al Gobierno, pidiendo reformas en sentido liberal. Es el más fuerte capitalista, en tierra y censos. Posee uno de los mejores vínculos, pero no se dedica, a explotarlos. A pesar de sus años, el marqués tiene la dicha de amar y ser amado por las mujeres.

El marqués de la Real Campiña, hermano del anterior, esposo de una hija de Bachiller y Morales, vegeta retirado, ocupándose solamente de sus bienes.

La marquesa de la Real Proclamación, que lleva el sobrenombre de *la linda*, figuraría en nuestros salones, si aquí se observaran las costumbres francesas. Sabido es que en París, tanto en el siglo pasado como en los tiempos actuales, se hace la corte a las viejas damas. Ellas son las verdaderas emperatrices de la sociedad. Cuando las mujeres, afirma un elegante cronista parisiense, han pasado sus años de galantería, fundan su partido orgullosamente, cumpliendo una misión importante y tutelar para todas las edades. Ellas presiden círculos famosos, distribuyen las reputaciones, ponen a la moda ciertos adornos y ciertos libros, protegen relaciones amorosas, hacen matrimonios, tienen escuelas de *flirtation* y son tan buscadas como las jóvenes de quince años. ¿Quién mejor que la marquesa de la Real Proclamación, tan conocida por su belleza, como por su *esprit*, pudiera llevar el cetro de las viejas damas en nuestra sociedad?

El Conde de Camors
La Habana Elegante, 8 de abril de 1888.

La antigua nobleza
(Conclusión)
La condesa de Buena Vista. Otros títulos. Su físico.
Dotes morales. Su único defecto. El conde de Lombillo.

Su vida en las grandes capitales. Su existencia actual. El marqués de
Aguas Claras. Otros títulos. Frase célebre.
La condesita de Santa María de Loreto. Sus cualidades.
Su descendencia. Concepto erróneo de ella. El conde de Cañongo.
Sus grandes méritos. El marqués del Real Tesoro. Concesión del título.
La hermana del marqués. El marqués de Almeyras.
Sus grandes virtudes. Puestos en la masonería.
El marqués de Villalba. Antigüedad de su título.
Duelo reciente. Su retraimiento. Simpatías.
La condesa de Vallellano. Vida pasada y presente.
El marqués de Villalta. Semejanza. Despreocupación del título.
Su diletantismo. Otra cualidad. El marqués de Montelo. Su juventud.
Estudios posteriores. Su hermano. Celebridad de éste.
Profecía paterna. Duelo con Rochefor. Las hermanas del marqués.
Matrimonio de éstas. La madre del marqués. Su elegancia. Traje usual.
El conde de Casa Pedroso y Garro. Su descendencia.
Exigencia del título. La esposa del conde. Su naturalidad. Sus gustos.
Sus hijas. El marqués Cárdenas de Monte Hermoso.
Don Martín Calvo de la Puerta. La marquesa Viuda de Campo Florido.
Su carácter. Su belleza. Títulos caducos y oscurecidos.

La condesa de Buena Vista, heredera del condado de O'Reilly y del mar-
quesado de San Felipe y Santiago, es la flor más hermosa de nuestro
parterre aristrocrático. Alta, de rostro blanco, teñido de rosa por el pudor
ligeramente azulado por la sangre pura de sus venas, posee todos los
encantos, y todas las seducciones. Su voz es de una dulzura penetrante y
sus modales son refinados. Cuando se presenta, vestida suntuosamente,
con su perfil de diosa y su marcha olímpica, en algún palco de nuestro
gran teatro o en alguna fiesta de alta aristocracia, nos hace pensar que la
raza de las mujeres de otros tiempos no se ha extinguido todavía. Además
de su hermosura, posee una inteligencia superior. Tiene también las
generosidades espontáneas de las grandes almas. Ha dado pruebas de
generosidad legendaria y de su delicadeza natural, que están por encima

de todos nuestros elogios. Solo le encontramos un defecto: su excesiva modestia.

El conde de Lombillo, notable *gentleman*, ha sido un príncipe de la galantería. Después de haber pasado algunos años en las grandes capitales, ora siendo el cortesano de grandes damas, ora de famosas actrices, ha vuelto a La Habana donde solo se ocupa de la administración de los bienes paternos.

El marqués de Aguas Claras, que lleva el título de conde de Villanueva, solo se distingue en las filas austriacantes. También es Jefe de Voluntarios. Aunque mira mucho, ve muy poco. Un día, al verlo bajar de su coche, en la acera del Louvre, le dijeron a un periodista muy conocido:

—¡Ahí tenéis un Grande de España!

—¡También su cochero es grande de África!

La condesita de Santa María de Loreto, despojada del luto materno, se ha vuelto a presentar en nuestros salones. Es una joven simpática, muy discreta, amiga de los espectáculos teatrales. Desciende de la condesa de Merlín. Aunque se la cree altiva, no merece este concepto. Encontramos, en su manera de sentir, una bella cosa de los tiempos pasados: *el orgullo en el respeto de su raza*. Es el mismo sentimiento de la *grande Mademoiselle*, la enamorada de Lauzun, más Borbona que mujer, la cual se enorgullecía de tener los dientes negros porque así los tenían los miembros de su casa.

El conde del Cañongo es uno de los más activos propagandistas de las doctrinas automáticas. Ha organizado, en Vuelta Abajo, el partido liberal. También ha contribuido poderosamente a la fundación del Círculo Autonomista. Ha sido el heredero de un gran título, pero no ha heredado bienes.

El marqués del Real Tesoro, venerable caballero, figura poco en nuestra sociedad. Le fue concedido el título, en la época de la toma del Morro, por haber ayudado al Gobierno en la fabricación de cañones. Una hermana del marqués llora oculta, en el fondo de un claustro de Francia, las tristezas de su prematura viudez.

El marqués de Almeyras es uno de los mejores representantes de la antigua nobleza cubana. Su amor a la patria, su compasión por los desgraciados y su esplendidez para sus amigos, son verdaderamente admirables. Figura mucho en la Masonería, donde ha obtenido los más altos grados. Pertenece al mayor de sus hijos el título de marqués de Rendón.

El marqués de Villalba, esposo de una hermana del malogrado Cortina, reside fuera de La Habana. Lleva un título que fue otorgado en 1662. Ha tenido recientemente un duelo. De tiempo en tiempo, los periódicos nos recuerdan que existe —tanto es su retraimiento—, publicando su traslación de una a otra Promotoría Fiscal. Durante el desempeño de sus cargos, se ha captado las simpatías de los que han tenido ocasión de conocerlo.

La condesa de Vallellano, anciana señora, pasa tristemente, en apacible retiro, sus últimos días. Alma generosa, ha dado siempre muchas limosnas, católica ferviente, solo encuentra consuelos en la religión.

El marqués de Villalta es el más joven de los antiguos nobles. Cuando llega de sus fincas, donde pasa largas temporadas, nos parece ver al hijo de un *lord*, que regresa a sus castillos. Tan poco se ocupa de su título, que pocos lo conocen por él. Es un gran voluptuoso en materias de arte musical. Podemos decir del marqués, lo que Théophile Gautier decía de Boissard: «el *dilettanti* ha matado al artista; la administración le roba mucho tiempo y se agota en entusiasmos; pero no es dudoso que si la necesidad lo hubiera obligado, con su mano de hierro, sería un músico excelente». También se distingue en el manejo de las armas, siendo el discípulo predilecto de uno de nuestros mejores tiradores.

El marqués de Montelo es uno de nuestros más cumplidos caballeros. Durante su juventud estuvo dedicado a la vida *sportiva*. Después se consagró al fomento de la agricultura, haciendo un viaje a la Martinica para estudiar los grandes ingenios centrales. Su hermano, residente en París, es un virtuoso de la espada. Posee una de las más *fines lames* del Universo. Cuando vino al mundo, su padre le dijo a don José de la Luz:

—Ha nacido un émulo de Bolívar.

Pero no se cumplió la profecía. El hermano del marqués ha tenido muchos duelos; siendo el primero el que tuvo con Rochefort por defender la honra de Isabel , atacada por el célebre republicano. Tanto en este duelo, como en otros muchos, salió victorioso nuestro compatriota. Las hermanas del marqués, Blanca y Celina, se han casado, la primera, con el conde de Castelbajac, chambelán del emperador Napoleón , y la segunda, con Enrique Saavedra, actual duque de Rivas, jefe de una de las más distinguidas familias de la vieja nobleza castellana. La madre del marqués, que figuró mucho en París, bajo el imperio napoleónico, era una reina de la elegancia. Sabía asociar en su *toilette* el extremado refinamiento y la verdadera sencillez. Iba siempre vestida de negro, ostentaba artísticamente, en los cabellos empolvados, una rosa de color rojo de sangre.

El conde de Casa Pedroso y Garro, que lleva uno de los títulos más antiguos de la nobleza cubana, vive retirado en el campo, donde se ocupa de la explotación de su vínculo. Ostenta, orgullosamente, en el segundo cuartel de su escudo, las cuatro barras de Aragón, como legítimo descendiente, por la línea de los Zayas, del infante don Alfonso. Todo el que lleve este título tiene que casarse antes de cumplir los treinta años, bajo la pena de perderlo. La fundadora, dama de alta virtud, dominada por la teocracia, procedió de esta manera, porque consideraba inmoral el celibato. La esposa del conde, señora Andrea Chappotin, miembro de una de nuestras mejores familias, reside en esta capital. Es una señora de gran naturalidad. Amiga de los placeres mundanos, guarda los sentimientos de su juventud, atemperados por la prudencia de la edad madura. Ha tenido dos hijas, una de las cuales se ha casado con el señor Martínez Aguiar, miembro de la Casa de Austria, y que hizo una pingüe fortuna rápidamente. Este señor fue declarado inocente en el Supremo Tribunal y en una ruidosa causa que todos recuerdan.

El marqués Cárdenas de Monte-Hermoso, muy joven todavía, es el patrono de la Obrapía, fundada por don Martín Calvo de la Puerta, que fue uno de los grandes benefactores de Cuba, hasta el extremo que el doctor Romay pidió que se le erigiese una estatua, cuyo pedestal llevase la inscripción siguiente: «Martín Calvo de la Puerta. Dio cien mil pesos para dotar anualmente, con sus réditos, cinco huérfanos pobres. Ricos, imitadle; indigentes, bendecidle».

La marquesa, viuda de Campo-Florido, es el tipo acabado de la gran dama cubana. De carácter jovial, muy bondadosa, exquisitamente amable, ejerce una mistificación irresistible. Habiendo sido muy hermosa, tuvo muchos adoradores. Todavía conserva la regularidad de sus líneas y los gustos de antiguos tiempos.

La lista de los antiguos nobles cubanos, que es tan larga como la de los archiduques de Austria, va disminuyendo de día en día. Algunos herederos, como el conde de Macurijes, el barón de Kessel, el conde de Ricla y algunos más han dejado caducar sus títulos. Otros varios, como el marqués de Monte Corto, el conde de Casa Ponce de León y Maroto, el marqués del Real Agrado, el marqués de la Cañada de Tirry y el conde de Revillagigedo viven, hace tiempo, oscurecidos, por lo cual nos limitamos solamente a citar sus nombres.

La antigua nobleza de Cuba, compuesta de familias cubanas, está condenada, desde hace algún tiempo, ya por su posición actual, ya por razones políticas, a ver elevarse al lado suyo, otra nueva nobleza formada de ricos burgueses, sin más títulos que su fortuna, salvo honrosas excepciones; como las palmeras de nuestros fértiles campos, hondamente arraigadas en la tierra, ven levantarse rápidamente bajo la sombra de sus penachos verdes, innumerables yerbas parásitas, trasplantadas de otros climas por el viento tempestuoso de las altas regiones.

El Conde de Camors
La Habana Elegante, 15 de abril de 1888.

Capítulo XI. La prensa

(Fragmentos)

La afición a la lectura de periódicos. Tipos de lectores. Los vendedores de periódicos. Hazañas de éstos. Facilidad de fundar periódicos.

Existencia de los mismos. Asuntos tratados. Medios de que se valen.

El *chantage*. La *Revista de Cuba*. Su fundador. Excelencia de esta publicación. Cambio de dirección y de nombre. El señor Enrique José Varona, su actual director. Los señores Sanguily, Del Monte, Govín, Bachiller y Morales y Vilanova. Rasgos sobresalientes de todos.

Los colaboradores de la *Revista Cubana*. *La Lucha*. Su director.

Servicios prestados por este periódico. Su influencia.

Cruzada emprendida, etc.

Desde hace algún tiempo, hemos adquirido una costumbre esencialmente británica: la lectura de los periódicos. Si salís a la calle, al brillar el Sol, veréis sentados en las puertas de los establecimientos a acaudalados comerciantes, con el traje del trabajo, leyendo ansiosamente, ora en voz alta, ora en voz baja, los diarios matinales. Si detenéis el paso, al cruzar delante de una casa de familia, veréis también, tras las rendijas de las persianas, al jefe del hogar, arrellanado cómodamente en ancha butaca, recorriendo las líneas del periódico que sostienen sus manos. Tanto el comerciante como el padre de familia, no pueden dedicarse con verdadero gusto a sus ocupaciones diarias, si no han leído previamente los periódicos. La lectura de los diarios es una de sus primeras necesidades. Solo se alimentan intelectualmente de periódicos. También es cierto que por ello no se olvidan de que saben leer. Durante la mayor parte del día, oiréis igualmente, ya en la calle, ya en vuestro hogar, los gritos de innumerables vendedores de periódicos que circulan por la ciudad. Casi todos los que se dedican a la venta son pilluelos ágiles, semejantes a los de Londres, que meten el periódico por los ojos, conocen el contenido de los artículos, interrumpen la marcha de los carruajes, ofrecen proporcionar los números prohibidos y se cuelgan de los ómnibus, a riesgo de golpes mortales, como racimos humanos.

No presentando grandes dificultades la fundación de un periódico, puesto que no se necesita protección, ni dinero, ni se adquiere inmediata responsabilidad, aparecen frecuentemente, en el estadio de la prensa, nuevos representantes de los diversos partidos políticos. Unos logran sostenerse a costa de grandes esfuerzos; otros desaparecen rápidamente por falta de lectores; siendo difícil que alguno prospere, toda vez que el público tiene sus diarios predilectos.

A pesar de las persecuciones que sufren los periodistas, la prensa habla diariamente de los sucesos ocurridos, ya en forma clara y terminante, si el hecho es del dominio público, ya en forma novelesca, si se trata de encumbradas personalidades. Por más que se valga de este último medio, el público comprende fácilmente lo que se le quiere decir. También existen algunos periódicos que se dedican al *chantage*, en gran escala, para compensar la falta de lectores. Así se explica la existencia de algunos diarios que tienen muy poca importancia.

Tratándose de la prensa, hay que colocar en primer término, tanto por su valor intrínseco, como por sus notables redactores, a la *Revista de Cuba*, publicación mensual, cuyo sostenimiento puede considerarse como obra patriótica. Fundada valerosamente, en época lejana, por el malogrado Cortina, llegó a adquirir, al poco tiempo, merecida publicidad. Todo el que vive en Cuba debiera estar suscrito a dicha revista, no solo por las materias interesantes de que trata, sino por ser la verdadera representación de nuestra cultura científica y literaria.

Muerto su fundador, pasó la *Revista de Cuba* a ser dirigida por el señor Varona, quien la publica mensualmente, bajo el nombre de *Revista Cubana*, a satisfacción de sus lectores. Enrique José Varona es el primero de nuestros grandes hombres. Dotado de asombrosa inteligencia, se dedica a todos los ramos del saber humano. Filósofo eminente, goza de reputación universal, hasta el extremo de que su libro de Lógica sirve de texto, por exhortaciones de Ribot, en algunos institutos franceses; poeta exquisito, cincela sus joyas poéticas, con escrupulosidad de antiguo orfebre florentino, para deleite de los espíritus refinados; orador notabilísimo, hace pensar, a su inteligente auditorio, en que así debían expresarse los grandes oradores de las academias de Atenas, crítico profundo, ejerce magistralmente su misión, siendo considerado su juicio como el fallo definitivo de cualquier punto científico y literario. Varona es, en resumen, una figura enciclopédica que podría brillar esplendorosamente en el cuadro del más grandioso de los siglos.

Manuel Sanguily, el héroe superviviente de la revolución cubana, el orador más popular de nuestros días, el polemista incansable de contundentes argumentos, el crítico temible de anatómica penetración, es el primer redactor de la *Revista Cubana*. Dulce y cariñoso como un niño, altivo y colérico como un león, tal es el señor Sanguily. Tiene también algunos rasgos de misantropía, propio de aquellos seres que han perseguido vanamente su ideal. Vive monásticamente, en sencilla casa del Cerro, rodeado de libros. Allí se reúnen algunos amigos suyos, en ciertos días, formando una especie de cenáculo, para escuchar su deleitosa conversación, esmaltada de imágenes brillantes y de epigramas sangrientos. Sabido es que sus frases crucifican. Habiéndole preguntado un amigo, en memorable ocasión, qué le había parecido el discurso del diputado , respondió el señor Sanguily:

—Frases haciendo gimnasio sobre un bigote y debajo de una calva.

El señor Ricardo Del Monte, cuya persona ha sido manoseada recientemente por pedante criticastro en tonto articulejo, forma parte de la escogida redacción de la *Revista Cubana*. Aunque rara vez publica el señor Del Monte sus lucubraciones, por causas desconocidas, lo cual se atribuye maliciosamente al *mal del país,* cada vez que lo hace se registra un nuevo acontecimiento en la historia de la literatura cubana. Por más que su laboriosidad no haya correspondido, según lo publicado, a su poderosa inteligencia, el señor Del Monte será uno de nuestros inmortales. No es preciso para entrar en el templo de la gloria, ir cargado de enormes baúles rellenos de toda clase de objetos: basta un cofrecito de madera preciosa, artísticamente esculpido, que encierre algunos diamantes negros. A pesar de que el señor Del Monte se ha consagrado a la crítica, posee excepcionales condiciones para el cultivo de la poesía; pero la opinión pública, que lo ha proclamado príncipe de nuestros críticos, no ha consentido que fuera dos veces grande. Tal vez influya, en su lamentable silencio, su continua soledad. *¡Desgraciado del hombre solo!* ¿Quién puede aplicarse, con más motivos que el señor Del Monte, las anteriores frases del Evangelio, tan repetidas por los moralistas?

El señor Antonio Govín, notable orador satírico, profundo jurisconsulto y secretario del Partido Liberal; el señor don Antonio Bachiller y Morales, venerable caballero, tanto por sus años como por su erudición; y el señor Vilanova, conocido profesor, muy perito en materias económicas completan el grupo de redactores de la nunca bastante ensalzada *Revista Cubana*.

Además de su valiosa redacción, cuenta la *Revista*, en el número de sus colaboradores, a los señores Varela Zequeira, Borrero Echevarría, Armas y Cárdenas, Mitjans, los dos Sellen y todos los que gozan de merecida celebridad.

Después de la *Revista Cubana*, hay que mencionar en el número de los diarios, ya por su circulación, ya por su popularidad, al periódico democrático *La Lucha*, el favorito de nuestro público, dirigido por el señor Antonio San Miguel, que es una de las personas más agradable y de mejor sentido práctico que conocemos.

Debido al sistema que emplea, su diario ha llegado a ser, en corto espacio de tiempo, el órgano de la opinión pública, la cual está por encima de todos los poderes. Ocupándose minuciosamente de lo sucedido, diciéndolo todo sin ambages ni rodeos, interpretando los sentimientos populares, pidiendo el cumplimiento de reformas prometidas y anunciando las que reclama el porvenir; ha hecho temerse, no solo de los que desempeñan los primeros cargos públicos, sino de todos los parásitos que pululan alrededor de estos. No se comete un solo acto de ilegalidad, sin que al instante sea denunciado por el diario democrático.

La Lucha no sirve directamente a ningún partido político, sino a los intereses generales del país. Tanteando el pulso de la muchedumbre, es su primer cortesano y su más ardiente defensor. El pueblo compensa a su periódico, consumiendo diariamente numerosos ejemplares.

La redacción de *La Lucha*, compuesta de jóvenes escritores, como conviene a un periódico de combate, ha emprendido, en los últimos tiempos, una heroica cruzada contra el régimen actual. Desde los señores Rivero, Morales y Daniel, redactores políticos, hasta los señores Valdivia y Briñas, redactores literarios, todos han contribuido en la medida de sus fuerzas, a realizar los fines indicados.

El Conde de Camors
La Habana Elegante, 13 de mayo de 1888.

Capítulo IV. Los antiguos nobles en el extranjero

Causas principales de los viajes. Enumeración de los antiguos nobles cubanos que viven en el extranjero. El conde de Santovenia.
Su educación. Sus aventuras amorosas. Su casamiento. La hermana del conde. Sus dos matrimonios. El marqués de Dos Hermanas.
Sus padres. Sus primeros estudios. Viaje a Madrid. Su primer matrimonio. Muerte de su primera esposa. Viajes por Europa y América.
Su traducción de las obras de Shakespeare. Segundo matrimonio.
Su palacio. La condesa de Casa-Montalvo. Cualidades distintivas.
El marqués de Arcos y de Casa-Calvo. Su estado actual. Sus hermanas.
El conde de Peñalver. Sus cargos. Su tía. Historia de los amores de ésta y su entrada en el convento. El marqués de San Carlos. Sus fiestas, etc.

Cuando la patria cubana mimada por la Fortuna, más que por la Libertad, abría su seno, pletórico de oro, a la codicia de los extranjeros y bienestar de los insulares; muchas de nuestras familias, ya por gozar de sus cuantiosos bienes, ya por temor a las persecuciones políticas, emprendieron viajes a países extranjeros. Unas han regresado tras larga ausencia, lamentando pasados extravíos; otras se han establecido, desde hace tiempo, en sus poblaciones favoritas.

De los antiguos nobles que viven en el extranjero, tanto por ambas causas mencionadas, como por otras muchas de difícil enumeración, solo merecen citarse los siguientes:

El conde de Santovenia.

El marqués de Dos Hermanas.

Los condes de Casa-Montalvo.

El marqués de Arcos y de Casa-Calvo.

El conde Peñalver.

Los marqueses de San Carlos.

El conde de San Fernando.

El marqués de Isasi.

Los marqueses de Castell-Florite.

El conde de Santovenia, se alejó en edad temprana, de nuestras playas para recibir la conveniente educación. Después de haber pasado algunos años, en el colegio Windsor, que es uno de los mejores de Londres, se trasladó a París, donde se hizo notar por sus aventuras amorosas. Enamorado locamente, con el ardor de los primeros años, de una hermosa mundana, conocida por el sobrenombre de *La Argentina*, se refugió en Inglaterra para gozar libremente de sus amores. Recuperado por su familia, volvió nuevamente a París, logrando reanudar su *liaison*. Queriendo alejarlo de aquella Sapho, tan hermosa y temible como la de Daudet, su señora madre le propuso que hiciera un viaje a Madrid. Allí se le había preparado un matrimonio, con la hija de los duques de la Torre, la cual llegó a agradarle; pero, al poco tiempo, estando el conde en el Teatro Real, vio aparecer, en palco inmediato al suyo, a la seductora *argentina*, acompañada de otra bella impura del mundo parisiense. Ambas cautivaron la atención, en aquella noche, tanto por su hermosura, como por su elegancia, de la alta sociedad madrileña. Habiéndose unido nuevamente, nuestros dos amantes se escondieron en Suiza, regresando al poco tiempo a París. Después de grandes esfuerzos, logróse separar al conde de su *maîtresse*, haciendo que se casara, gustosamente, con la señorita antes mencionada, la cual es su compañera en la actualidad.

La señorita Mercedes Campos y Martín, hermana del conde, ha sido poco feliz. Casada primeramente, con el hermano de su cuñada, tuvo que divorciarse por causas muy conocidas. Últimamente, según la prensa, se ha verificado su matrimonio, con *mister* Mielvaque, un noble empobrecido al decir de algunos, un famoso aventurero al decir de otros.

El marqués de Dos Hermanas es el más ilustre de los antiguos nobles cubanos. Hijo del excelentísimo señor brigadier don Francisco de Velasco, descendiente de los condes de Haro, y de la señora de Rojas, nieta de los marqueses del Real Agrado, cuyos antecesores se distinguieron en la conquista de Granada; hizo sus primeros estudios en La Habana, llegando a recibirse de licenciado en Derecho, a la temprana edad de dieciocho años. Después de algún tiempo de permanencia en Madrid, donde se recibió de doctor y obtuvo cátedra, por rigurosa oposición, regresó a su patria, ingresando en la carrera administrativa, sin consentir que sus servicios fueran nunca remunerados. Casado en 1855 con una rica heredera, siguió desempeñando su destino, hasta la muerte de sus padres. Habiendo fallecido su esposa, en 1860, se dedicó a viajar. Ha visitado toda la Europa y la mayor parte de América. Aunque ha escrito muchas obras, según aseguran sus biógrafos, ha publicado muy pocas. Pero su excelente traducción de Shakespeare, cuyo teatro ha dado a conocer en España, bastó para conquistarle un puesto envidiable en la literatura castellana. Casado nuevamente, en 1875, con la señorita Sofía Bisso y Zulueta, sobrina de la condesa del Montijo, reside actualmente en Madrid. Su palacio, poblado de curiosidades artísticas, adquiridas en sus largos viajes, es el centro de reunión de los grandes hombres españoles, tanto de los que figuran en la política, como de los que sobresalen en las artes.

La marquesa de Casa-Montalvo es una de las damas que honran la sociedad de Madrid. Olímpicamente hermosa, elegante y espiritual, se distingue por sus refinados modales y exquisita conversación. Su espíritu viajero le hace emprender frecuentes viajes. El conde, miembro de una de nuestras más ilustres familias, es un *dandy* completo, que se distingue por su habilidad en el manejo de toda clase de armas. Ambos esposos tienen otro título de renombrado abolengo.

El marqués de Arcos, que lleva también el título de marqués de Casa-Calvo, ha viajado mucho, dejando extraviada su razón en los laberintos de la locura. Tiene dos hermanas solteras, consagradas estrictamente a los deberes religiosos, las cuales piensan dejar su inmensa fortuna, en la hora de la muerte al Sumo Pontífice León XIII.

El conde de Peñalver, senador por una provincia, olvidada, es concejal del Ayuntamiento de Madrid. Su tía, la señorita Leocadia Zamora, ha sepultado en el seno del claustro su alocadora hermosura y sus envidiables facultades artísticas. Víctima de una pasión amorosa engendrada por la belleza de su sobrino, el marqués de Valero de Uría, hermano del mencionado conde de Peñalver, tomó el hábito de las Hijas de Santa Clara, del cual se despojó más tarde. Hoy se encuentra esta dama en un convento de España, distinguiéndose por sus virtudes.

El marqués de San Carlos ha sido uno de los antiguos nobles cubanos que han figurado más en las capitales extranjeras. Bajo su figura burguesa, se esconde un completo caballero. Durante su residencia en París, dio magníficos saraos. Todavía se recuerda su fiesta dada en honor de la reina Isabel . Al anunciarse la llegada de la soberana, el marqués salió a recibirla con rico traje de antigua usanza, llevando en las manos gruesas antorchas encendidas. Después inclinó sus rodillas, acompañándola a los salones. Hasta en sus épocas de mayor carestía, el marqués ha conservado siempre —como Loewe Weimars, que iba a Longchamps en carroza tirada por cuatro caballos, con lacayos empolvados, sin haber comido—, su amor al lujo y a las fiestas mundanas.

El Conde de Camors
La Habana Elegante, 20 de mayo de 1888.

Capítulo XIII. Los pintores
(Fragmentos)
El señor Collazo. Asuntos de sus cuadros. Su amor al arte. Su escuela.

Colores predominantes en sus lienzos y cualidades sobresalientes en los mismos. Su estudio. Ligera descripción de este lugar. Sus retratos. Sus paisajes. Rasgos distintivos de ellos.

El señor Collazo es el pintor de las grandes damas y de encantadores paisajes. También pinta, con manomaestra, tipos del siglo pasado: bellas pecadoras, con flores en el pecho y abanicos en las manos; caballeros galantes, en traje de corte, sonriendo a hermosas duquesas; viejos volterianos, de sonrisa burlona y ojos chispeantes, narrando historietas picarescas; abates licenciosos, calado el solideo de raso negro, bajo el cual se escapan sus finas mechas de cabellos blancos; bufones grotescos, con trajes abigarrados, ostentando rostros contraídos por las risas y las muecas. Nunca busquéis, en sus lienzos magníficos, las fregonas desgreñadas, los mendigos harapientos y los rufianes insolentes que se admiran en las telas de algunos maestros. Todo lo que brota de su pincel es refinado, exquisito y primoroso.

Pocos artistas habrá, como el señor Collazo, tan poseído del ideal. El arte es para él una especie de religión. Ni la política, que brinda extenso campo a las ambiciones humanas; ni el mercantilismo, que se dilata como letra asquerosa por nuestro cuerpo social; ni su cuantiosa fortuna, que hubiera podido transformarlo en un dorado inútil; nada basta a hacerle apartar sus ojos, deslumbrados por el fulgor de los ensueños, de las cimas ideales, donde se alcanza, al término de la ascensión, el lauro de oro de la inmortalidad.

Aunque el señor Collazo estudia concienzudamente las diversas escuelas pictóricas, no está afiliado a ninguna de ellas, perteneciendo a la que siguen los grandes pintores contemporáneos: la del buen gusto. Predominan generalmente en sus retratos y paisajes, los colores delicados: el gris perla, el rosado de flamenco, el blanco opalino, el verde aterciopelado y el azul de claro de Luna. Sus cualidades sobresalientes son la templanza, la claridad, el dibujo correcto y la intención filosófica, que dan a sus pinturas un carácter particular, nuevo y extraño.

El estudio del señor Collazo es el más completo que conocemos. Situado en el último piso de una casa de aspecto severo, encierra tesoros artísticos de inestimable valor. Todo brinda al recogimiento y a la meditación. Parece la morada de un soñador de la Grecia antigua, desterrado del mundo moderno, que se ha escondido para soñar y producir. Siempre el artista busca, a la manera del enamorado, el silencio y la soledad; porque la inspiración aguarda que el mundo se aleje para poder entrar.

Desde que se penetra en el estudio, no se tienen ojos suficientes para contemplar los objetos que atraen nuestras miradas. Ancha panoplia colosal, forrada de paño verde, sostiene un arnés completo, rodeado de toda clase de armas antiguas y modernas. Al lado de la panoplia, suntuosas colgaduras rosadas, artísticamente prendidas, ocultan la desnudez de las paredes. Jarrones chinescos, ornados de figuras y animales fantásticos; porcelanas antiguas, de diversos tamaños y variados colores; grupos escultóricos, ya en mármol, ya en barro, inspirados en asuntos mitológicos; lámparas maravillosas, primorosamente labradas, suspendidas del techo; muebles antiguos, forrados de viejas telas riquísimas; alfombras pérsicas, con flores grandes y diversidad de matices; todo lo más precioso que el gusto cosmopolita ha producido se encuentra diseminado, como por manos de hada, en los rincones.

Además de los objetos enumerados, posee el señor Collazo una magnífica colección de trajes, auténticos y suntuosos, de los tres últimos siglos.

Acompañan a los trajes, todos los accesorios indispensables: pelucas empolvadas, medias de seda, puños de encajes, zapatos elegantes y cinturones primorosos.

Hecha esta ligera descripción, pasemos a los cuadros. Frente a la puerta de entrada, se destaca, en su marco negro, incrustado de bronce, el retrato de una de las grandes damas de nuestra sociedad: la señora Emelina Collazo de Ferrán. Vestida de rico traje de color lila, ornado de encajes blancos, descansa sobre blando diván rosado, donde hay esparcidos algunos cojines del mismo color. Su pie diminuto, oculto en elegante zapatito de raso negro, asoma, bajo los pliegues del vestido, apoyándose en suntuoso almohadón. Una atmósfera ideal, que parece estar hecha de perlas vaporizadas, flota en torno de aquella figura. No se puede pedir más arte, ni más gracia, ni más naturalidad. Puede aplicarse al señor Collazo, sin rayar en lo hiperbólico, la siguiente frase de Rubens acerca de Holbein: *es el pintor de la verdad que habla y piensa.*

Otro de sus mejores retratos es el de la señora de Malpica. Este cuadro, que estuvo expuesto en el establecimiento del señor Quintín Valdés, ha merecido la aprobación general. Sobre el fondo violeta del lienzo, el cuerpo de la hermosa dama, ceñido delicadamente por regio vestido de raso crema, bordada la delantera de flores, se destaca en pie, majestuoso y altivo, mostrando su arrogancia y su gallardía. ¡Qué expresión la de aquel rostro! ¡Qué mirada la de aquellos ojos! ¡Qué bien marcados los contornos de aquel cuerpo escultural! ¡Qué aire de majestad en la figura! Parece que es la reina Isabel de Inglaterra, en el momento de recibir el homenaje de sus cortesanos.

Pero no es en los retratos, sino en los paisajes donde más se le puede admirar. Todos se recomiendan por la verdad del tono, la fineza del pincel y un sentimiento delicado de la vida campestre. Las figuras solo intervienen como agradables manchas de color y no tienen más importancia que la de ser humano perdido en el seno de la naturaleza.

El primer paisaje, que se encuentra en el estudio, tiene detalles encantadores. Es la hora del mediodía. No hay ni mucha luz, ni mucha sombra. Las plantas tropicales, desmayadas de calor, doblegan sus hojas. Ligera bruma, dorada por el Sol, flota sobre los campos. Una niña angelical, en la que parece haberse encarnado el sueño de un poeta, se reclina fatigada en el grueso tronco derribado del árbol secular. En el suelo, alfombrado de hojas secas, descansa un lebrel, fijos los ojos en su dueña, como dispuesto a defenderla. ¡Qué actitud la del noble animal! ¡Con qué gracia apoya la niña su adorable cabecita, aureolada de cabellos rubios, en el centro de su brazo izquierdo! ¡Cuán bien se precisa el arco que forma su cuerpecito estatuario al reclinarse en el árbol! ¡Cómo se notan los diversos matices de las plantas!

Otro de los cuadros notables, es el que trataremos de describir. Una pareja amorosa, sentada a la sombra de verdes árboles, cargados de ricos frutos, saborea las dulzuras de la Luna de miel. Los trajes de los jóvenes esposos son de colores alegres —ella está vestida de rosado y él de azul, a la moda del siglo dieciocho—, como conviene a su situación feliz. Al lado del mancebo, hay una mesita elegante, ornada de un juego de café. Un periódico no leído se ha deslizado al suelo, sin que lo adviertan los enamorados. Alrededor de estos, se encuentran lindas macetas, sembradas de flores primaverales. Más lejos, a la derecha, se levanta un palomar, en torno del cual revolotean las palomas. Mientras el joven, ensimismado y tranquilo, revuelve con la mano izquierda el azucarillo de la taza; estrecha, con el brazo derecho el talle de su compañera, la cual parece, lánguida y sonriente, reclamarle un beso de amor. En el fondo del cuadro, dos viejos están sentados a una mesa de comer, servida por un mozo que destapa una botella. Uno de los viejos, glotón y despreocupado, sigue comiendo tranquilamente; el otro, dejando el cubierto, se vuelve de medio lado, para contemplar la pareja amorosa. Ésta continúa distraída, sin ocuparse de que la observan. Hay un contraste saliente entre los dos grupos, digno de fijar la atención del espectador. Humanidad, poesía, idealismo, todo se encuentra en esta obra maestra.

Hay también, en el estudio, numerosas marinas, acuarelas, paisajes y bocetos que desafían la pluma más hábil y rechazan toda descripción. A pesar de esto, los mejores cuadros del señor Collazo están en Nueva York donde se exponen y se venden a precios elevados.

Al salir del estudio, para entrar de nuevo en el mundo, el ánimo se siente dolorosamente impresionado por la realidad. Tal parece que hemos descendido, desde un palacio italiano, poblado de maravillas artísticas, hasta un subterráneo, lóbrego y húmedo, donde resuenan lamentaciones, de esos que se contemplan en las aguas fuertes de Piranése. Pero el ánimo pronto se consuela, con el recuerdo de lo que ha visto y de lo que ha admirado, porque el arte proporciona todos los goces... ¡hasta el de olvidar!

El Conde de Camors
La Habana Elegante, 24 de junio de 1888.

El general Salamanca

Es una figura popular. ¿Quién no ha visto su retrato, en algún periódico o en alguna esquina? ¿Quién no ha oído hablar de su vida privada, de su ardiente patriotismo, de sus hazañas militares y de sus discursos parlamentarios? ¿Quién no lo ha encontrado al caer la tarde, por las calles de La Habana, en ancha carretela, con el viejo uniforme azul, galoneado de oro; con la gorra de paño, calada hasta los ojos, enrojecidos por el insomnio; con el bigote canoso y la pera militar, retorcidos descuidadamente; con el rostro sombrío caído sobre el pecho, meditando en sus dolencias físicas o en la solución del problema colonial, sin atraer la atención de nadie, sin dirigir la palabra a sus acompañantes y sin buscar el saludo de los transeúntes?

Desde que se propagó la noticia de su nombramiento, la mayoría de los habitantes experimentó inmensa satisfacción, no solo por las esperanzas que hacía concebir, sino por el relevo anhelado de su antecesor. Hubo entonces una excitación general que pudiéramos calificar de *fiebre salamanquina*. Muchos creyeron, tanto por ignorancia, como por el deseo de futuro bienestar, que tan pronto llegara Salamanca cesarían repentinamente los males que se dilatan, como llagas purulentas, por nuestro organismo social. Un periódico se ocupó de esto, en términos levantados. Otros individuos aseguraron, por inveterado pesimismo o por antecedentes previos, que el nuevo gobernante haría lo mismo que los demás. ¿Quiénes son los que han acertado? No es posible decirlo todavía.

Un día de fiesta popular fue el de la llegada de Salamanca. Todo el pueblo se desbordó, como impetuoso torrente, por las calles, formando luengo rosario en las cercanías del mar. Cada cual deseaba ver, con sus propios ojos, el nuevo Mesías que entró triunfalmente en la moderna Jerusalén, bajo el palio azul del cielo, radiante de fulgores apoteósicos, no recibiendo palmas, pero sí miradas de curiosidad. ¡Era tan raro un buen gobernador general!

Asegúrase que Salamanca, en la vida privada, es hombre amable y de encantadora sencillez; siendo comparado, por estas cualidades, a *mister* Grover Cleveland, el ex presidente de los Estados Unidos. Uno de sus placeres favoritos es el tener buena mesa, no tanto por gastronomía, como por obsequiar espléndidamente a sus numerosos comensales. No es partidario del lujo, ni de las ceremonias oficiales. Goza fama de honrado en todas partes, hasta el punto de que el conde Paul Vasili, en su admirable libro sobre la sociedad madrileña, lo recomienda al señor Sagasta, no para la cartera de la Guerra, sino para la de Hacienda, por su reconocida competencia y su intachable honradez.

La manía del general —porque Salamanca, como cada hombre tiene su manía— es la de los uniformes. Tanto le gusta estar rodeado de gentes *uniformadas*, que al señor Texifonte García Gallego, su secretario particular, lo ha hecho capitán de Voluntarios, por el placer de verlo siempre, según se dice, con sus distintivos correspondientes. Y esto lo hace por manía, más bien que por ignorancia de las reglas de la etiqueta porque el hijo de la condesa de Campo Alegre no puede ignorarlas. Es tan buen cortesano, como valiente militar: lo mismo sabe llevar el frac que desenvainar la espada. Pero su manía lo domina. Conocido es el decreto de los uniformes burocráticos. También se sabe que llamó la atención, en los salones de la «Caridad» la sociedad más *fashionable* de La Habana, por haber asistido, con su uniforme sempiterno, a un baile de carnaval. ¿Iría tal de vez de uniforme, como dice Hernández Miyares, con su admirable *esprit*, por creer que La Habana estaba en estado de sitio o... en estado primitivo?

Durante el breve período de su mando, ha revelado dos cualidades que lo colocan muy por encima de la mayoría de sus antecesores: imparcialidad política y amor a la justicia.

Todos los gobernantes han demostrado siempre una inclinación decidida en favor de algún partido político, tanto por tener idénticos ideales, como por captarse la voluntad de los que se proponían alcanzarlos. Pero el general Salamanca ha hecho lo contrario, ya que por su escepticismo de viejo político español, ya por necesitar de la cooperación de todos los partidos para el desarrollo favorable de sus planes regeneradores. Aunque ha tratado de unir las grandes fracciones divididas del partido conservador, lo ha hecho amistosamente por amor a la concordia, sin revelar la intención de hacer causa común con alguna de ellas.

Su amor a la justicia, resplandece en sus disposiciones, atruena en sus palabras y estalla en sus actos. Es el gran protector de los oprimidos. Ninguno que se presente a reclamar su protección, por humilde que sea, saldrá descontento del general, si va acompañado de una dama severa que lo apoye: la razón. Ahí están numerosos periódicos que registran, en sus columnas, hechos de esta naturaleza, celebrando al mismo tiempo la modestia encantadora y la rapidez asombrosa con que son ejecutados.

. . . .

Hoy el general es una esfinge, cuyo enigma nadie se aventura a descifrar. No se conocen sus planes, ni se trata de descubrirlos. Todo el mundo aguarda que surja algún conflicto grave, para conocer sus dotes gubernamentales y pronunciar el fallo definitivo acerca de su gobierno. Mientras esto se espera, el general continúa su obra lentamente persiguiendo el bandolerismo, velando por los intereses del Estado, recorriendo las provincias y desinfectando la población de las miasmas que flotan en la atmósfera y de los bandoleros que hormiguean por las calles.

Si no cumple sus promesas; por falta de fuerzas, si no realiza sus planes por carecer de atribuciones; si regresa a España, por temor a la derrota; si no encuentra, en una palabra, la fórmula de la dicha para el pueblo cubano; solo se reprochará la vanidad de sus esfuerzos, esa vanidad que constituye a los hombres, y tendrá siempre el mérito de haber sido un soñador, en una sociedad eminentemente mercantilista, persiguiendo un ideal entrevisto en los limbos de su cerebro, un ideal generoso, noble como todos los ideales e imposibles como los que alberga la fantasía humana.

¡Cubramos siempre de rosas el camino de los soñadores!

La Habana Elegante, 5 de mayo de 1889.

Bustos femeninos

Catalina Varona de Jorrín, nieta del venerable rector de la Universidad, impera triunfalmente en todas partes. Une a su gracia helénica el refinamiento de una parisiense de nuestros días. Parece una de esas bellezas que el mágico pincel de Carolus Durán, el pintor ideal de la Venus moderna, se complace reclinar voluptuosamente sobre cojines de seda, bordados de oro, con la mirada perdida en el mundo de los ensueños, poblado de místicos perfumes y de armonías misteriosas. Hay pocas mujeres que reúnan tanta hermosura, tanta elegancia y tanta distinción. Ella podría figurar dignamente, en los salones de Viena, donde existe, según el conde Paul Vasili, la corte más aristocrática de Europa. Adoradora de las piedras preciosas, como la reina Margarita de Parma, se complace en reunirlas formando luego magníficas alhajas. También se desvive por las deliciosas confituras que brillan, en cajas de seda, con broches dorados, detrás de las vidrieras de elegantes establecimientos. A pesar de lo expuesto, el hastío la sigue algunas veces, como pajecillo invisible, del mismo modo que a los seres que tienen un poco de fantasía y no se resignan a aceptar la vida tal cual es. Distínguese asimismo por su ilustración, estando al corriente del movimiento intelectual. Grave en apariencia, la ironía, más fina se escapa, como dardo del oro, del arco rosado de sus labios, exquisitamente desdeñosos, desgarrando lo que es ridículo, mezquino y vulgar.

· ·

La señora Concepción Rodríguez de Navarrete posee, como la princesa Bariatinsky, el don maravilloso de no envejecer. Conserva siempre su cabeza heráldica, coronada de cabellos negros, donde sus peinetas artísticas, como flores acuáticas, en lago oscuro, elevan gallardamente sus conchas cinceladas; su rostro blanco, con blancuras rosáceas, iluminado por sus ojos brillantes, llenos de fuego de la juventud; sus espaldas mórbidas de amplitud real, hechas para recibir las caricias de la seda y brillar bajo la transparencia crepuscular de los encajes y sus brazos esculturales, donde los brazaletes se enroscan, como sierpes de oro mostrando el dorso esmaltado de rubíes, zafiros y diamantes. Su figura es digna del mármol. Tiene la majestad de una soberana y la desenvoltura de las mujeres del gran mundo. Sus modales son exquisitamente altivos, pero atemperados por su reservada familiaridad. Un alma delicada habita este cuerpo armonioso. Idólatra de sus hijas, las ha educado brillantemente, logrando que la belleza de las mismas esté realzada por lo beneficios de su incomparable educación física, intelectual y moral.

· ·

La señora América Goicuría de Farrés reúne las tres condiciones indispensables en la mujer: gracia, belleza e idealidad. Siempre está encantadora, con sus ojos negros, luctuosamente negros, flameantes de pasión. Nunca hemos visto tan hermosos ojos. Hasta cuando baja los párpados fulgura todavía el fuego de sus pupilas. Sus miradas se deslizan, en el fondo de las almas, como rayos de Sol, en lóbrega caverna, disipando la bruma de los recuerdos, el frío de las ilusiones muertas y la sombra tenebrosa de las inquietudes del porvenir. Nada es antiguo en esta mujer: todo respira el modernismo. Su temperamento nervioso, propio de las mujeres refinadas, la impulsa a ser activa, enérgica y espiritual. Es una de las primeras estrellas del firmamento mundano. Su cuerpo esbelto, de fino talle, es de absoluta perfección de proporciones. Nada es rebuscado en su persona. Ha adquirido en el extranjero la verdadera elegancia, hecha de gusto exquisito y de encantadora sencillez. Acude a las fiestas con la alegría de su naturaleza apasionada. Tiene maneras delicadísimas y su conversación es de las más agradables. Lo que en otras parece afectado, resulta en ella de la más completa naturalidad.

La Habana Elegante, 26 de mayo de 1889.

Crónica

Buscando ayer, por los rincones de mi cerebro, asunto para esta crónica, sentí surgir del fondo de mi memoria, con la tristeza del recuerdo y el esplendor de la distancia, como bandada de cisnes, en noche sombría, de las ondas oscuras de un lago, al furor ambarino de la Luna, el recuerdo fugaz de días anteriores, pasados en compañía de la más hermosa, de la más altiva, de la más encantadora y de la más espiritual de las mujeres. Ella ha estado, por largo tiempo, entre nosotros. Vivía oculta, como planta exótica, en regio invernadero, rodeada de una corte pequeña de admiradores. Todos experimentaron, con insólita paciencia y amarga voluptuosidad, el yugo de su belleza y la fascinación de sus encantos. Era una Recamier a quien le ha faltado su Chateaubriand. Hoy, que un bajel la conduce, en su seno amoroso, hacia el país de sus ensueños, donde florecen, como en el de Mignon, el verde mirto y el copioso laurel, puedo hablar de ella, sin pronunciar su nombre, porque nunca me lo perdonaría, tratando de poner en relieve sus asombrosas cualidades.

Hace algún tiempo que la conocí, en su propia casa, a los pocos días de volver a estas playas que la vieron nacer. Tenía el desarrollo de la rosa abierta, próxima a caer del tallo, pero exhalando todavía su perfume primaveral, su cuerpo ostentaba la majestad que impone y la elegancia que seduce. La naturaleza le había regalado una cabellera oscura, rizada por sí sola, como las ondas marinas, que caía majestuosamente sobre sus espaldas; unos ojos negros y rasgados, con el brillo del terciopelo, húmedos de voluptuosidad; una boca pequeña, de labios purpúreos y sonrisa maliciosa, iluminada por el brillo de sus dientes nacarados; y una barba correcta, cubierta de finísimo vello, como la corteza del albérchigo, donde se acentuaba su energía atemperada por la gracia y la delicadeza femenina. Su fisonomía inteligente, adivinaba los más recónditos pensamientos de sus interlocutores. Y de toda su persona, como de un cofre de madera preciosa, acabado de abrir, emanaba ese perfume enervante y confuso, desprendido de su piel aterciopelada, de sus encajes primorosos y de sus esencias sutiles ya evaporadas, ese perfume de mujer elegante, que embriaga como un vino exquisito y se infiltra por los poros de nuestra carne sensual.

Después de haber pasado su vida en las grandes capitales europeas, volvió a La Habana, siendo una extranjera en su propio país. Temía ser tachada de excéntrica y no se presentaba en los salones. Establecióse luego, en modesta casa, fuera de la población. Al poco tiempo, la había transformado en el nido más delicioso que se puede soñar. Su saloncito, mezcla de alcoba elegante y de estudio pictórico, se abría al frente de un jardín, sombreado de árboles y de plantas floridas. Ofrecía un conjunto bastante original. Fino papel de color gris perla, rameado de flores otoñales, cubría la desnudez de las paredes, anchas cortinas, de un rojo sombrío, colgaban de las ventanas copiando en su transparencia la silueta robusta de los árboles hojosos. Una lámpara de bronce, con esmaltes japoneses, compuesta de tres luces, arrojaba su límpida claridad, cuyo brillo atenuaban las pantallas de matices pálidos, que coronaban los globos de cristal. En un ángulo del salón, sobre un caballete de madera, incrustado de bronce, descansaba el retrato de aquella mujer, vestida de japonesa, con su peinado alto, atravesado de horquillas de oro, bajo el quitasol abierto, pintado de cigüe.as y de mariposas. En otro extremo, una planta tropical, en un vaso japonés, abría el abanico de sus hojas verdes. Un piano abierto despojado de la simana de seda roja, bordada de oro, mostraba la blancura de sus teclas. Espejos venecianos, con marcos broncíneos, donde revoloteaban ligeros amorcillos; jarrones de porcelana chinesca ornados de dragones y quimeras; mesas de laca, incrustadas de nácar, cubiertas de un pueblo de estatuitas; todo lo que la mente sueña, el arte encanta y la riqueza proporciona se hallaba colocado, como por manos de rubí, en aquel lugar.

Allí, en aquella estancia, donde se respiraban, como en adorado santuario, perfumes enervantes, recibía a sus admiradores. Vestida elegantemente, con su traje de castellana, hecho de una bata de gasa blanca, sujeta con un cinturón imperial, sobre la cual caía una polonesa de seda, bordada de flores, sin abrocharse por delante; se colocaba indolentemente en ancha otomana, entre cojines perfumados, mostrando su lindo piececito, cubierto de medias finísimas, sobre una banqueta de terciopelo azul, guarnecida de flecos de oro. Parecía una reina de los antiguos decamerones. Su cetro era un abanico de plumas, polvoreado de chispas de piedras preciosas. Un ramillete de flores, colocado en su seno, se deshojaba lentamente, al compás de sus movimientos, arrojando sobre la delantera blanca de su traje una lluvia perfumada de pétalos rosáceos, carmíneos y morados. Y las horas pasaban, aladas y alegres, en tan deliciosa compañía, hablando de todo, hasta de los temas más peligrosos, que ella bordaba de anécdotas interesantes, de pudores exquisitos, de variaciones oportunas y de reticencias encantadoras.

. . . .

Donde quiera que viva, ya en la patria, ya en el extranjero, guardaré eternamente su recuerdo, como el náufrago conserva el de la estrella polar que alumbró su camino, en horas de tribulación, mostrándole compasiva su rosa de fuego entre las tinieblas profundas de la noche y sobre las olas encrespadas del abismo.

* * *

Se habla, en algunos círculos, de la organización de una *Surprise Party*. Esta fiesta, de origen americano, está de moda en París. Es muy semejante a nuestros asaltos. Redúcese a invadir la casa de un amigo, después que éste se haya arrojado en brazos del sueño. Hace algunos días, según refieren los diarios parisienses, fue invadido el hotel de una linda baronesa, por una bandada ruidosa de cuarenta amigas. Éstas se habían reunido en una casa inmediata. A la hora convenida se presentaron, iluminóse el hotel *á giorno* y la fiesta duró hasta el amanecer.

—¿Quién recibirá la primera sorpresa?
—No se sabe todavía.

* * *

Uno de los rasgos característicos del hombre moderno es la pasión por los viajes. Todos sentimos, en nuestros espíritus intranquilos, donde reina el hastío y llama la desesperación, el deseo atormentador, casi enfermizo, de surcar los mares, para librarnos, por algún tiempo, del yugo de los deberes y de las fatigas del trabajo, sintiendo impresiones nuevas y placeres desconocidos.

Distinto camino siguen los habitantes de las naciones civilizadas. Aquellos que han nacido en pueblos jóvenes, se dirigen al viejo mundo, deseosos de admirar los monumentos históricos y los esplendores de la civilización; pero los europeos, por el contrario, estragados de refinamientos e invadidos de melancolía, marchan hacia regiones salvajes, tratando de encontrar, en la vida primitiva, la pureza de afectos, la hospitalidad generosa y las costumbres sencillas de las antiguas edades.

Entre estos últimos, descuella un escritor francés, cuya reputación es universal, se llama Pierre Loti. Sus obras, como su persona, han dado ya la vuelta al mundo. Yo recomiendo su lectura a los amantes de la literatura exótica, exquisita y original.

* * *

Ahora, para terminar, copiaré el siguiente consejo que daba un filósofo oriental al más joven de sus discípulos:

Si buscas la dicha que proporciona la tranquilidad de espíritu, combate generosamente en ti la pasión del matrimonio. Aun cuando te diesen la más pura de las vírgenes, hija de los Césares o nieta de los Cosroes, no encadenes tu libertad con semejantes lazos, ni te arrojes vivo en ese sepulcro de desgracias. El sabio Nabi dijo en su Khairiye:

—¡Cuán duro es estar restringido a una sola mujer privado de los goces del cambio! Imita más bien a la luna vagabunda, cada día elige distinto sitio Que cada jardín te ofrezca un tulipán y cada lugar te brinde un asilo.

El Fígaro, 2 de junio de 1889, año V, No 20, p. 7.

Los funerales de una cortesana

Tras la cortina de terciopelo carmesí, guarnecida de flecos de oro, que ornaba el marco de un balcón de la regia estancia, se hallaban juntos, en fría tarde invernal, arrullados por las ráfagas heladas del viento y por las gotas de lluvia que golpeaban los cristales empañados de las ventanas, un monarca de eterna recordación y la última de sus favoritas. *Él* se llamaba Luis y *ella* la condesa de Dubarry.

La favorita, envuelta en lujoso abrigo de pieles, apoyaba el brazo en mullido cojín de seda azul, bordado de flores plateadas; el príncipe, vestido de gala, se había tendido sobre ancho diván de damasco, prodigando a la bella pecadora todas las ternuras y todos los anhelos de su alma enamorada.

Al cabo de algún tiempo, se incorporó el monarca —arreglándose la empolvada cabellera, cuyos rizos habían deshecho los dedos ebúrneos de la Dubarry— y se detuvo en el umbral del balcón.

Un espectáculo triste se presentó ante sus ojos.

A lo lejos, entre los árboles del camino, desnudos de hojas y vestidos de escarcha, se veían pasar, al reflejo moribundo de la tarde, cuatro humildes capuchinos que llevaban pobre ataúd de madera, cubierto de paño negro y tachonado de estrellas.

Dentro del ataúd iba el cadáver de *madame* de Pompadour.

Ella, había sabido elevarse desde el hogar de humilde carnicero hasta las gradas del trono; que era la diosa del bosque de Senart, donde se presentaba con un halcón en la mano, semejante a las antiguas castellanas; que para cambiar el orden de las cosas no tenía más que pronunciar una sola frase de amor; que había sido la Madona de los grandes hombres de su época, como María lo es de los cristianos; que sabía ejercer las funciones de la diplomacia tan bien como las de la galantería; que merece el nombre de Hada de la Frivolidad por haber creado un mundo de preciosidades artísticas, bajó al sepulcro, en el más bello período de su existencia, revestida del burdo traje de la tercera orden de San Francisco, con el grueso rosario a la cintura y la cruz de madera entre las manos, siendo enterrada, por orden suya, en pobre fosa del convento de capuchinos de la plaza de Vendôme.

Cuentan que el rey, al retirarse del balcón, exclamó fríamente, besando las mejillas coloreadas de la Dubarry que se había reclinado en sus hombros:

—¡Pobre Pompadour! ¡Qué frío va a sentir esta noche en su sepulcro!

La Habana Elegante, 20 de noviembre de 1887.

Seres enigmáticos

El hombre de las muletas de níquel

¿Es el hijo de un conde o el nieto de un marqués? No lo he podido averiguar. Pero de cualquiera que sea, este hombre ha debido nacer, en un lecho de príncipe, todo de madera preciosa, con incrustaciones de nácar y oro, bajo su pabellón de seda azul, ondeando entre lambrequines de plata. Con su gorro de blondas, por entre cuyos vuelos rizados, asomaría su rostro, como botón de lirio enfermo entre hojas amarillentas, debió adormecerse en los brazos robustos de una nodriza extranjera, rubia como una espiga y roja como una manzana, que trataría de llenarle con el licor de sus senos, las ramificaciones de sus venas. Su nacimiento debió costar a su madre largos días de cansancio, de somnolencia y de languidez. A pesar de los cuidados extremos, este niño crecería enfermo, pálido, raquítico, consumido por la fiebre, sujeto a crisis nerviosas, llorando siempre por causas desconocidas. Una ráfaga de aire, deslizada por entre las persianas, debió postrarle semanas enteras en su cuna imperial, donde se acurrucaría, como el pájaro en su nido, hasta sentir un acceso de tos fina, de una tos seca, de una tos penetrante, como si brotase de un pecho de cristal. Además de la pobreza de su organismo, que lo obligaría a vivir, como una planta de invernadero, tras las vidrieras de la casa paterna, buscando la sombra y huyendo de la luz del Sol, el niño debió entrar en el mundo, al salir del claustro maternal, con una de sus piernecillas encogidas, con una pierna que no había de recuperar nunca su debida tensión, con la pierna que hoy le obliga a moverse entre muletas negras, de un negro de ébano, forradas de níquel en sus extremidades.

¡Cuán inmensa debería ser la tristeza de sus padres, al mirarlo tendido en las alfombras rameadas de flores, pero sin hacer movimiento alguno, como un clavel tronchado de raíz, hasta que alguien lo suspendía en brazos! ¡Cuán hondo el pesar de la madre, si al recibir las visitas de felicitación, trataban de hacer al hijo una caricia en sus rosados piececillos! ¡Qué amargura tan intensa la del padre, si al salir a caballo por las tardes, solía encontrar en las ruidosas alamedas, multitud de niños que se agitaban, en brazos de las nodrizas, como pájaros ansiosos de volar!

Los juguetes que disiparían, en algunos instantes, las tristezas de su niñez, no fueron seguramente los polichinelas vestidos de rojo, que surgen de un mango de marfil, coronados de sonoros cascabeles; ni las cajas llenas de musgo verde, dentro de las cuales aparece una aldea, con su cabaña, con sus pastores, con sus árboles y con sus rebaños; ni los muñecos de trajes rosados, guarnecidos de encajes, que cierran sus ojos de porcelana azul y que, por medio de un resorte comprimido prorrumpen en tiernos gemidos o balbucean frases infantiles. Los que le cautivaban, deberían ser los juguetes de movimiento, no los que estaban condenados, como su pobre cuerpecito, a perenne inmovilidad. Así debió buscar, con marcada predilección, las locomotoras pintadas de azul de Prusia y de bermellón, que arrastrarían, por los mármoles del pavimento, larga fila de vagones multicolores; los soldados de plomo, ceñido el uniforme y armados hasta los ojos, que pondría a ejecutar, en campo de cartón, diversas maniobras militares; los acróbatas ligeros que, agitados por un hilo, oculto bajo sus vestes carmíneas, salpicadas de lentejuelas de oro, harían piruetas en el aire o atravesarían por un aro de papel.

Transcurridos algunos años, aquel niño enfermizo, convertido en joven inválido, debió embarcarse en unión de su familia, con rumbo hacia el extranjero, ansioso de obtener la curación del terrible mal que, como un árbol al suelo en que se arraiga, lo obligaba a vivir entre las cuatro paredes de su casa natal. Pero ¡ay! vanas debieron ser sus tentativas. Todas las eminencias médicas que, en distintos países, fueron consultadas, declararon que no había ningún medio de curación.

Durante la permanencia en las grandes capitales, permanencia que se complacía en prolongar, no solo porque sus medios de fortuna se lo toleraban, sino porque creía que, dondequiera que fuese un desconocido, su imperfección sería más fácil de sobrellevar; su espíritu adquirió el grado de cultura necesario para que, al presentarse en un círculo cualquiera, todo el mundo apartase la vista de sus muletas, concentrando su atención en las palabras que, como un hilo de agua pura de la boca de una estatua mutilada, fluían de sus labios en la conversación. Quería ser, en el campo de la vida, como uno de esos frutos de corteza repugnante, pero que están llenos de pulpa olorosa en su interior. Y no solo cultivó su inteligencia, sino que adquirió entonces esos hábitos de alta vida que, conservados todavía, hacen que cualquiera atribuya su imperfección, lo mismo a una caída de un caballo que a una herida alcanzada en algún lance de honor. ¿Amaría alguna vez? Probablemente sí, pero sin confesarlo nunca, hasta tener la seguridad de la correspondencia en el amor. Su orgullo natural, exaltado por su defecto físico, ha sido el broquel que lo ha preservado, en las batallas amorosas, de los dardos del ridículo y de las explosiones del desdén. Este hombre ha debido atraer a las mujeres, más que por su apasionamiento, por su mutismo, por su indiferencia, por su frialdad. El corazón femenino está formado de una sustancia sensible al contacto del más intenso frío o del más abrasante calor. Las que hayan ido a ofrecerle en las horas de la vida, el óleo fragante del amor, habrán encontrado en él todas las perfecciones del amante ideal. Él habrá sido con ellas espléndido como un magnate húngaro, tierno, como un paje enamorado de su reina, apasionado, como un trovador legendario, y galante como un héroe en los tiempos caballerescos. Todas han debido sentir, en las horas de abandono, la nostalgia de su amor.

Hastiado de los deleites sentidos, en las alcobas femeninas, a la luz de una lámpara de pálidos reflejos y en una atmósfera saturada de verbena o de iris; de las emociones recibidas, en la mesa de *baccarat*, viendo volar del tapete verde un enjambre de billetes de banco o caer encima una lluvia de monedas de oro; de los diálogos sostenidos, en el salón de una mundana, a la hora del té, entre los crujidos de la seda y el ambiente producido por el mariposeo de los abanicos; de las jornadas pasadas en los museos, en los hipódromos, en los ferrocarriles; y, en fin, de todo lo que constituye el encanto de la vida, en los grandes centros de la civilización; este hombre debió regresar a su patria con la fortuna disminuida por los cuantiosos gastos soportados y con la salud más quebrantada por los diversos placeres experimentados, pero trayendo consigo un mundo de recuerdos en que vive todavía, un mundo del que no piensa evadirse jamás. Cada vez que intenta salir de él, como la ostra de su concha, lo invade la más profunda tristeza o le causa el más profundo asombro la contemplación de la realidad. Así es que me lo encuentro, en mitad de mi camino, apoyado firmemente en sus muletas de níquel, comienzo a girar en torno suyo, como un hijo del desierto alrededor de un pozo cerrado, ansioso de descifrar el enigma de su vida que leo en sus pupilas inmóviles, pero que sus labios ¡ay! no me revelarán jamás.

¿No lo habéis encontrado alguna vez? Yo lo he visto en el pórtico de un teatro, una noche de invierno, una de esas noches de frío, de lluvia y de humedad. Era un hombre enjuto, de baja estatura, que mostraba su rostro pálido, de una palidez terrosa, encima de un cuello muy corto, rodeado de una corbata azul, floreada de lises blancos, donde chispeaba una herradura de oro, claveteada de brillantes, zafiros y rubíes. Sus pupilas eran negras, pero de un negro marmóreo, frío, sepulcral. Un sombrero también negro, de forma anticuada, aunque elegante, cubría su cabeza, notable por sus pequeñas dimensiones. Vestía correctamente de negro, de un negro que, sin mancha alguna, iba tomando ya los tonos verdosos de la descomposición. Toda la ropa de corte desusado, como hecha hace diez años, se ajustaba perfectamente a su cuerpo, poniendo más de relieve su extremada delgadez. Un ramo de violetas se abría en el ojal de su levita. Debajo de sus pantalones, estrechamente ceñidos, aparecían sus cortos pies, medio cubiertos de polainas de piqué blanco, las cuales dejaban ver, como medias lunas de ébano, las punteras de sus botines de charol. Apoyado en sus muletas de níquel, miraba a lo lejos, con su mirada muerta, rígida y cadavérica, sin volverse nunca hacia los seres que se agitaban a su alrededor.

Otro día, a la hora del crepúsculo, bajo un cielo de color gris perla, jaspeado de púrpura, violeta y oro, volví a encontrarlo en una alameda, a la sombra de un árbol, apoyado siempre en sus muletas de níquel, pero con un solo pie en tierra, a semejanza de esas aves acuáticas que, paradas de la misma manera se extasían en las rocas, mirando hacia el horizonte, como ansiosas de batir sus alas en él. Era el mismo hombrecillo, pero transformado, a las luces del poniente, en una figura inquietante. Bajo su sombrero plomizo, salpicado de lodo, caían sus cabellos en forma de cerquillo sobre su frente pequeña, casi despoblada de cejas. Sus pupilas tenían el mismo color negro, pero también la misma mirada de estatua, de estatua siniestra y glacial. El tinte pálido de sus mejillas desaparecía bajo una capa de carmín. En la solapa de la levita, ceñida al busto y abotonada hasta el cuello, donde se distinguía, a manera de corbata, una mancha verde y oro, ostentaba un clavel amarillo de un amarillo de paja, estriado de rojo, de un rojo de sangre. Llevaba también polainas, pero en vez de ser de piqué blanco, eran de paño gris, abrochadas con botones acaramelados. Todos los que pasaban, ya de cerca, ya de lejos, se detenían absortos, pero él no se volvía hacia ninguno de ellos, tendiendo sus miradas, rígidas y glaciales, hacia lo lejos, hacia lo más lejos que podían alcanzar.

Yo no lo he vuelto a ver, pero desde la tarde en que lo contemplé a los últimos rayos del Sol, con el pelo sobre la frente y con las mejillas encendidas, descansando en sus muletas de níquel, bajo la sombra de un laurel, su imagen me obsede de tal manera que, cansado de tenerla conmigo, ya en mis días risueños, ya en mis noches de insomnio, yo he decidido arrojarla hoy de mi cerebro al papel, del mismo modo que un árbol arroja, en vigoroso estremecimiento, sobre el polvo del camino, al pájaro errante que, posado en su copa, entona allí una canción vaga, extraña, dolorosa y cruel.

La Habana Elegante, 12 de febrero de 1893.

Salones habaneros

Gran baile de trajes

A pesar de nuestros desastres políticos, de nuestras tristezas incurables y nuestra decadencia material, hay familias que ostentan, en nuestra época, el regio esplendor de los tiempos pasados. Ellas han logrado salvarse, por diversos medios, del naufragio general, donde se han hundido —quizás para siempre— la dicha, la grandeza y el bienestar de nuestros antepasados. Gracias a sus esfuerzos se conservan las bellas tradiciones de la galantería, de la elegancia y de la caballerosidad.

Dichas familias, que son tan escasas como generalmente conocidas, con lo cual nos abstendremos de mencionarlas, acostumbran a recibir, en ciertas noches, a sus numerosas amistades. Pero ya no basta, como en años anteriores, tener un traje de etiqueta para asistir a todas las fiestas mundanas. La sociedad elegante de La Habana se ha asimilado a las costumbres aristocráticas del arrabal de Saint-Germain de París. Los dueños de nuestras casas opulentas se han visto obligados a restringir el número de sus invitaciones, por los abusos que cometían algunos advenedizos, indignos de trasponer los umbrales de los sagrados hogares que les abrían generosamente sus puertas blasonadas.

Una de las casas suntuosas, elegantes y frecuentadas de nuestra capital, es la del señor don Demetrio Pérez de la Riva, donde se observan las reglas de la más severa etiqueta, se olvidan las horas en deliciosa compañía y se goza de todos los placeres que la más exaltada fantasía pudiera imaginar. Es uno de los pocos templos de la riqueza que han resistido los embates de la adversidad. Allí se ha dado en la noche que va a desaparecer, un gran baile de trajes, semejante a los de los príncipes de Sagan, del cual se ha hablado bastante y se hablará todavía por espacio de algunos años.

El señor don Demetrio Pérez de la Riva, notable jurisconsulto y distinguido hacendado, es uno de los caballeros irreprochables de nuestra sociedad. Posee una de las fortunas más sólidas, más grandes y más envidiables de la Isla. Une a su fino trato el conocimiento más perfecto de las leyes sociales. Dotado de clara inteligencia engalanada por vastísima cultura, sabe sostener un diálogo con la persona más ilustrada, sin tener que apelar a los mil subterfugios de la vulgaridad. Desde hace algún tiempo, se encuentra unido, por los lazos del matrimonio a una de las damas principales de La Habana.

La señora Amalia Conill, digna esposa del señor Pérez de la Riva, pertenece, como su nombre indica, a una familia opulenta, estimada y distinguida. Recuerda, por su carácter, a la reina María Amelia de Orleans. Cuando se presenta, en algunos salones, vestida suntuosamente y coronada de joyas, nos hace pensar en las olvidadas mujeres del siglo . Posee la virtud de las almas superiores: la bondad. Sabe asociar, en su manera de vestirse, el extremado refinamiento y la más elegante sencillez. Amiga de los placeres mundanos, ofrece frecuentemente en su magnífica casa, inolvidables recepciones.

Desde las diez, hora en que empezó la de anoche, se veían llegar en lujosos carruajes, las familias más encumbradas de nuestra sociedad. Al trasponer el umbral, se dirigían por la ancha escalera de mármol, hacia el salón principal. Éste presentaba un aspecto deslumbrador. Bajo la luz de la araña veneciana, cuajada de bujías y de focos eléctricos, cuya luz se difundía en hilos delgados, a través de caprichosos bombillos, semejantes a tulipanes azules y rojos; se destacaban los espejos, los cortinajes y las flores; los muebles blancos y dorados cubiertos de tapicería azul de suaves ramajes; los jarrones japoneses colmados de plumas, hojas y abanicos; las mesas de laca, cubiertas de innumerables *bibelots*; y los anchos divanes donde los cojines esparcidos invitaban a reclinarse a los cuerpos fatigados.

Durante las horas inolvidables que permanecimos en el salón, vimos deslizarse por el pavimento marmóreo, a los acordes de la música, numerosas parejas. Entre las damas que llevaban trajes caprichosos, tuvimos el gusto de saludar a las señoras Rosa Rafecas de Conill, vestida de Ana de Austria, pero sin tener un duque de Buckingham que desgranara collares de perlas a sus plantas; Rosario Armenteros de Herrera, de *madame* Pompadour, cuyo traje sentaba maravillosamente a su belleza deslumbrante de siglo dieciocho; Natalia Ramírez de Sterling, de Margarita de Valois, fascinadora inimitable; y entre las señoritas, a María Cay, de Japonesa, digna rival de *madame* Chrysanthème y de la pluma de Pierre Loti; a la condesita de Santa María de Loreto, de Norma; a Rosita Montalvo, de Aurora; a Ernestina Oliva, de Locura; a Inés Pajés, de Pierrette; a Conchita Pajés, de Dama búlgara; a Josefina Herrera, de Hada; a Elena Herrera, de Sol; a Leonor Pérez de La Riva, de Estudiante salamanquino; a Caridad Portuondo, de Dama de la corte de Luis ; a Cristina Granados, de Esclava griega; a Lolita Morales, de Oriental; a Herminia Gonsé de *mademoiselle* Turqué; y a otras que no tenemos la dicha de recordar.

También admiramos en traje de sala a la marquesa de Larrinaga, con su vestido de seda blanco, estrellado de pedrerías; con su blonda peluca rizada, donde fulguraba su corona; y con su monóculo elegante, arma femenina que solo saben usar las mujeres de alto rango y de suprema distinción. Después de su aparición, vimos entrar a la marquesa de la Gratitud, en traje de baile, de fondo azul y rameado de flores; a la condesa de Jibacoa, de rosado y blanco; a Margarita Jorrín, de azul oscuro y oro apagado; a Blanca Rosa Varona, de rosado pálido y pasamanería de plata; a la marquesa de Du-Quesne, de azul pálido y encajes blancos; a Luisa Portuondo, de solferino y encajes negros; a la marquesa de la Real Campiña, de blanco y oro; a Rosa Del Monte de Leegbrich, de seda crema, con golondrinas negras; a Conchita O'Farrill, de terciopelo negro y rosa pálido; a María Cárdenas de Zaldo, de rosado y blanco; a la marquesa de Pinar del Río, de raso blanco brochado y pasamanería.

Luego reconocimos, en el grupo de los caballeros, a los señores Nicolás de Cárdenas, Edelberto Farrés, Antonio Carrillo, Francisco de Armas, Raimundo, Armando y Narciso Menocal, marqués de Esteban, Agustín Laguardia, Andrés y Manuel Moreno de La Torre, marqués de Larrinaga, Raúl Cay, conde de Fernandina, marqués de la Gratitud, Enrique Hernández Miyares, marqués de Balboa, Héctor de Saavedra, marqués de Pinar del Río, Teodoro Zaldo, Gabriel Granados, Francisco Santos Guzmán e hijos, Nicolás Sterling, Manuel Antón Morales, Vicente Hernández y algunos más.

Todavía, a la hora en que escribimos estas líneas, algunas parejas bailan el último *vals*, se destapan nuevas botellas de champagne y los dueños de la casa se desviven por atender a los concurrentes. Pero no podemos detallar la fiesta porque el sueño nos rinde, la memoria nos falta y la pluma se cansa de ennegrecer cuartillas. Ya empezamos a sentir, entre el ardor del insomnio y el frío de la madrugada, la profunda melancolía que dejan en el espíritu las horas aladas, las horas inolvidables que pasan para no volver jamás.

Hernani

La Discusión, sábado 15 de febrero de 1890, año II, No 204.

Veladas teatrales

La señorita Ina Lasson y las hermanas Joran

La turba de ministriles que descendió, como bandada de cuervos, con su color de ébano y sus graznidos estridentes, en la semana pasada, sobre el escenario del gran coliseo, ofreciéndonos unos de los espectáculos más insoportables de los muchos que facilitan la pesada e inacabable digestión de los estómagos norteamericanos; ha ido a posarse no sé dónde, llevándose consigo el último girón de nuestro prestigio teatral.

Cuando esperábamos que surgiera, en el proscenio de Tacón la figura enjuta del coronel Pubillones, precedida del elefante, el tigre, los perros sabios y demás primores de su *ménagerie*, porque después de los ministriles todo puede venir, vimos anunciar en todas partes, el estreno de la señorita Ina Lasson y las hermanas Joran, que se llevó a cabo en la noche de ayer.

Desde que se presentaron en el ancho escenario, las tres hermanas, un largo aplauso saludó su aparición. Envueltas en finos trajes de gasa blanca, ornados de encajes y cintas del mismo color, mostraban el esplendor de sus pocos años. Son altas, esbeltas y hermosas. Hijas de la república norteamericana, abandonaron su país en compañía de sus padres, para trasladarse a Alemania, donde han residido algunos años, recibiendo clásica educación musical. Hoy recorren el mundo entero, dando magníficos conciertos que les proporcionan gloria, dinero y aplausos.

Junto a las hermanas Joran se halla también la señorita Ina Lasson, uno de los tipos más finos, más hermosos y más encantadores que se puede soñar. Ostenta la hermosura inmaculada de las vírgenes del Norte y la gracia encantadora de una parisiense de nuestros días. Viéndola surgir, con su cuerpo elegantísimo hecho de gracia, donosura y esbeltez; con sus ojos verdes, enigmáticos y puros, como los lagos en que solo viven los cisnes; con sus cabellos blondos, alborotados en la nuca fragante y sonrosada; y con su corpiño abierto, en forma de corazón, dejando ver el principio del seno, firme, redondo y alabastrino; se cree uno hallar en presencia de una heroína de Poe, el poeta que ha creado los tipos más ideales de mujer. Dotada de encantadora modestia, se hace admirar de todos. Tiene la pureza de un verso de Goethe, su poeta favorito. Hay algo en ella de puritano y angélico que impone respeto y admiración. Dentro de algunos años, porque es muy joven todavía, si continúa cultivando sus prodigiosas facultades, está llamada a brillar, no en la escena de un teatro público, sino en los salones de un monarca artista, donde recibirá los homenajes de una corte grandiosa, como la de Weimar, compuesta de hombres eminentes y mujeres nada vulgares.

Durante el entreacto, tuvimos el gusto de saludar a varias familias aristocráticas de nuestra sociedad. La concurrencia, en general, no era numerosa pero sí de la más selecta e ilustrada que concurre a los teatros.

No había un lleno completo, como en las noches en que trabajaban los ministriles. Pero esto no nos extraña. Hay gente que prefiere una copla andaluza a un poema de Leconte de Lisle, un cromo norteamericano a un lienzo de Alma Tadema y una guaracha cubana al preludio de Lohengrin.

Hernani
La Discusión, martes 4 de marzo de 1890, año II, No 218.

Álbum de la ciudad

I. Frío

Anochece. El disco rojo del Sol, como redonda mancha de sangre, caída en manto de terciopelo azul, rueda por la bóveda celeste hasta borrarse en el mar. La atmósfera se impregna de perfumes invernales. La niebla envuelve, en su sudario de gasa, agujereado a trechos, las cumbres empinadas de las montañas lejanas. El viento agita las copas de los laureles, alfombrando las alamedas de hojas amarillas y plumas cenicientas. Los gorriones tiritan en sus nidos. Se oye a lo lejos el mugido imponente del mar, cuyas ondas verdinegras, franjeadas de blancas espumas, se hinchan monstruosamente, se levantan majestuosas y se estrellan en las rocas puntiagudas.

Desde la puesta del Sol, el silencio se difunde por las calles. No se oye más que el rodar de los coches, el silbido de los ómnibus y la vibración de alguna campana. Los transeúntes, calado el sombrero hasta las orejas, metidas las manos en los bolsillos, alzado el cuello de terciopelo del gabán, son cada vez más raros. Ninguno se detiene un instante. Todos marchan de prisa, como si temieran llegar tarde a una cita dada por una mujer hermosa, apasionada y febril, que irritada por la tardanza, se entretendrá en deshojar las flores prendidas en el corpiño, en rasgarse las uñas sonrosadas o en quebrar las varillas del abanico.

Amoratando los rostros, entumeciendo los miembros y rajando los labios, el frío se propaga, sin temor al gas, sin compasión para el pobre y sin respeto al hogar. Quiere penetrar a la fuerza en todas partes. Pero se le da con la puerta en las narices. Entonces se queda solo en las calles, haciéndonos desertar de ellas porque nos obliga a refugiarnos en algún café, en algún salón o en algún teatro.

II. En Tacón

Son las ocho de la nocheAnte el pórtico del regio coliseo, iluminado por los brillantes fulgores de las luces eléctricas, se detienen algunos carruajes, deponiendo a cada momento, en las losas plomizas, los cuerpos abrigados de elegantes mujeres, que con la sonrisa en los labios y la pasión en los ojos, avanzan majestuosamente hacia el interior, dejando a su paso ese aroma enervante de piel femenina, que nos sube a la cabeza, se infiltra en nuestros poros y nos hace sentir estremecimientos voluptuosos.

Apenas se alza el telón, permanecen inmóviles en sus asientos, cortan los diálogos entablados y concentran en la escena todos sus sentidos. De vez en cuando se oyen crujir los goznes de una puerta, entra otra hermosura y atrae las miradas. Todos los anteojos irisados con los fulgores de la araña, convergen hacia la recién venida, hasta que aparece, en el proscenio, la señorita Ina Lasson, rival de todas en hermosura y en elegancia.

De pie, en primer término, detrás de las ardientes candilejas se presenta vestida de blanco como Beatriz, sintiendo el temor del cervatillo ante los ojos de cien mil cazadores. Nadie se atreve entonces a respirar.

Inclinada la rubia cabeza ante el público, esparce en la sala una nube de armonías, donde flota un enjambre de sueños azules y de visiones más bellas que las de hachís. Es una mujer como Juana de Arco, que parece tallada para las grandes empresas. No hay blancura comparable a la de su rostro, pudiendo decir de ella, como un poeta español de la marquesa de Dos Hermanas, que: «Es tan blanca y tan bella que parece/ que a través de su ser pasa la Luna».

. . . .

Terminada la representación sentí un ligero golpecillo en la espalda, volví la cabeza y vi delante a uno de los porteros.

—Caballero...

—¿Qué se ofrece?

—Se va a cerrar el teatro.

—¡Ah! ¡es verdad...!

La belleza de Ina Lasson había clavado mi cuerpo en la luneta y trasportado mi pensamiento a otro mundo mejor.

Hernani
La Discusión, jueves 6 de marzo de 1890, año II, No 220.

La herodíada perruna

Desde hace algunos días se ha fulminado, por el Gobierno Civil de esta provincia, un decreto de muerte contra los perros que vagabundean por las calles de esta capital. La medida se funda en el daño que pueden hacer esos animales, en esta época del año —época en que les ataca la rabia— a los transeúntes. Es una medida previsora y que, al revés de otras, ha empezado a cumplirse de seguida. Dentro de poco no se verá un solo perro callejero. Hasta los de las casas particulares están amenazados de muerte, si se atreven a sacar el cuerpo fuera de la reja de la ventana o a trasponer el dintel de la puerta principal.

No voy a atacar la disposición del señor Rodríguez Batista. Es digna de aplauso y ha merecido la aprobación de las personas sensatas. El perro, como todo lo que adora el vulgo, es una de las cosas más detestables de la creación. Solo me gusta verlos en los cuadros del Veronés, echados a las plantas de hermosas venecianas, encima de rica alfombra, donde producen deliciosas manchas de color. Por lo demás, solo sirven para ser degollados.

A semejanza de muchos hombres modernos, el perro carece en absoluto de educación. Basta darle una pulgada de confianza, para que se tome una legua. Siempre estará saltando a nuestras rodillas, ladrando a nuestros oídos o ansiando nuestras caricias. Y no consienten que vayamos a alguna parte sin ir con ellos. Son como esas mujeres que nos matan lentamente con sus ternuras desenfrenadas. Donde haya un perro, no puede haber nunca paz. Tampoco consiente en que tengamos predilección por otros animales. Son profundamente egoístas. Nada diré de su suciedad. Entre la lana de un perro se encuentran siempre más inmundicias y un olor más nauseabundo que en un pudrigorio.

La fidelidad de esos animales es una de las tantas mistificaciones que sufre la humanidad. Es una fidelidad nacida del temor, de la costumbre o de otra causa análoga. La simple vista del cuerpo humano produce en el perro un asombro ilimitado, asombro que ha sido estudiado por algunos fisiólogos. Es un fenómeno como otro cualquiera. Además, cuando la fidelidad llega al extremo de soportar pacientemente toda clase de golpes y lamer luego la mano que los descarga, se convierte en bajeza.

Para justificar todavía más la repugnancia que me inspiran esos animales, citaré los hechos que cualquiera puede comprobar: el animal más despreciado por los otros animales, es el perro; el perro es también el más indecente y más cínico de todos los animales: todo lo hace a la vista de todo el mundo.

Y, por último, se sabe también que los perros no se aman mutuamente, en lo que se parecen bastante a los hombres. Tal vez sea esta la causa del cariño que inspira a la mayoría de los hijos de Adán.

Si la medida del señor Rodríguez Batista no mereciera nuestros elogios por las razones expuestas, los merecía porque está llamada a producir la muerte de los falderos que se escapan de las piernas de ciertas mujeres y que, con sus incesantes caricias, les hacen olvidar que han nacido para ser compañeras del hombre y multiplicar la especie.

¿Verdad, . y . y . y...?

Hernani
La Discusión, jueves 17 de abril de 1890, año II, No 252.

Todavía los perros

Hace pocos días escribí, en las columnas de este periódico, una diatriba contra los perros, la cual me ha valido —a más del odio de algunas mujeres abyectas— que mi queridísimo amigo Antonio Delmonte, gacetillero de *El País*, a quien me encuentro unido por el triple lazo del cariño, del compañerismo y de la admiración, me dirija primero un elogio, que no le agradezco, porque desdeño los elogios de los amigos, y después una censura, que sí le agradezco, porque me proporciona asuntos para escribir la crónica de hoy.

Antes de entrar en materia, debo manifestar que los perros, lo mismo que los hombres, pueden dividirse en dos grupos: los felices y los desgraciados.

¿Cuáles son más merecedores de la pena impuesta a la raza en general, por el señor Rodríguez Batista?

Indudablemente los primeros. Estos, o sea, los caseros, son los más culpables. Ya sean galgos, ya de aguas, ya de otra casta, tienen más defectos que pulgas. Ellos son los que desde la alfombra azul, rameada de rosas blancas, donde los piececillos rosados de nuestras adoradas se despojan de sus chapines de raso negro, bordados de oro, pasan la noche escuchando las secretas confidencias del amor conyugal; los que saltan de improviso, al rayar la aurora, sobre la nívea blancura de las sábanas; los que, al salir de la alcoba nos siguen a todas partes; los que al sentarnos a la mesa, están pidiendo a ladridos su ración; los que, a la hora de leer el periódico, se les ocurre siempre trepar a nuestras rodillas; los que, al ver entrar a nuestros amigos, se abalanzan a sus piernas; los que, en el momento en que escribimos, ahuyentan nuestros pensamientos con inesperados aullidos; y los que, al salir a la calle, en vez de seguir nuestros pasos, nos abandonan por ir tras de las huellas de la primera perra que han visto pasar.

Al llevar un perro a nuestro hogar, que sea para que lo custodie, para que lo defienda o para que nos advierta el peligro; pero nunca para que le abramos, como no lo abriríamos a muchas personas, el santuario de la intimidad.

Tengámoslo siempre, con una cadena al pie, junto al tronco de un árbol de nuestro jardín y próximo a alguna fuente, cuyos surtidores envíen hasta él, por medio de sus líquidos abanicos, para refrescar sus ardores, lluvia de sus perlas irisadas.

Los perros desgraciados, o sea, los callejeros, son casi todos, como los niños de las cercanías de Belén, inocentes... No hacen daño a nadie, ni siquiera a las aves muertas. Ellos se arrastran, con las orejas gachas y con el rabo entre las patas, por encima de todas las inmundicias de las calles, expuestos a recibir en sus lomos puntiagudos los puntapiés de los transeúntes, las pedradas de los pilluelos o los latigazos de los cocheros.

Están mejor educados que los otros. Si marchan por la acera, en el momento en que cruzamos, se pegan a la pared o se arrojan al arroyo para dejarnos pasar. Nunca se atreven a pedirnos, como los mendigos limosnas, la más ligera caricia. Tienen conciencia de su estado y no quieren provocarnos náuseas. Ni siquiera se quejan. Hasta cuando un coche los aplasta bajo sus ruedas solo lanzan un aullido apagado que no percibimos.

Desde hace algún tiempo, esos perros son recogidos, en carros especiales, por los servidores de la filantrópica asociación. Ya no necesitan introducir los hocicos helados en los cajones de basura para saciar su hambre, ni sumergir la lengua amoratada en el agua verdosa de los charcos para apagar su sed. Pueden morir también, no en mitad del arroyo, sino como los artistas pobres, en uno de los lechos de su hospital.

Señor Rodríguez Batista ¡piedad para esos inocentes!

* * *

A pesar de lo expuesto en contra de los perros caseros, he conocido uno, lo mismo que tú, mi querido Antonio, que pasará a la posteridad.

Un poeta amigo nuestro lo ha inmortalizado en preciosos versos. Era un modelo de belleza, de finura y de discreción.

Su blancura era igual a la del armiño y el verde de sus ojos al de las esmeraldas.

No comía más que fresas y solo bebía esencia de violetas.

Todavía, al recordarlo, siento un calofrío de tristeza en el corazón.

Séale la tierra leve ¡ha pesado tan poco sobre ella!

Hernani
La Discusión, martes 22 de abril de1890, año II, No 256.

Noches azules

Un gran matrimonio

El día más feliz de la vida —si es que hay alguno, porque no puede haberlo completamente feliz—, es el día en que el hombre se une a la mujer adorada de su corazón. Fuera de ese día, no hay más que el de la muerte. Y es que el Amor y la Muerte son los dos únicos ideales que están al alcance de la humanidad. Ambos no se consiguen más que en la hora del matrimonio o en la hora de la agonía. En la primera, porque el deseo de poseer a la mujer amada llena solo nuestro corazón y en la segunda, porque el quebranto de las fuerzas solo presenta a nuestra vista, como límite postrero de nuestras aspiraciones, el hoyo negro de tierra removida, dentro del cual hallaremos el reposo eterno.

Queriendo alcanzar el primero de esos ideales, mi distinguido amigo Fernando Varona y González del Valle resolvió contraer matrimonio, en la noche del sábado, con la elegante y hermosa señorita María Isabel Terry y Gutiérrez, a la que había entregado de antemano su corazón.

Los recién casados, que deben estar oyendo, en estos instantes, la canción argentina del pájaro rosado, de pico de oro y ojos de zafiro, que revolotea y canta, según la antigua leyenda, en derredor de los tálamos nupciales, son muy conocidos y muy estimados en los altos círculos de nuestra sociedad.

Ella es una joven encantadora, hija de opulento hacendado, que ostenta un cuerpo armónico, coronado de sedosos cabellos negros, cuya negrura tornasolada solo puede rivalizar con la de sus ojos. Una sonrisa de bondad está siempre asomada al borde rosado de sus labios. Él, más elegante que robusto, lo cual revela que ha rendido más culto al eterno femenino que a nada, pertenece a una de las más antiguas familias cubanas y tiene la nobleza de rasgos, el afinamiento de espíritu y la distinción de maneras de un parisién de la decadencia.

* * *

Poco antes de las nueve, hora señalada en la invitación, me dirigí a casa de la novia, donde se iba a verificar la ceremonia nupcial.

Ascendiendo la escalera de mármol, rodeada de plantas verdes, estrelladas de flores purpúreas, llegué al salón principal, en el que la dueña de la
casa, la señora Carmen Gutiérrez de Terry, vestida de negro, sin más joyas
que un alfiler de brillantes en el pecho, recibía galantemente a los invitados.

Cerca de ella se encontraban, en grupos animados, las señoras González
del Valle viuda de Varona, de Ocampo, de Curbelo, de Pedro, de Martínez,
de Sedano y algunas más. Próximas a éstas, las señoritas Martínez, Curbelo,
Cocola Fernández, María Luisa Lasa, Cartaya... Y alrededor de todas, los señores Sedano (padre e hijo), Revolta, Alberto Jorrín, Valdivia, Eloy y Aquiles
Martínez, Francisco y Agustín Varona y González del Valle, Cartaya, Ángel
Carbajal, William Reading, Párraga y otros.

A un lado, bajo un cuadro de estilo murillesco, la señora Isolina Sedano,
viuda de Terry, estaba sentada en un sofá, apoyando ligeramente su cuerpo
sobre un cojín de raso color de sangre, bordado de pájaros y flores.

Junto a ella, en actitud melancólica, se veía una niña enlutada de ojos azules y cabellos rubios, que me pareció la encarnación de *La señorita elegida*
de Dante Gabriel Rossetti, el pintor-poeta, y que, al verla un instante, trajo a
mi memoria los siguientes versos del citado *prerrafaelista*:

Elle devrait porter trois lys a la main.
Et sep étoiles dans les cheveux…

Frente a ambas se destacaba, en un sitial de madera labrada, la figura
elegante, aristocrática y espiritual de la señora Dolores Ramírez de Jorrín,
cuyo rostro, bello y triste, como un verso de Baudelaire, expresaba la
ternura infinita de su alma, mientras sus labios, más finos que los pétalos
de un clavel de China, se entreabrían bondadosamente para derramar en
nuestros oídos la armonía incomparable de su voz.

Al dar las nueve, la hermosa desposada, del brazo del novio, salió de las
habitaciones. Lucía un vestido riquísimo de brocado blanco, con larga cola
y con la delantera bordada de perlas. Ricos encajes de Inglaterra, gracio-
samente recogidos, con ramos de azahares, ornaban la falda. El corpiño,
también de brocado, estaba igualmente bordado de perlas, en la parte del
seno, rematando la guarnición debajo del brazo izquierdo. En el talle osten-

taba un ramo de azahares, prendido con un broche de brillantes. Adornaba su cabeza una diadema de azahares, sujeta con un gran solitario. Pendientes de brillantes en las orejas. Encima de los guantes de cabritilla blanca, ceñían sus brazos dos brazaletes de oro, esmaltados de perlas y brillantes. Desde la cabeza hasta los pies se hallaba envuelta, como un astro por una nube, en largo velo de tul, por cuyas aberturas surgían sus manos, llevando en una un abanico de nácar y en otra un ramo fragante de azahares y jazmines.

Poco después empezó la ceremonia. En luminoso gabinete, blanco y azul, contiguo a la sala, se había levantado un altar. La imagen sagrada de María, con la cabeza inclinada sobre el pecho y las palmas doradas entre las manos, se erguía sobre los peldaños, bajo dosel de seda roja, galoneado de oro, rodeada de candelabros de plata, cuajados de bujías blancas; de búcaros de alabastro llenos de azucenas blancas y de paños níveos, bordados de encajes blancos. Casi todo era blanco allí, como el alma de la novia, hasta mis pensamientos.

Frente a ese altar, el excelentísimo e ilustrísimo señor canónigo don Benigno Merino y Mendi, revestido de rica casulla de seda blanca, bordada de oro, bendijo la unión matrimonial, siendo padrinos de ella, la señora Carmen Gutiérrez de Terry, madre de la novia, y el excelentísimo e ilustrísimo señor don Fernando González del Valle, abuelo del novio y venerable rector de nuestra Universidad.

Consumado el acto, los concurrentes pasaron al comedor, donde la mesa, bajo el peso de bruñidos candelabros, de jarrones de porcelana y de copas multiformes, se desarrollaba a lo largo de él.

Mientras se servía el *buffet*, las manos de la recién casada, temblorosas y blancas, se entretenían en despojarse de los ramos de azahares que realzaban sus encantos, repartiéndolos entre sus amigas.

Y al mirarle salir de la casa, en compañía de su esposo, para dirigirse al Hotel Pasaje, donde han tomado las habitaciones ocupadas recientemente por el conde de París y en las que permanecerán hasta el sábado próximo, día en que marchan a Europa; sentí la inmensa alegría que me produce la contemplación de la dicha de un amigo —dicha que le deseo eterna—, por más que sea una de las que no pretendo alcanzar, pues creo como Des

Ryons, el célebre personaje de Dumás hijo, «que el matrimonio es una cadena demasiado pesada para ser llevada siempre por dos personas».

Hernani

* * *

Post Scriptum. Después de la ceremonia nupcial, recordé que había recibido, en días anteriores, una tarjeta del señor Tam Kin Chó, cónsul general del Imperio Chino en esta isla, invitándome para que asistiera a la reunión familiar que, en los salones del Consulado, ofrecía esa noche a sus amigos.

Antes de hablar de la reunión, debo manifestar al señor Tam Kin Chó —a quien admiro por su profunda sabiduría y por sus grandes virtudes—, que siento no disponer del espacio suficiente para anotar las sensaciones agradables que experimenté en su elegante mansión.

Cuando llegué a ella, numerosas parejas se deslizaban, a los acordes del *vals*, sobre el marmóreo pavimento del salón principal. Era imposible penetrar en él. Deteniéndome en el umbral de una de sus puertas, solo pude notar, en esos momentos, cabezas de mujeres, estrelladas de diamantes; senos rosados, enguirnaldados de flores; hombros robustos, ceñidos de lazos; brazos desnudos, rodeados de brazaletes; mangas empolvadas de fracs y piececitos adorables, elegantemente calzados. Luego llegué a reconocer, en medio de esa masa compacta, luminosa y ondeante, a los señores agregados Tso-Sim, vestido de amarillo anaranjado y azul celeste; a Tam-Chan, de gris perla y verde Nilo; y a Sing-Sang, de azul Prusia y amarillo de ámbar, quien ha alcanzado el título de maestro y cuya faz tiene el color amarillento de los libros sagrados que tiene incesantemente abiertos ante sus ojos.

Terminado el *vals*, vi desfilar, por las puertas del salón a la señoritas Blanca Rasch, María Cay, Asunción Buitrago, Belica Smith, Lolita Morales, Lulú Galarraga, María Cotiart, Cocola Fernández, a las hermanas Lluch, Drenté, Junqué y a los señores general Chinchilla, general Segundo Cabo, gobernador civil, cónsules de Francia, Rusia, Grecia, Austria, etc., marqués de Esteban, Sanz, Pichardo, Guardiola, Lafourcade, Centellas, Pepe Jerez, Cherembaud, Aquiles y Eloy Martínez, Almagro, Gobel, Alfredo Arango, Ramón Hernández, Osorio, Hagermam y otros más que siento no recordar.

Durante el intermedio, las parejas se refugiaban, ora en el cuarto de Tam Kin Chó, donde admiraban los primores del arte chino; ora en el de Sing-Sang, donde el sándalo chisporroteaba en los pebeteros; ora en el de Tso-Sim, donde se oía música *celeste*; ora en el comedor, donde había todo lo que el estómago más exigente y más refinado podía apetecer.

Cuando salí del Consulado, un caballero preguntaba a una señora:

—¿Se ha divertido usted mucho?

—Como si estuviera en mi casa.

¿Qué mejor elogio, después de anotar estas frases, podría yo tributar a esa reunión?

H.
La Discusión, lunes 21 de abril de 1890, año II, No 255.

Croquis femenino[2]

Derrochadora

Apenas entreabre los párpados, rodeados de violáceas aureolas, bajo el pabellón de seda roja, flordelisado de oro, que cuelga de la cabecera de su lecho imperial, donde su cuerpo oculta, entre ondas de encajes, su ligereza nerviosa, su corrección estatuaria y su blancura de rosa té; espárcese los cabellos por las espaldas, álzase las hombreras de su camisa y salta rápidamente sobre la alfombra, aplicando el dedo al botón amarfilado de próximo timbre eléctrico que produce un sonido agudo, lejano, estremecedor.

Al oír el retintín, acude la doncella. Y mientras la envuelve en su bata de felpa malva, para conducirla al baño; mientras la sumerge en la bañera de jaspe, donde recobra las fuerzas perdidas en sus noches de insomnio, mientras le frota la piel con esencias orientales; y mientras la retiene ante la Luna veneciana de su tocador, para peinarle su cabellera, ceñirle un nuevo traje y colocarle diversas joyas, hasta convertirla en una de esas deidades que, al encontrarlas en la calle, nos hacen volver el rostro, lanzar un grito de asombro, temblar de arriba a abajo y abandonarlo todo por seguir tras sus pasos; ella combina interiormente el programa del día, pensando en las tarjetas que ha de enviar, en las visitas que ha de devolver, en las fiestas a que ha de asistir y, sobre todo, en los objetos que ha de comprar.

Esperando el almuerzo, hojea los diarios, dicta órdenes, se arroja en una butaca, se levanta de seguida, corre a mirarse al espejo y se sienta a la mesa al fin. Nada lo encuentra a su gusto. Todo le parece insípido, frío o mal sazonado. Hasta el ramo de flores que acaban de subir del jardín para colocarlo en un búcaro que se levanta en el centro de la mesa, se le antoja que está marchito, deshojado, sin olor. Solo se reanima al tomar el café. Absorbida la última gota, su cuerpo se yergue, sus mejillas se encienden, sus pupilas chispean y una sonrisa entreabre sus labios purpurinos, dejando ver una sarta de dientes pequeñitos, nacarados y puntiagudos.

---

2   Este artículo se publicó en *La Habana Elegante*, el 12 de marzo de 1893, con ligeras variantes.

Colocada la capota, echado el velillo sobre la faz y el quitasol de seda entre las manos, emprende entonces su peregrinación a través de los primeros establecimientos de la capital. Nunca va en coche, sino a pie. El movimiento del carruaje excita su sistema nervioso. Y en cada tienda, halla algo nuevo que comprar. Ya es un brazalete regio, digno del brazo de una Leonor de Este; ya un abanico ínfimo, propio de una sirvienta; ya un cuadro antiguo, procedente de una familia arruinada; ya una estatua de yeso, comprada en un bazar; ya una tela magnífica, salida de la mejor fábrica europea. Jamás discute los precios, ni se detiene a examinar el mérito de las cosas. Desde que penetra en un establecimiento, siente algo semejante a un vértigo, que la arrastra de un extremo a otro, le oscurece la razón y le infunde el deseo de llevarse todo lo que mira, palpa o percibe a su alrededor.

Y, al regresar a su casa, entretiénese en abrir los paquetes, extraer los objetos y colocarlos en distintos sitios, sustituyendo los nuevos por los viejos, prefiriendo unos, desechando otros, hasta que la pieza decorada tome nuevo aspecto, siquiera sea por algunas horas, puesto que al día siguiente ha de recomenzar la misma peregrinación y la misma faena, sin que se interponga jamás ante su razón el espectro de la miseria que se aproxima, el de la vejez que viene detrás y el de la muerte en un hospital, sin mano amiga que cierre sus ojos, ni ojos piadosos para verter una lágrima en su fosa solitaria.

Aunque la ciencia reconozca, en esta fiebre del derroche, uno de los síntomas de la locura, su vida privada no ofrece ningún rasgo alarmante, salvo el del hastío que, como un velo negro, se cierne al poco tiempo sobre esos mismos objetos que se complace en buscar, en poseer y hasta en destruir.

Pero ¿quién está libre de esta última dolencia?

¿Será tal vez la causa de su prodigalidad, el deseo que experimenta de distraer el pesar de alguna pasión contrariada, de ésas que a nadie se revelan, de ésas que nadie adivina pero que se llevan siempre, como un peso enorme, en lo más recóndito del corazón? Quizás. Pero cuando se habla delante de ella de los goces supremos del amor hay tal ironía en la sonrisa aprobatoria de sus labios y tal incredulidad en la mirada de sus ojos que parece decir: ¡Infelices! ¿Todavía creéis en eso?

Hernani

La Discusión, lunes 9 de junio de 1890, año II, No 294.

A través de la vida

Miguel Eyraud[3]

Una gran curiosidad se ha despertado, en los últimos años, por todo lo que respecta a los criminales. El asesino que sube al cadalso inspira más interés que el ciudadano agonizante en brazos de su familia. Desde que cae en poder de la justicia, el público experimenta el deseo de conocer la causa del crimen, la manera de cometerlo y los mil incidentes relacionados con él. El recuerdo de la víctima se va borrando lentamente de la memoria de los supervivientes. Y mientras el reo permanece en la prisión, antecámara demasiado larga a veces para llegar a la tumba, el público está pendiente de todos sus actos, de todas sus ideas y de todas sus palabras.

¿A qué obedece esta curiosidad? A la compasión natural que inspira todo infortunado y al deseo insaciable de experimentar sensaciones nuevas. Muerta la víctima, el público le consagra un lamento y se olvida pronto de ella, porque abriga la creencia de que la muerte es la gran consoladora, fijándose luego solamente en el acusado, porque vive todavía, porque está arrepentido quizás y porque sufre tal vez, por un resto de corazón, las torturas del remordimiento, la afrenta de su delito y las crueldades de la justicia. Dado el caso de que no sea ésta la causa de tal curiosidad, la vida moderna es tan monótona, tan igual, tan desesperante a veces que nos interesa cualquier suceso que ponga en movimiento los resortes oxidados del aparato de nuestra sensibilidad.

Además de estas razones, si se escucha la voz de la ciencia, se debe sentir profunda piedad hacia los criminales. La ciencia moderna es la gran sacerdotisa que absuelve todos los crímenes contemporáneos. Reconociendo en los individuos, por medio de signos convencionales, la inclinación irresistible al mal, justifica la conducta de esos, declarándoles irresponsables de sus actos. Ahora bien, por un hombre que no tiene conciencia de lo que

---

3   Eyraud fue autor de un asesinato en París que tuvo resonancia periodística internacional. Huyó a Nueva York y luego a La Habana donde fue identificado, preso y extraditado a Francia.

hace ¿se puede sentir algo menos que compasión? Todavía hay otra razón para justificar este sentimiento piadoso que los seres felices, los satisfechos de la vida, los que no han sufrido jamás, calificarán de sensiblería ridícula o enfermiza: los primeros psicólogos del mundo aseguran que, en estos tiempos de neurosis, de incertidumbre y de agitación, todos estamos más o menos enfermos de la voluntad. Si esto es cierto, como parece, a juzgar por algunos fenómenos inexplicables ¿quién puede saber de fijo, al saltar del lecho, lo que, en el curso del día, si no logra resistir los acontecimientos, llegará a hacer?

Leyendo varias reseñas del proceso Gouffé, me ha parecido que Eyraud, de quien se ocupa, en estos momentos, la prensa universal, pertenece al número de criminales que son dignos de compasión. Repruebo el asesinato del viejo *huissier*, pero el asesino inspira ya lástima. El crimen ha sido horroroso y las circunstancias que lo han acompañado más horrorosas aún. Pero ha habido tal saña en la persecución del delincuente, ha arrostrado tantos peligros y se han desencadenado tantas tormentas sobre él, que se presenta medio redimido por un sufrimiento largo, intenso, doloroso, cruel. Y, ahora que está domado, humillado y abatido ¿por qué no creer que deseaba entrar, como ha manifestado, por la vía del olvido, en el camino del bien?

Viéndolo, estos días, en húmedo calabozo, adormecido por el eco monótono del paso de los centinelas, sin pensar más que en la belleza perdida de Gabriela Bompart, varias personas se han horrorizado primero, al recordar los detalles de la muerte de Gouffé, pero luego se han apiadado de Eyraud. Las fieras enjauladas inspiran idéntica compasión. Desvanecido el recuerdo del crimen, han pensado en la vida angustiada del delincuente a través de diversos países... Y lo han visto salir inquieto, en compañía de Gabriela, del país natal; abandonar la maleta en la estación; llegar a Londres; volver a Francia; embarcarse para América; sentir el abandono de Gabriela primero; la perfidia de la misma después; llegar finalmente a La Habana y caer prisionero en el momento más inesperado de todos. ¡Qué instantes tan amargos ha debido pasar ese hombre en todas partes, sabiendo que se le perseguía a todas horas! ¡Qué pensamientos tan horrendos cruzarían por su mente en algunos días! ¡Qué noches tan agitadas en las cámaras de los navíos, oyendo la queja incesante de las ondas y esperando la llegada al puerto de su dirección!

—Todo no ha sido más —dice a menudo— que por haber amado demasiado a las mujeres. Las mujeres han sido siempre la causa de mis desgracias. Todo lo he perdido por ellas: honra, dinero, juventud. Ahora voy a perder la vida; pero no lo siento... ¡He gozado tanto con ellas...! El que no haya sido nunca víctima de pasiones violentas no me comprenderá jamás. Nadie sabe a dónde nos puede arrastrar una mujer...

Y así monologuea, en alta voz, sin darse cuenta de las gentes que entran, que lo asedian a preguntas y que no lo dejan reposar, recordando de vez en cuando a su hija, hasta que lo rinde el sueño, el cansancio o la desesperación.

A pesar de todo, no ha expiado su crimen todavía. Después de algunos días de prisión, dentro de la cual tendrá que sufrir las miradas de sus carceleros, responder a las preguntas de los jueces y devorar en silencio sus pesares, será arrojado como fardo humano, al interior de un navío, para ser conducido a su país. El día de su llegada será un día de feria, de alborozo, de regocijo popular. Más tarde subirá al cadalso, para obtener allí, no el perdón de su crimen, sino el desprecio, el olvido, la execración...

. . . .

¡Oh, La Bruyère, cuánta razón tenías al decir: ante la vista de ciertas desgracias, uno se siente avergonzado de haber sido feliz, de serlo todavía y hasta de poderlo ser!

Hernani
La Discusión, miércoles 28 de mayo de 1890, año II, No 285.

Bocetos sangrientos

El matadero

Cansado de recorrer la población, buscando algo nuevo que admirar; de sentir la nostalgia de un museo en el que los espíritus contemplativos pueden tomar largos baños de antigüedad; de no conocer un pintor que tenga un estudio suntuoso, sugestivo, alocador; de viajar por los países floridos de las quimeras, adonde nadie me quiera seguir; y de presenciar el contagioso e incesante descontento de la humanidad, descontento que se manifiesta generalmente en los niños por majaderías, en los jóvenes por insolencia y en los viejos por intolerancias; resolví marcharme ayer a uno de los sitios más repugnantes de la capital, al Matadero, donde la contemplación del sangriento espectáculo de las bestias incesantemente degolladas, a la par que una sensación inexperimentada, pudiera proporcionarme asunto para una de esas crónicas que me reclaman algunos de mis lectores.

Embutido en el tranvía que conduce, en pocos minutos, al lugar mencionado, pero que, como sucede en tales casos, tardó más del tiempo calculado por mi impaciencia, ya para dejar libre el paso a innumerables vehículos, ya para recoger o vaciar pasajeros; llegué algo tarde al término de la excursión, es decir, una hora después de comenzada la matanza, pero sin que la demora me privara de algún rasgo característico de ese espectáculo diario, repugnante, feroz.

* * *

Atravesando un callejón anchuroso, quemado por los rayos de un Sol de fuego, con los pies hundidos en blanda alfombra de polvo, pude contemplar varias cosas. A la derecha, una cuadrilla de presidiarios, con la pica en movimiento y el grillete a lo largo de la pierna, aprendían el oficio de picapedreros, triturando enormes bloques, que al partirse, disparaban una granizada alrededor. A la izquierda, bajo portales mugrientos, agujereados y apestosos, varios hombres robustos, cuchillo en mano y ensangrentadas las ropas, abrían, vaciaban y sumergían miembros de animales en altas latas de metal, de las que emanaba ese olor salado de la carne fresca, que atraía ruidoso enjambre de moscas. Un poco más lejos a la orilla del río, se alineaban las barracas habitadas por las gentes del lugar, semejantes a islotes negruzcos en que han venido a refugiarse los supervivientes del naufragio social.

Frente al callejón está el Matadero. Visto desde el exterior, presenta el aspecto de una plaza de toros, de forma cuadrangular, donde pueden cobijarse unas mil almas. Está dividido en tres partes. Las de los extremos son iguales. Ambas están separadas por gruesos troncos de madera humedecida, jaspeados de placas verdosas y salpicados de sangre, de los cuales penden las ropas manchadas de los matadores. Por el centro se desliza la corriente de la zanja, amarillenta por un lado y enrojecida por el otro, refrenado su impulso el dique formado por los cuerpos amontonados de las bestias agonizantes. Alrededor del anfiteatro, se levantan las gradas superpuestas, donde se sitúan las gentes que, ya por gusto, ya por ociosidad, acuden a presenciar la matanza, extasiándose con el espectáculo, trabando amistad con los sacrificadores y enardeciéndolos con sus gritos de entusiasmo.

Arrastradas por medio de larga cuerda, salen las bestias del corral inmediato, siendo luego atadas a los postes de tal manera que no pueden defenderse con los cuernos, ni descargar un golpe con las patas. Entonces, los matadores medio desnudos y enardecidos por el olor de la sangre, hunden acertadamente los cuchillos puntiagudos en el cuello del animal, con tal destreza que éste se desploma al suelo inmediatamente sin lanzar un gemido, ni revelar sus sufrimientos. Tan pronto como la víctima empieza a desangrar, se abalanza sobre ella, blandiendo el hacha en la diestra, una turba de hombres que la dividen en innumerables fragmentos, esparciéndolos por diversos puntos.

Durante las horas de matanza, allí no se respira más que el olor de la sangre, mezclado al de los excrementos de los animales y al del agua del río, los cuales forman una atmósfera extraña, donde resuenan los golpes de las hachas, el rumor de las ondas y los gritos de los matadores.

Y es tal la sensación que produce el espectáculo, que todavía, al escribir estas líneas, me parece hacerlo con sangre, entre sangre y con manos sanguinarias.

Hernani

La Discusión, jueves 12 de junio de 1890, año II, No 297.

Siluetas artísticas

Claudio Brindis de Salas

Acaba de llegar, en la mañana de hoy, a las playas natales, el gran artista de este nombre que, con el fuego sagrado en el alma y el violín bajo el brazo, recorre incesantemente el mundo civilizado, cautivando las almas de los que se detienen a oírle y sin demandarles, en cambio, más que aplausos o un puñado de oro para continuar su peregrinación por otros países, hasta que, como mágica nota de su maravilloso instrumento, su espíritu se desprenda de la envoltura carnal, subiendo a perderse en la región de las estrellas.

Aunque el público se interesa por conocer los más insignificantes detalles de la existencia de sus ídolos artísticos y quiere ver rasgado ante sus ojos el velo de todas las intimidades, no conozco nada de la vida del célebre *virtuoso* que pueda ser suficiente para satisfacer esa curiosidad. Como no sea la serie innumerable de triunfos obtenidos en todas partes, ningún hecho extraño se descubre en ella. Alrededor de su persona no se ha formado todavía, como alrededor de la de Paganini, ninguna de esas leyendas que, inventada por las fantasías de unos y divulgada por la credulidad de otros, se popularizan poco a poco y, como un halo en torno de un astro, oscurecen los defectos o acrecientan los méritos personales de los grandes artistas.

Niño aún, lo mismo que hubiera podido enamorarse de un juguete, se enamoró del violín. Cada vez que una mano generosa hacía vibrar, en presencia suya, las cuerdas del instrumento, su alma se inundaba de gozo, su cuerpo se estremecía y su imaginación se echaba a volar por los espacios siderales del ensueño, revelando de esta manera su vocación. Nada le interesaba excepto el violín. A fuerza de contemplarlo, se atrevió un día a cogerlo entre sus manos dejando extasiadas a las personas que tuvieron la dicha de oír los sonidos que arrancaba de él y, quienes presintiendo su genio, alentaron sus aficiones.

Deseoso de educar sus facultades, fue enviado a París. Allí comenzó a estudiar, bajo la dirección de reputados profesores, su instrumento favorito, único que puede rivalizar con la voz humana y el apto quizás para expresar los sentimientos más inefables y los más enérgicos, a la vez. Al cabo de poco tiempo, hizo tan rápidos progresos y fascinó de tal modo a los que le oyeron, que su nombre empezó a hacerse célebre, sellando luego su reputación con un premio obtenido en un gran certamen musical.

Tan pronto como terminó sus estudios, empezó a recorrer triunfalmente el mundo entero, convirtiéndose en una de las primeras celebridades artísticas de nuestro siglo. Donde quiera que ha lanzado una nota de su violín, ha tenido un admirador nuevo y ha recogido un lauro más. El lenguaje de su instrumento es un lenguaje universal. Desde el soberano que rige los destinos del gran imperio moscovita, hasta el más humilde habitante del último rincón de esta colonia, todos pueden oírlo, comprenderlo y experimentar las mismas sensaciones por medio de él.

Brindis de Salas viaja siempre por todas partes. Habiendo alcanzado ya los favores de la gloria y los de la fortuna, hubiera podido permanecer quieto en su querida Alemania, donde tiene fijada su residencia y donde su nombre es popular. Pero no lo hará jamás. Arrastrado por el deseo de contemplar cosas nuevas —deseo que vive en el corazón de muchos artistas, sin que algunos ¡ay! consigan adormecerlo jamás—, va de nación en nación, de ciudad en ciudad, contemplando diversos paisajes, traspasando diversos horizontes, encontrando diversas gentes, hablando diversos idiomas, oyendo distintas voces y alcanzando diversos triunfos. Apenas desembarca en un país, siente la necesidad de marcharse a otro, porque pertenece a esa falange numerosa de inquietos que, como el héroe de Byron, puede decir también: *yo estaría bien donde estoy.*

Aquí ha venido varias veces. Durante su último viaje, tuve la dicha de oírlo una noche, sin que haya podido olvidarlo jamás. Tocaba en el salón de una dama del gran mundo habanero. Creyendo tal vez que su auditorio no podría apreciar sus méritos, empezó a tocar fríamente, casi por cortesía, sin gusto alguno; pero a los pocos momentos su semblante se animó, sus pupilas relampaguearon y arrancó de su instrumento notas tan armónicas, tan aladas, tan sugestivas que toda la concurrencia se quedó como petrificada, ansiando luego solamente oírle tocar nuevas composiciones.

Ahora que regresa, radiante de gozo y coronado de laureles, al suelo natal, donde ha de permanecer algunos días, porque dentro de poco sentirá la nostalgia de otros climas y de otras regiones; dispongámonos a escuchar al glorioso peregrino que hoy planta su tienda entre nosotros, que será de seguro el héroe de nuestras fiestas y que nos trae, en cada una de las cuerdas de su instrumento, el secreto maravilloso para lograr el olvido momentáneo de nuestras profundas e incurables tristezas.

Hernani
La Discusión, martes 24 de junio de 1890, año II, No 308.

Salones habaneros

Una recepción

El verano, dios terrible, representado en las antiguas mitologías de los países septentrionales bajo la forma de un monstruo colérico, volcando sobre el mundo, desde las alturas celestes, una especie de tanque de plomo derretido que, al caer en la tierra, abrasa la vegetación, seca las aguas y paraliza las fuerzas vitales; se ha presentado cruelmente este año entre nosotros, seguido de su innumerable cortejo de males, haciendo emigrar a muchas familias que, para huir de sus cóleras, se marchan al extranjero o se refugian en los pintorescos caseríos de los alrededores de nuestra población.

Fuera de los teatros, no es posible encontrar, en esta época, ningún sitio agradable en que pasar las noches, porque los salones cierran sus puertas hasta la llegada del invierno, estación propicia para todo género de diversiones. Mientras reina el verano, los que nos vemos obligados a permanecer en la capital, tendríamos que enclaustrarnos en nuestras moradas si algunas familias que no han partido todavía, como la de los condes de Casa Bayona, no ofrecieran a sus amigos fiestas semejantes, a la que les ofrecieron anoche en sus elegantes y aristocráticos salones.

Cerrados por largo tiempo, a consecuencia de ininterrumpidos duelos, parecía que la alegría había desaparecido para siempre de ellos. Allí no se daban esas recepciones suntuosas a las que se va solo a buscar momentáneos placeres, sino se recibía sencilla y cariñosamente a las personas que acudían a llevar su ofrenda de amistad o a compartir las tristezas que la muerte había dejado al pasar. Pero hoy todo ha cambiado. Después del matrimonio del hijo mayor de los condes de Casa Bayona, Francisco Chacón —que a la nobleza de su raza, comienza a añadir la única gloria verdaderamente noble, la del escritor—, con una de las deidades más admiradas del gran mundo habanero, María Calvo, en quien la hermosura corporal se encuentra unida a una grandeza de alma poco frecuente en estos días; la antigua mansión condal ha recobrado su primitivo esplendor, sin que por eso se deje de rendir culto a la memoria de los antecesores desaparecidos.

* * *

Aprovechando la estancia del célebre violinista Brindis de Salas en esta capital, los jóvenes condes invitaron a las personas de su amistad para que acudieran anoche a sus salones, ofreciéndoles en cambio el placer de oír tocar al conocido virtuoso las piezas más escogidas de su repertorio musical.

Todos acudieron puntualmente. Desde las nueve, el timbre de la portería resonaba incesantemente en los salones, anunciando la llegada de los invitados que, al trasponer la escalera de piedra, por la que serpeaba una alfombra estrecha, color de asfalto, orillada de azul, se internaban en la sala, donde la condesa de Casa Bayona, vestida de un traje de seda negra flordelisado de oro, sin joya alguna, recibía exquisitamente, en unión de su esposo, de su cuñada y de su sobrina, a los recién venidos.

La sala, bastante espaciosa, presenta siempre un aspecto sencillo y encantador. No hay en ella ese amontonamiento de objetos que, por hallarse en todas partes, se va haciendo vulgar. Todo es antiguo, sólido y valioso a la vez. La lámpara, de bronce macizo, ostenta elegantes medallones, donde resaltan diversas figuras mitológicas, cuyos contornos se animan al fulgor de las luces. Es una obra maestra. A un extremo, al lado de la ventana contigua a la escalera, sobre la que se destaca el escudo familiar, se alza un piano de cola que puede rivalizar con el mejor. Entre las ventanas, dos mármoles, embutidos en la pared y sostenidos por bronces, sostienen candelabros, búcaros cuajados de flores y objetos artísticos.

Allí, en medio de la concurrencia que le escuchaba religiosamente, el señor Brindis de Salas tocó diversas piezas de compositores alemanes, italianos y habaneros, siendo acompañado al piano por el señor Miguel González y obteniendo la aprobación de los concurrentes.

Entre las personas que allí estaban, recordamos a las señoras Rosario Armenteros, Célida del Monte, condesa de Fernandina, América Pintó, Consuelo Chacón de Letona, María Luisa O'Farrill y Roldán de Domínguez; a las señoritas Herminia del Monte, Josefina y Elena Herrera, Madrazo, Forcade, Domínguez, etc., y a los señores Ricardo del Monte, O'Farrill, Valdivia, Bustillo, Martínez, conde de la Reunión, Antonio del Monte, Forcade, Goudie, Cubells, Chinchilla, Herrera y Montalvo.

La fiesta ha sido la mejor de la estación. Durante las horas que duró, el alma de la casa fue María Calvo quien con su traje de moaré azul pálido, bordado de perlas, los cabellos recogidos a la griega y el busto ornado de rosas, atendía y animaba a los concurrentes, esparciendo sobre ellos los resplandores de su belleza sideral y los dones de su bondad infinita y avasalladora.

Hernani
La Discusión, lunes 7 de julio de 1890, año II, No 318.

Cuentos

El velo

Frente a su lecho de sándalo, cuyas cortinas blancas, ornadas de cintas azules, ondeaban al soplo de la brisa, como banderas vencedoras; un poeta, que llevaba siempre los ensueños más hermosos en la mente y las canciones más dulces en los labios, tenía prendido, con alfileres de oro, coronados de perlas, largo velo de gasa pálida guarnecido de encajes.

Un día, al entrar en su habitación, le pregunté:

—¿De quién es ese velo?

—Es de la mujer, de la única mujer que he amado en el mundo.

Tras corto silencio, clavando en mí sus ojos, donde temblaban gruesas lágrimas, como gotas de rocío en botones entreabiertos, exclamó:

—Hace tiempo que la conocí, al salir de la iglesia, cuya torre se divisa a lo lejos —añadió dirigiéndose al balcón—, detrás del ramaje de aquellos laureles.

Como yo estaba en la miseria, sus padres se negaron a casarla conmigo.

Pero ella, vacía la mente de preocupaciones vulgares, rebosante el corazón de ternuras amorosas, se alejó, en noche tormentosa, al fulgor de los relámpagos y al ruido de los truenos, del hogar paterno.

Largo tiempo anduvimos errantes por los campos, entre las aguas que corren, las abejas que zumban y las flores que embalsaman el ambiente.

Aunque éramos pobres, siempre estábamos contentos. Teníamos perennemente el amor en nuestras almas y el beso en nuestros labios.

Pero las dichas del hombre, como las flores, solo duran el espacio de una alborada.

Una mañana, al abrir los ojos, la encontré muerta. Su cabeza, coronada de rosas amarillas, descansaba sobre ancha piedra del camino; sus brazos, abiertos en cruz, parecían aguardar la ansiada caricia; sus ojos, entornados tristemente, semejaban flores marchitas; sus pies, al sentir el frío de la muerte, se habían ocultado entre las hojas secas.

Yo, desde aquel instante, tengo siempre ante mis ojos, ante mis ojos que la lloran, el velo que cubría su rostro, su pálido rostro de madonna, el día en que la vi, al salir del templo, por primera vez.

Y alejándose del balcón, cuyos blancos hierros estaban tapizados de verde enredadera, estrellada de flores moradas, me dijo el poeta, con triste voz, con voz más triste que la del viento al pasar por entre las ramas de los pinos solitarios, estas palabras:

—Cuando yo muera, amigo mío, haced que me sirva de mortaja el largo velo de gasa pálida, guarnecido de encajes, que perteneció a la mujer, a la única mujer que he amado en este mundo.

La Habana Elegante, 30 de octubre de 1887.

Cuentos amargos

I. Una madre

Allá lejos, en el fondo del bosque, escondida entre las hojas, como un nido en el chaparral, se encuentra una casa rústica, rodeada de árboles corpulentos y de plantas olorosas. Tiene un horizonte delicioso de contemplar.

Al frente se mira el cielo azul, jaspeado de nubes blanquecinas, cuyos extremos filetea el Sol de rayas rojas, verdes, violetas, rosadas y amarillas. A la izquierda se desarrolla larga cadena de montañas que se rompe a trechos para dejar ver un espacio del firmamento. A la derecha se divisa la ciudad donde los edificios se presentan apiñados, destacándose en el aire las siluetas de los altos torreones y las fachadas marmóreas de aristocráticos palacios.

El aire que se respira en este sitio está saturado de balsámicos olores.

Profunda calma se cierne sobre todas las cosas. Solo se oye, de tarde en tarde, el silbido de lejana locomotora, el galope de rápido corcel, el mugido ronco del toro, el canto de algún pájaro y el murmullo apagado de las ondas al estrecharse en las rocas. Este silencio que parece descender de las alturas se dilata por la atmósfera, se extiende por las verdes campiñas y se infiltra hasta el fondo de las almas para adormecer los pesares más íntimos e infundir sensaciones de inexplicable bienestar. Parece que el hombre se siente allí mejor en medio de aquel Edén salvaje, lejos de sus semejantes y rodeado de seres invisibles.

Dentro de la casa todo revela orden, pobreza y pulcritud. Ningún objeto está fuera de lugar. Se adivina la mano de hacendosa mujer que barre incesantemente el pavimento de ladrillo, impide a las arañas colgar sus telas de la pared, quita el polvo de los muebles y riega las flores abiertas en las macetas. Tampoco se encuentra ninguna cosa superflua. Viejas estampas de santos, amarillentas por los extremos y encuadradas en varillas doradas se destacan en la pálida blancura de los muros. Ante aquellos se postra, en horas de abatimiento, una piadosa mujer, cuya figura enmagrecida circula a veces como fantasma silencioso por aquel interior.

Desde hace mucho tiempo, esa pobre mujer de cabellos blancos, de frente rugosa, de mejillas demacradas y de miradas extinguidas, ocupa la casa, en compañía de su hijo, único ser que hace latir su corazón. Fuera de este hijo, nada existe para ella. Fruto de sus primeros amores, lo colma de agasajos, lo cubre de besos y lo estrecha entre sus brazos temblorosos.

Ella siente por él lo que la concha por su primera perla, lo que el árbol por su primer fruto, lo que la planta por su primera flor. Nunca el más leve disgusto ha interpuesto su sombra entre los dos. Juntos soportan la vida, en aquel lugar solitario, para cumplir las prescripciones facultativas que desterraron a la enferma mujer a la soledad de los campos.

Ella pasa el día sola, entregada a las ocupaciones domésticas, mientras el hijo trabaja en la ciudad. Al fin de la semana, éste entrega puntualmente a la madre el producto de sus ganancias. Éstas son bastantes cortas y solo alcanzan para cubrir las primeras necesidades.

II

Cada día que transcurre, el hijo regresa más tarde al hogar. La madre inquiere la causa de la tardanza y nunca obtiene respuestas favorables. El fruto de sus entrañas encuentra siempre nuevos pretextos para calmar las inquietudes maternales. Unas veces lo detiene un amigo de la infancia, lo lleva al café y lo distrae largo rato; otras veces el trabajo aumenta, las horas de oficina se prolongan y los empleados no pueden salir. La pobre mujer no dice una palabra y rumia en silencio sus pesares. Limítase a escucharlo y a prodigarle más tiernas caricias.

Desde que empieza a oscurecer, apoya sus codos afilados, en el hueco de la ventana, para sostener sus sienes abrasadas y mirarlo venir. Cada minuto que huye, abre profunda herida en su corazón. El amor le hace ver a su hijo rodeado de peligros. Hay días en que tarda tanto, que ella se mesa los cabellos, exhala gemidos desgarradores, vierte lágrimas copiosas y tiene que echarse en un sillón porque le flaquean las rodillas y se siente desfallecer. Pero, apenas lo divisa, entre nubes de polvo, a través del follaje de los árboles del camino, su cuerpo se reanima, sus pupilas se encienden, sus mejillas se colorean y una sonrisa de gozo recorre el arco de sus labios empalidecidos.

Apenas entra el hijo, se arroja en sus brazos. Temerosa de que le haya sucedido algo, le palpa los miembros fatigados, como si buscase el sitio en que le han herido; le clava los ojos en el rostro para arrancarle el secreto de su demora; y lo estrecha contra su seno tembloroso, pidiéndole perdón por haber dudado de su cariño, de sus palabras y de su abnegación. Al fin la calma se restablece y se sienta a comer. Ella le sirve los mejores trozos de cada manjar, en el plato de blanca porcelana, limpio como una patena y brillante como un espejo. Durante la comida no hace más que espiar sus movimientos. Quiere adivinar sus más recónditos deseos y darles inmediata satisfacción. Al levantarse de la mesa se dirigen abrazados al salón. Allí ella se entrega a sus labores femeninas y él lee en alta voz un libro de cuentos fantásticos.

Una noche el hijo regresó más tarde que de costumbre. Probó algunos bocados y no desplegó los labios para hablar. Arrepantigóse en un sillón, cambió de postura varias veces, encendió muchos cigarrillos y no hizo más que bostezar. Extraña inquietud agitaba sus miembros. Parecía que llevaba, en el fondo de su mente, una idea negra que lo torturaba, le roía el cerebro, le paralizaba la voluntad y le absorbía las facultades de sentir, pensar y querer.

Antes de acostarse, la madre le dirigió numerosas preguntas acerca de su malestar. Respondióle que estaba muy fatigado y solo quería dormir. La madre insistió de nuevo y se echó a llorar. Al ver las lágrimas de la anciana, el hijo se levantó de su asiento, recobró su aspecto tranquilo, enjugó el llanto de los ojos maternos y cubrió de besos sus mejillas.

Reanimada la pobre mujer, lo apretó contra su seno y llena de inefable ternura le preguntó:

—¿Qué te pasa —le decía— que estás tan triste? ¿No tienes bastante confianza conmigo para contarme tus penas? ¿Te ha sucedido algo malo?

—No.

—¿Estás enamorado y no corresponden a tu amor?

—Tampoco.

—Vamos, dime la verdad.

—Pues bien, estoy enamorado.

—Y ¿por qué no te casas?

—Porque no gano lo necesario para el sostenimiento de tres personas.

—Eso no importa. Soy vieja y tengo pocas necesidades. Lo que me has dado hasta ahora será en lo sucesivo para tu mujer.

—De ninguna manera: mientras vivas no me casaré jamás.

III

A medida que pasa el tiempo, la pasión, como llama devastadora, crece en el espíritu del enamorado. A pesar de sus pocos años parece que cuenta más de diez lustros. Tiene el rostro demacrado, las espaldas encorvadas, las manos temblorosas y los ojos vidriosos de los agonizantes.

No se le ve sonreír y vive entregado a profundas cavilaciones. Las fuerzas le abandonan y el más ligero esfuerzo le fatiga. Hasta la presencia de su adorada le tortura porque le hace sentir deseos más ardientes. Las caricias maternas le abruman y rehuye la compañía de los amigos.

Cansada la madre de verlo languidecer, se resolvió a tomar una resolución. Fue una resolución extrema, de esas que solo pueden tomar las buenas madres para salvar la vida de sus hijos. Tendríamos que remontarnos a la más lejana antigüedad, si quisiéramos hallar un ejemplo semejante de cariño, valor y abnegación. El mundo moderno está poco acostumbrado a tales heroísmos. Hay madres contemporáneas que se avergüenzan de tener hijos y que lamentan el nacimiento de ellos. El temor a perder la belleza de las formas las preocupa más que sentir el remordimiento de las parricidas.

Un día que nuestro héroe se hallaba más pálido, más abatido y más intranquilo que de costumbre, la madre sintió pasar por su mente un pensamiento sombrío y fascinador. Era la hora de la comida. Sentados a la mesa, cubierta de blanco mantel, donde la lámpara de aceite, bajo su pantalla verde, arrojaba amarillenta claridad, los dos seres permanecían taciturnos y silenciosos. No se oía más que el ruido de los cubiertos al chocar en los platos. Parecía que se formaba, en el alma de aquellos comensales, formidable tempestad, cuyos efectos desastrosos empezaban a sentir. Al fin no tardó en estallar.

Sacando un papel de sus bolsillos, la madre vertió, en su copa de vino, una dosis de polvo abrillantado que se oyó fermentar. Antes de llevarla a sus labios, se detuvo algunos momentos. Concentrando su potencia visual, clavó sus miradas en el rostro de su hijo, apuró el líquido envenenado y se abalanzó hacia él no sin decirle, con la voz temblorosa y los ojos preñados de lágrimas:

—¡Ya te puedes casar!

La Habana Elegante, 26 de enero de 1890.

Historias amargas

El primer pesar

I

Armando Morel, uno de los amigos que el tiempo me ha arrebatado en sus ondas negras, sin dejarme el consuelo de ir a derramar una lágrima o a echar un puñado de flores sobre la tierra que oculta sus despojos, porque está enterrado muy lejos, en la brumosa Alemania, país en el que soñábamos vivir juntos, él para entregarse al estudio de la música de Wagner y yo para engolfarme en las especulaciones de la filosofía alemana, ambas cosas muy adecuadas a nuestro carácter, a nuestros gustos, a nuestros temperamentos y hasta a nuestras facultades, era un ser puro, bueno y cándido, es decir, un ser excepcional, de esos que, al recordarlos, después de cierto número de años, nos hacen dudar de si han existido tal como los recordamos o si nuestra fantasía es la que los ha dotado de cualidades que les atribuimos y echamos de menos en las personas que sentimos a nuestro alrededor.

Habiendo vivido siempre a la sombra de su familia, ignoraba todavía, en la época a que me refiero, los tormentos que el destino reserva a cada mortal. En el cáliz áureo de su dicha ninguna mano había derramado una sola gota de hiel. Las mujeres le parecían ángeles que veraneaban en la tierra y los hombres unos santos bajados de sus altares. Raras veces advertía una falta en los demás. Todo lo veía a través de una especie de monóculo róseo, hecho de grueso rubí y montado en fino aro de oro, tal como lo soñaba su imaginación.

Era imposible encontrarlo sin sentirse atraído por él. Tenía los cabellos rubios, de un rubio sedoso y blanquecino, que le daban el aspecto, al caer en bucles sobre sus espaldas, de un príncipe de la dinastía de los merovingios. Sus labios eran rojos, carnosos y sensuales. Detrás de sus ojos azulados, de un azul de turquesa enferma, su alma estaba asomada constantemente, esparciendo un relente de ternura sobre los objetos próximos.

El color de sus mejillas era semejante al de las rosas-reinas. La expresión de su rostro solo podía compararse a la de las figuras angélicas que circulan por las páginas de las leyendas cristianas.

Viéndolo echado sobre el regazo de su madre, se pensaba en Adonis adormecido en las rodillas de su Venus. Las mujeres de alguna edad lo sentaban sobre sus piernas, le cubrían la frente de besos y experimentaban cierta voluptuosidad en acariciarle los rizos o en sentir el cosquilleo que el bozo del adolescente les hacía en las mejillas. De haber vivido en la época de Enrique de Francia, hubiera sido el paje favorito de las damas de la corte. Tenía el tipo verdadero del mignon y la femineidad propia de los niños que se hacen hombres entre las paredes de su hogar, respirando un ambiente saturado de cariño, de pureza y de bondad.

Así llegó a los veintidós años, soñando siempre y admirándolo todo, sin saber que la vida a semejanza de la flor roja y negra, de la que hablan los poetas asiáticos, oculta en su seno, un olor deletéreo que, si se percibe una vez, no se aleja del olfato jamás.

II

Al cabo de algún tiempo se internó en el mundo.

Terminados sus estudios elementales, bajo la dirección de reputados profesores, su familia pensó en hacerle seguir una carrera, tal como convenía a su rango y como se acostumbra a hacer. Consultada su vocación, manifestó que iba a ser abogado. Pero eligió esta carrera, no porque le gustara, sino porque le parecía la menos repugnante de todas. Dotado de verdadero temperamento musical, no encontraba más placer que el de entregarse al estudio de las grandes composiciones de sus maestros predilectos. Solo por complacer a su madre se decidió a penetrar en las aulas universitarias, donde empezó a conocer la vida, aprendiendo también muchas cosas que ignoraba hasta entonces.

Aunque había visto, en los salones de su casa, mujeres hermosas de todas las edades, su corazón no había latido por ninguna de ellas. Como todos los artistas de corazón, experimentaba ante la belleza una sensación inmaterial que se convertía en un éxtasis largo, silencioso y sagrado, que le absorbía por espacio de muchos días. Después de haber visto una verdadera hermosura, se quedaba aletargado, como el que toma una fuerte dosis de morfina, sin que la carne participara de tal estado de ánimo que le imposibilitaba para hacer otra cosa que soñar. Todo lo contrario le ocurría a la vista de las mujeres de baja condición social. Delante de ellas, una agitación intensa despertaba sus sentidos, excitándolos hasta la congestión, porque la ley del contraste es la única que domina ciertos temperamentos, por más exquisitos y delicados que sean. En los últimos vástagos, como Armando Morel, de una familia de raza fina, nerviosa y degenerada, suelen manifestarse siempre tan inexplicables preferencias.

Una tarde que vagábamos juntos, por magnífico paseo, bajo las ramas de los laureles, donde los gorriones acudían, gozosos y ligeros, a esconderse de la sombra de la noche, vimos pasar, en magnífica victoria, tirada por cuatro parejas de caballos, montadas por lacayos de cabellos empolvados, una mujer hermosísima, una de esas diosas a la moda, seguida por numerosos jinetes entre doble filas de carruajes. Tenía la belleza alocadora de las Cleopatras, de las Faustinas y de toda esa legión femenina que vive todavía en el recuerdo de la humanidad. Viéndola en su coche magnífico, traía a la memoria la figura trazada por los historiadores de *madame* Recamier, cuando se presentaba vestida de Aspasia en Longchamp, dentro de una carroza dorada, envuelta en un peplo, calzada con sandalias que dejaban ver su pie rosado sobre una piel de tigre, sueltos los rizos por la espalda y encadenado el brazo desnudo de magníficos camafeos, recibiendo los homenajes de más de veinte mil admiradores.

Desde esa tarde, mi amigo se enamoró locamente de aquella mujer que, como una visión de otro siglo, había pasado ante sus ojos, dejando en ellos el deslumbramiento que produce la contemplación de algunos de nuestros ideales más acariciados. Vanos fueron los medios empleados para curarle de su pasión. Nada le distraía. Hasta la música le hastiaba.

Vivía sumergido perennemente en ese estado de somnolencia estúpida que el amor engendra en ciertos caracteres y esquivaba la compañía de los amigos que se atrevían a darle consejos.

¡Pobre Armando! ¡Cuán pronto se convenció de que todos tenían razón, menos él!

III

Era una noche de carnaval.

Las calles estaban llenas de grupos numerosos de gentes alegres que invadían las aceras, se aglomeraban en las esquinas y se introducían en los cafés, donde se atiborraban de alcohol, yendo luego a desaguar, como inmundicias de la cloaca social, al primer teatro de la población, lugar en que se confundían, bajo diversos disfraces, todas las clases de la sociedad.

En la sala reinaba gran animación. Bajo la araña central, rodeada de triple cordón de bombillos de cristal cuajado, como el cuello de una mujer de triple sarta de perlas, las parejas se deslizaban, por el pavimento de madera, a los acordes de la danza. El gas hacía resplandecer los trajes caprichosos. Ya pasaba una reina con su manto de púrpura y su corona esmaltada de pedrería; ya un trovador antiguo, con el arpa al hombro y la canción entre los labios; ya una dama del siglo pasado con su peluca blanca y su rostro carmíneo estrellado de lunares; ya una juglaresa, con su traje de muselina y ornada de ajorcas, brazaletes y collares; ya una ondina de traje blanco cubierta de algas y cabellera rubia nevada de perlas; ya en fin, una multitud de dominoes azules, negros, verdes, rojos y amarillos.

Arrastrado por la muchedumbre, el héroe de esta historia se había refugiado en el teatro, donde no hacía más que andar de un extremo a otro de la sala, paseando su mirada melancólica sobre el rebaño humano que se divertía y experimentando la sensación de aislamiento entre la multitud. El dolor de su alma se acrecentaba entre la alegría de los demás. Su rostro, donde se veía tanta nobleza de raza y tanta amargura comprimida, formaba un contraste singular con el de los hombres que, despojados del antifaz, vagaban alrededor de las parejas danzantes, aspirando el olor de aquellos cuerpos unidos, frotados y mal olientes.

Ya se disponía a retirarse, cuando se le ocurrió dar una vuelta por el salón de cenar. Allí el bullicio era mayor que en la sala. Del fondo de los gabinetes salían cantos, gritos, risotadas, taponazos, besos y fermentos de alcoholes. Muchas parejas aguardaban que se desocuparan las mesas para abalanzarse de seguida sobre ellas.

Ansioso de contemplar lo que pasaba en el interior de los gabinetes, Armando introdujo sus miradas por los intersticios de las maderas, satisfaciendo su curiosidad. De pronto retrocedió al llegar a uno de ellos.

Dentro de la pieza había una pareja sentada a la mesa, cuajada de flores, frutas y licores. Al asomarse mi amigo, vio a la mujer de sus sueños, vestida de Salambó, que se levantaba gradualmente de su asiento para alcanzar con sus dientes pequeños, perlados y puntiagudos, un racimo de uvas que, como un ramillete de perlas verdes, temblaba en la boca desdentada de un viejo banquero que la acompañaba y que, con la faz congestionada y con los ojos desencajados, se inclinaba fuera de su sitio estirando el brazo derecho para estrechar la cintura de aquella mujer.

Entonces se retiró, lívido, jadeante, sin poder sostenerse de pie, buscando el apoyo de las paredes, como un hombre ebrio, para no caer al suelo. Y, al salir a la calle, ciego de cólera y transido de dolor, después de exhalar un fuerte sollozo que le comprimía la garganta, se alejó de las calles ruidosas, internándose en las avenidas oscuras y desiertas y alzando frecuentemente los ojos enrojecidos hacia el espacio azulado, como si buscara su dolor, a través de los encajes verdes de las hojas de los árboles, la mirada consoladora de las estrellas.

La Habana Elegante, 10 de agosto de 1890.

La casa del poeta

I

Atardecía. El disco rojo del Sol, como redonda mancha de sangre, caída en manto de terciopelo azul, rodaba por la bóveda celeste hacia el fondo del mar. El aire estaba impregnado de aromas suaves, sutiles y embriagadores. La niebla envolvía entre sus pliegues, a manera de sudario de gasa, agujereado a trechos, las verdes cumbres de las montañas lejanas. Se oía a lo lejos, entre el ruido de los carruajes, el mugido imponente del mar, cuyas ondas verdinegras, franjeadas de espumas blancas, se hinchaban monstruosamente, se erguían coléricas y se estrellaban contra las rocas puntiagudas.

Deseoso de hacer ejercicio, yo había salido, en la tarde aquella, a recorrer las calles, experimentando ese bienestar que produce la ausencia de ideas en el cerebro y la terminación de las labores cotidianas. Nada me preocupaba. Distraído por el aspecto de las cosas, había andado más de una hora, sin rumbo fijo, hasta llegar a una de las alamedas centrales de la población, donde un grupo de niñas, rubias unas y morenas otras, bailaban en torno de una fuente, mientras las ayas, con sus cofias de encajes y con sus delantales blancos, permanecían alejadas a cierta distancia, dirigiendo frecuentemente sus miradas melancólicas a los transeúntes.

Ancha nube cenicienta se interpuso ante el Sol. Detrás de ella, impulsado por el aire, se precipitó un ejército de nubecillas róseas, verdes, moradas, purpúreas y amarillas, fundiéndose en una sola de color gris, de un gris metálico, que se fijó, como enorme murciélago de alas abiertas, en mitad del firmamento azul. Una ráfaga de viento, salida del mar, se extendió por la ciudad, levantando un remolino de polvo que envolvió las siluetas de las torres, palacios, árboles y paseantes. La lluvia empezó a caer. A los pocos minutos no se escuchaba más que el ruido monótono del agua que descendía incierta sobre las calles tristes, lodosas, desiertas.

Antes de empezar a llover, había formado el proyecto de encaminarme a una casa próxima, donde habitaba, en compañía de sus hijos, la viuda de un compañero de colegio, poeta de fantasía poderosa y de estilo irreprochable, muerto prematuramente, sin haber realizado las esperanzas que hiciera concebir. Pero la lluvia no me permitió llegar. Huyendo de ella me guarecí en un café inmediato, resuelto a hacer la visita tan pronto como acabara de llover. Mientras aguardaba que escampase, sentí surgir en mi memoria la figura del poeta rodeada de esa bruma melancólica que el recuerdo de los muertos esparce en nuestro corazón. Recordé su carácter enigmático, sus aventuras amorosas, sus gustos aristocráticos, sus proyectos literarios, su matrimonio realizado en pocos días, sus triunfos artísticos y, más que nada, la inercia inexplicable en que cayó después de haber alcanzado esos triunfos.

Sintiendo que este enigma me torturaba demasiado el pensamiento, me levanté de la mesa y salí a la calle, porque el aguacero estaba a punto de cesar.

II

Poco después llamaba a la casa.

Era de aspecto sencillo y vulgar. Junto a la puerta pintada de color marrón, tenía una ventana alta, tras cuyos barrotes de hierro, manchados por los lunares rojizos de la oxidación, se veían dos postigos completamente cerrados. Ningún ruido interno llegaba al exterior. Al cabo de algunos momentos, una criada se asomó por uno de los postigos, lo cerró de seguida y me abrió la puerta.

Envié mi tarjeta y me senté a esperar.

La criada se alejó, reapareció de nuevo, encendió el gas y me dijo que la señora iba a venir.

Durante el tiempo que tardó en aparecer, me puse a examinar el interior, donde nunca había penetrado, porque después del matrimonio de mi amigo yo me había ido a viajar. Conocía a su mujer porque me la había presentado en un teatro. Pero no había ido a visitarla. De vuelta de mis viajes supe que él había muerto, a los tres años de matrimonio, de una enfermedad del corazón.

Y aplazando la visita de un día para otro, no la había ido a hacer hasta entonces.

La sala era pequeña, bastante incómoda, de forma cuadrangular. Las paredes estaban sucias, húmedas y salitrosas. En las esquinas cerca del techo, se veían manchones negros, semejantes a telarañas humedecidas. Tenía el piso de ladrillos, mitad rojos, mitad amarillentos, sobre el cual habían quedado impresas las huellas de los pies mojados de la criada que me acababa de abrir.

Frente a la ventana de la calle se alzaba un estrado vulgarísimo, compuesto de un sofá y seis butacas, bajo el cual se abría una alfombra de fondo rojo, jaspeada de flores casi descoloridas por los años. Encima del sofá colgaba un espejo oval, rodeado de marco negro, cubierto de un velo de tarlatana verde, donde un enjambre de moscas se había detenido a reposar. Debajo de éste, un retrato de mujer. Sobre la mesa del centro, dos búcaros de porcelana ordinaria, repletos de papeles hasta los bordes, cuyos filetes dorados se empezaban a descolorear. Alrededor del estrado, se alineaba una docena de sillas pegadas a la pared.

De cuando en cuando llegaba hasta la sala, por una puerta lateral, un vaho repugnante de cocina que, mezclado al lloriqueo de un chiquillo, me hacía insoportable la permanencia en aquella sala donde yo buscaba vanamente algún detalle que me recordara el gusto fino, aristocrático y refinado de aquel camarada de mi juventud y que, a la par de recrearme la vista, disipara la tristeza que el recuerdo del desaparecido había amontonado en mi corazón.

Una mujer se presentó ante mis ojos. Era alta, robusta, de fisonomía estúpida, repulsiva a simple vista y más repulsiva después. Venía envuelta en peinador blanco, completamente liso, que moldeaba lo ancho de su cintura y la redondez de sus caderas. Su rostro, manchado de pecas, carecía de expresión. Estaba algo acatarrada y se llevaba frecuentemente el pañuelo a las narices. Sus modales eran ordinarios. Hasta el timbre de su voz me repelía. Todo revelaba que era una mujer vulgar, una gallina humana, como diría un discípulo de Schopenhauer, apta solo para cuidar la casa y dar a luz cada nueve meses.

Inútil fue que pretendiera hacerla hablar de su marido. Cada vez que trataba de llevar por ese camino la conversación, me respondía vagamente, como si nada recordara, demostrando siempre la misma calma estúpida en su espíritu y la misma sinceridad grosera en sus palabras.

Después de media hora de visita, tomé el sombrero y me despedí de ella, sabiendo solamente que mi amigo le había dejado tres hijos.

III

La lluvia había recomenzado a caer.

Era una lluvia fina, monótona y silenciosa, una de esas lluvias de las tardes otoñales, que cubren de lodo el pavimento de las calles, saturan la atmósfera de humedad y engendran una melancolía intensa en los temperamentos nerviosos. A través de las gotas que formaban una especie de cortina de hilos perlados, las luces amarillas de los faroles encendidos que brillaban en las alamedas, entre filas de árboles, parecían blandones fúnebres agitados por ráfagas glaciales.

Un coche pasaba y me introduje en él. Mientras llegaba al punto de mi dirección, no pude apartar de mi memoria el interior de la casa que acababa de abandonar. Y no solo me expliqué que mi amigo dejara de cultivar las letras, en los albores de su gloria, después de haber alcanzado triunfos ruidosos, sino me asombré también, dado su carácter, sus gustos y sus cualidades, de que hubiera podido vivir tres años al lado de aquella bestia, de aquella mujer.

La Habana Elegante, 17 de agosto de 1890.

La tristeza del alcohol

¿Qué enfermedad es comparable al alcohol?

Edgar Allan Poe

I

—¿No te parece —dijo Gustavo a su amigo Adolfo, después de terminada la comida, una de esas comidas fraternales, en que los amigos íntimos se cuentan sus proyectos, sus amoríos, sus goces, sus tristezas y hasta sus miserias desconocidas—, no te parece que debemos pedir una botella de champaña?

—No, no, de ninguna manera.

—¿Por qué?

—Porque he bebido demasiado borgoña y temo que se me suba a la cabeza.

—¿Qué dices?

—Lo que oyes.

—¿Te has vuelto sobrio al cabo de tus años?

—No, pero no tomo más.

—Y ¿a qué se debe ese cambio repentino?

—A nada. He resuelto no tomar más alcohol.

—Ya lo supongo; pero esa resolución obedece a alguna causa.

—¡Ahora no tengo ganas de hablar de eso! ¡Vámonos a la calle!

—Espérate. Además ¿a dónde vamos a ir? Hoy es víspera de fiesta y no se encuentran más que tenderos, zapateros, bodegueros y una multitud de desconocidos que, como una legión de insectos de una piedra levantada, salen de sus guaridas en días como éste y se esparcen por todas partes.

—Prefiero codearme con esa gente a estar respirando el olor de los manjares que hay en los gabinetes inmediatos.

—Bueno, vámonos donde quieras, pero con una condición.

—¿Cuál?

—La de que me prometas contarme la causa que te ha obligado a dejar el alcohol.

—Te lo prometo.

Y, cogidos del brazo, los dos amigos salieron del restaurant, resueltos a dar un largo paseo, después de tomar de la mesa un par de rosas encarnadas que agonizaban en un búcaro japonés.

II

Apenas echaron a andar, Adolfo preguntó a Gustavo:

—¿Conoces las obras de Edgardo Poe?

—Casi todas.

—¿Recuerdas la historia del Gato Negro?

—Sí.

Hay allí una pregunta suelta, misteriosa y sutilmente ligada a la narración, que encierra un mundo de ideas y que a muchos habrá hecho sonreír. *¿Qué enfermedad es comparable al alcohol?* —dice el autor—. Pregunta de borracho, exclamarán algunos *que no tiene respuesta.* Yo mismo, yo que te hablo, que te la recuerdo y que trato de explicártela, yo mismo la he pasado por alto, sin darle importancia alguna, muchas veces. Pero ahora comprendo perfectamente, y te digo que no hay tristeza, sí, que no hay tristeza mayor que la engendrada por el alcohol. Ésa es la enfermedad de que habla Poe y voy a describírtela de la mejor manera posible. No sé si acertaré.

Tú me conoces demasiado hace ya muchos años. Tú sabes que yo he sentido siempre, desde la infancia, una tristeza inmensa, desoladora y cruel. Esto no es extraño. Se nace triste o alegre, como se nace enfermo o sano, bueno o malo, inteligente o estúpido. Esa tristeza desesperaba a mi madre, porque no la encontraba justificada. Ella hacía esfuerzos inconcebibles para distraerme, sin lograr su objeto. Si me divertía un momento, la tristeza en que luego me abismaba era mucho mayor. Y no solo me encontraba siempre triste sino que me era imposible ver a algún ser alegre a mi alrededor.

A medida que iba creciendo, mi estado de ánimo se agravaba más. Y, sin embargo, nadie descubría la causa, porque yo era un niño mimado, rodeado de ternuras y de todo lo que hace la vida alegre y fácil de soportar. Se me colmaba de besos, de caricias y de juguetes. Pero yo me aburría de todo al momento. Yo estaba hastiado de lo que conocía y prehastiado de lo que no conocía, de lo que no quería conocer.

Queriendo disipar mi tristeza, porque la vida se me hacía insoportable, me arrojé desenfrenadamente en brazos de los placeres. A los dieciocho años, estaba hastiado de todos. Entonces comencé a viajar. Durante mi permanencia en Inglaterra, aprendí a tomar el alcohol. Para combatir la nostalgia que me seguía por todas partes, como un lobo hambriento detrás de un cordero, empleaba dos medios momentáneamente eficaces: poseer el mayor número posible de mujeres, hasta aniquilar mis fuerzas o tomar el mayor número posible de licores, hasta sentir las primeras náuseas. Después de ambos excesos, yo caía en un sueño profundo, pesado y brutal, del que tardaba muchas horas en salir.

Tengo ya treinta y dos años. Yo he visto morir a mis padres, víctimas de crueles enfermedades; tras largos años de indecibles sufrimientos morales he sentido desplomarse mi hogar sobre mis hombros, como pulverizado por una descarga formidable, sin que me quedase el consuelo de pasearme sobre sus ruinas; he sido el esclavo de cien mujeres, que han ejercido contra mí la triple tiranía de la belleza, del amor y de la debilidad; he llegado a los últimos límites de la miseria, en países extranjeros, casi hasta llamar a la puerta del hospital; he estado cuatro años en la guerra, sin esperar más que la derrota; he vivido esperando la muerte, por espacio de cuarenta horas, en el medio del mar, bajo la influencia de pavorosa tempestad; he experimentado en fin los mayores sufrimientos que el corazón humano puede experimentar, pero yo te aseguro, con la mano puesta sobre el corazón y con toda la sinceridad de que soy capaz, que ninguna de esas desgracias me ha abatido tanto, me ha inoculado una tristeza tan honda como la que me inoculaba el alcohol.

Yo no he dejado de tomarlo, porque me deformara el rostro, me debilitara las piernas, me hinchara el vientre, me ensangrentara las pupilas, me abrasara el hígado, me embotara la inteligencia, me agriara el carácter y me arrojara en pasto a la burla de los extraños, sino porque, después de absorber una dosis de alcohol, por pequeña que fuese, me sentía invadido de una tristeza opresora, tan opresora como difícil de sacudir. La mañana que sigue a la noche de la embriaguez es más horrible que la mañana que brilla tras la noche de amor. Cuando se abren los ojos, se siente un malestar que nada puede vencer. El ruido y la luz se hacen insoportables. Cualquiera frase escuchada, por inofensiva que sea, nos causa una herida mortal. Amanece uno pálido, sudoroso, malhumorado, áspero y deseoso de reñir con los demás. El espíritu de contradicción se desarrolla de una manera alarmante en los alcoholistas. Y ¿qué te diré de las noches en que, por efecto de la excitación nerviosa, no se pueden cerrar los párpados? Hay que estar echado en el lecho, boca arriba, sin poder dar vueltas, como si se tuviera un cañón colgado del cuello, porque el cerebro pesa demasiado, sujeto a un número infinito de alucinaciones. Las del oído son terribles, mucho más terribles que las de la vista. En mis noches de insomnio alcohólico, he percibido siempre un ruido tan sordo, tan lejano, tan extraño y tan grandioso a la vez, que he acabado por creer que era el ruido del eje de rotación del planeta en que habitamos. Y lo peor es que siempre he conocido mi estado. Como hay en mí dos entidades opuestas, una soñadora y otra analítica, unidas estrechamente las dos, he tenido siempre conciencia de mis actos, hasta de los cometidos bajo la influencia del alcohol.

La tristeza alcohólica, como el suplicio de Tántalo, está formada por el deseo de poseer una cosa que tenemos a la vista y sentirnos sin fuerzas para poderla alcanzar. Así por ejemplo, si uno tiene un vaso de agua al lado, no puede extender la mano, porque el brazo se le desprende de los hombros; si uno se sienta en una butaca, se pega materialmente a ella, sin poderse levantar, porque le flaquean las piernas; si uno desea hablar, la palabra se enreda en la garganta, sin aceptar a traducir fielmente las ideas. Muchas veces, en mis crisis agudas, he sentido el deseo de echarme de bruces sobre el suelo, para ver si me deshacía, como una botella de vidrio, en cien mil pedazos.

—¿Comprendes ahora, después de esta ligera explicación, que yo haya desistido de tomar alcohol y, sobre todo, no te explicas el alcance de la frase de Poe: ¿qué enfermedad es comparable al alcohol?

—Sí, exclamó Gustavo, echando una mirada compasiva sobre su interlocutor.

III

Cambiadas estas palabras, anduvieron en silencio algunos momentos.

—¿Qué hora tienes? —preguntó Adolfo a su acompañante.

—Las doce y cuarto.

—Me voy a casa.

—Yo también.

Y, estrechándose cordialmente las manos, los héroes de esta narración se encaminaron por rumbos opuestos, alumbrados por la luz de la Luna, cuyo disco ambarino, inmóvil contra una nube blanca, parecía el rostro de una princesa oriental, dormida sobre un cojín de armiño y con el cuerpo oculto entre los pliegues de ancha sábana de terciopelo azul, recamada de diamantes.

La Habana Elegante, 31 de agosto de 1890.

La última ilusión

—Yo no me suicidaré —me decía mi amigo Arsenio, arrellanándose en un cojín de terciopelo azul, donde un dragón de oro abría sus fauces siniestras para cazar una mariposa de nácar— yo no me suicidaré, te repito, porque me aterran los dolores físicos, por leves que sean, pero yo comprendo que, como muchos hombres, estoy en el mundo de más.

Estas frases melancólicas, dichas en voz baja, con esa voz tan baja de los seres degenerados, voz que parece extraerse de las cavidades más profundas del organismo y filtrarse luego por un velo de muselina para salir al exterior, fueron pronunciadas por mi compañero al final de una larga conversación, en la que yo había tratado de arrancarle, por todos los medios posibles, del retraimiento voluntario en que se marchitaban los días floridos de su juventud. No me causaron extrañeza alguna, porque yo sabía que estaba dominado, desde la adolescencia, por las ideas más tristes, más extrañas y más desconsoladoras.

—Mi alma es una rosa —solía decir en ciertas horas de intimidad, valiéndose de una frase gráfica—, pero una rosa que solo atrae mariposas negras. Así es que al oír la sombría respuesta que daba a mis palabras, más bien que tratar de consolarlo, porque no hubiera hecho más que exacerbar su nerviosa sensibilidad, yo buscaba un tema para extraviar el curso de sus pensamientos, cuando lo vi incorporarse en el asiento, ponerse pálido en el instante, dilatar sus pupilas grises y moviendo su cabeza fina y altanera, tan semejante a la de algunos retratos de los de Clouët, oí que me decía, como si ensayase un monólogo:

—Sí, no te quede duda, yo estoy en el mundo de más. Lo peor es que, como te he dicho, hay muchos que se encuentran en el mismo caso. Solo que algunos no se aperciben de eso, mientras que yo me doy cuenta de ello con la más perfecta lucidez. ¿Has ido al campo, en la época de la siega, alguna ocasión? Si has estado alguna vez, habrás podido observar que las segadoras, después de recogida la cosecha, suelen dejar en el surco algunos granos olvidados. Ni la tierra los fecunda, ni alimentan a los pájaros. Allí se pudren, día por día, bajo el influjo del viento, de la lluvia y del Sol. Eso mismo le sucede a algunos hombres. La muerte, ésa visión macabra de cabellos blancos que, con una hoz de plata en la mano, han pintado los Orcagna, en un bosque de naranjos, segando cabezas de dioses, de reyes, de guerreros, de sacerdotes y de enamorados, sufre también esos olvidos crueles. Yo soy uno de aquellos seres que, en el campo de la vida, ha dejado de recoger.

—¡Oh, cállate! —le interrumpí— tú eres demasiado joven todavía para desesperar...

—Sí, soy muy joven, pero eso no importa: aunque tengo veintisiete años, me parece que llevo siglos dentro del corazón. La edad no es un instrumento que regula invariablemente nuestra temperatura espiritual.

Hay organizaciones que a los ochenta años, conservan un calor primaveral, mientras hay otras que, a los veinte, se sienten heladas por los rigores del invierno más crudo, del invierno que no termina jamás. No es preciso, por otra parte, haber vivido mucho para calcular la suma de dichas que podamos esperar. La historia del mundo nos lo demuestra en sus páginas. Hojeando cualquiera de ellas, se comprende de seguida que, tanto los bienes como los males, han sido siempre los mismos, pudiendo afirmarse que, no ambicionando los unos ni temiendo los otros, es lógico prescindir en absoluto de todos. Interesarme por la vida equivaldría para mí a entrar en un campo de batalla, afiliarme a un ejército desconocido, ceñirme los bélicos arreos y, con las armas en la mano, combatir por extraño ideal, sin ambicionar los lauros de la victoria, ni temer las afrentas de la derrota. ¿Habrá situación más enervante, más desastrosa y más desesperada?

—Pero tú tenías antes, le repliqué, grandes ensueños, grandes aspiraciones.

—Sí, pero todos me han abandonado, porque todos son imposibles de realizar. Yo era como un faro encendido, en el desierto marino, que arrojaba sus dardos de fuego en la negrura de las ondas. Aves errantes, al llegar la noche, iban a refugiarse en sus grietas huyendo de los azotes del viento y de la lumbre de los relámpagos. Pero no habiendo encontrado en su recóndito seno, calor para sus plumas, ni alimento para su pico, desertaron todas, una por una, hasta dejarme en la más aterradora soledad.

—Entonces es que, como te decía el más sabio, a la vez que el más puro de tus amigos, tú no sabes desear.

—Quizás sea eso, yo lo comprendo; mas ¿quién nos enseña esa ciencia oculta? Y si un día la aprendemos ¿al ponerla en práctica no demostraríamos que estábamos ya domados y escarnecidos por la misma vida, puesto que teníamos que someterle de antemano cada idea que iluminase nuestra inteligencia, cada latido que agitara nuestro corazón? Además ¿puedo aspirar a algo, en nuestro medio social, que esté en consonancia con mi carácter, con mi educación o con mis inclinaciones? Implantar aquí mis ensueños ¿no equivaldría a sembrar rosas en una peña o a procrear mariposas en una cisterna? ¿Qué carrera podría elegir para llegar a la cima de la felicidad? ¿La de comerciante? No me daría por recompensado de tal sacrificio si supiera que, al cabo de diez años, tenía en mis arcas un tesoro mayor que el de un Rajah de las Indias. ¿La de un burócrata? Basta entrar un día, en cualquier oficina, para conocer las diversas especies del vampirismo o los futuros huéspedes de las prisiones de Ceuta. ¿La de político? Ella me conduciría, desde el primer paso, a la picota del ridículo, donde sucumbiría maniatado por mi impotencia y asaeteado por los dardos del desprecio popular. ¿La de jurisconsulto? Erigirse en juez de un semejante, estando sujeto a las mismas vicisitudes, ya para dignificarlo, ya para escarnecerlo, pero todo en nombre de leyes humanas, me ha parecido siempre la más nefasta de todas las aberraciones. ¿La de médico? Yo creo que, dado el atraso de esa ciencia, para elegir esa carrera se necesita ser el más inconsciente o el más depravado de los hombres. ¿La de sacerdote? Aparte de que para ella se requiere la vocación ¿hay un monasterio entre nosotros que, por la grandeza de sus tradiciones, por las austeridades de sus reglas, por la belleza de sus ritos o por las virtudes de sus moradores sea capaz de atraer el alma enferma que, como un cisne ennegrecido de lodo vuela al límpido estanque, acuda allí a purificarse de las miserias terrenales?

—Te comprendo perfectamente, exclamé yo, pero creo que el remedio está en tus manos.

—¿Cuál es?

—El de irte lejos.

—Sí, lejos; pero ¿dónde?

—Pues a París: ¿ya no te gusta esa tierra de promisión?

—Te diré: hay en París dos ciudades, la una execrable y la otra fascinadora para mí. Yo aborrezco el París célebre, rico, sano, burgués y universal; el París que celebra anualmente el 14 de julio; el París que se exhibe en la Gran

Ópera, en los martes de la Comedia Francesa o en las avenidas del Bosque de Bolonia; el París que veranea en las playas a la moda e inverna en Niza o en Cannes; el París que acude al Instituto y a la Academia en los días de grandes solemnidades; el París que lee *El Fígaro* o la Revista de Ambos Mundos; el París que, por boca de Deroulede, pide un día y otro la revancha contra los alemanes; el París de Gambetta y de Thiers; el París que se extasía con Coquelin y repite las canciones Paulus; el París de la alianza francorusa; el París de las Exposiciones Universales; el París orgulloso de la Torre Eiffel; el París que hoy se interesa por la cuestión de Panamá; el París, en fin, que atrae millares y millares de seres de distintas razas, de distintas jerarquías y de distintas nacionalidades. Pero yo adoro, en cambio, el París raro, exótico, delicado, sensitivo, brillante y artificial; el París que busca sensaciones extrañas en el éter, la morfina y el haschich; el París de las mujeres de labios pintados y de cabelleras teñidas; el París de las heroínas adorablemente perversas de Catulle Mendès y René de Maizeroy; el París que da un baile rosado, en el Palacio de Lady Caithnes, al espíritu de María Stuart; el París teósofo, mago, satánico y ocultista; el París que visita en los hospitales al poeta Paul Verlaine; el París que erige estatuas a Baudelaire y a Barbey de Aurevilly; el París que hizo la noche en el cerebro de Guy de Maupassant; el París que sueña ante los cuadros de Gustavo Moreau y de Puvis de Chavannes, los paisajes de Luisa Abbema, las esculturas de Rodin y la música de Reyery de *mademoiselle* Augusta Holmes; el París que resucita al rey Luis de Baviera en la persona del conde Roberto de MontesquieuFezensac; el París que comprende a Huysmans e inspira las crónica de Jean Lorrain; el París que se embriaga con la poesía de Leconte de Lisle y de Stéphane Mallarmé; el París que tiene representado el Oriente en Judith Gautier y en Pierre Loti, la Grecia en Jean Moreas y el siglo en Edmundo de Goncourt; el París que lee a Rachilde, la más pura de las vírgenes, pero la más depravada de las escritoras; y el París, por último, que no conocen los extranjeros y de cuya existencia no se dan cuenta tal vez.

—Y entonces ¿por qué no te marchas?

—Porque si me fuera, yo estoy seguro de que mi ensueño se desvanecería, como el aroma de una flor cogida en la mano, hasta quedar despojado de todos sus encantos; mientras que viéndolo de lejos, yo creo todavía que hay algo, en el mundo, que endulce el mal de la vida, algo que constituye mi última ilusión, la que se encuentra siempre, como perla fina en cofre empolvado, dentro de los corazones más tristes, aquella ilusión que nunca se pierde, quizás.

La Habana Elegante, 29 de enero de 1893.

El amante de las torturas

¿Está el dueño? Pregunté al dependiente de la librería que, con el rostro vuelto hacia la espalda, desde los últimos peldaños de una escalera, clavaba en mí sus pupilas asombradas.

—Tome asiento —me contestó— que ahora viene.

Mientras lo aguardaba, yo me puse a hojear, con mano distraída las páginas de un volumen de versos, forrado de seda malva, con rótulo violeta, que descansaba encima de otros varios, hasta que un perfume sutil, mitad de iglesia, mitad de alcoba, me hizo levantar la cabeza, obligándome a tender la vista por mi alrededor.

Apenas hice un movimiento, mis ojos encontraron, frente por frente, a un joven de alta estatura, vestido con extremada elegancia, que se paseaba indiferentemente por entre los estantes de libros, como un príncipe hastiado por los bazares de esclavas sin fijar su atención en ninguno de ellos. Parecía ser uno de los familiares de la casa, porque le bastaba echar una simple ojeada a los anaqueles, para cerciorarse de que allí se encontraban siempre las mismas obras. Cuando veía, en el suelo, algún libro desconocido, se inclinaba a cogerlo, pero luego lo arrojaba, con visible repugnancia, sin ocuparse del sitio en que iba a caer. Al mirar el pliegue desdeñoso de sus labios, creeríase que había abierto un fruto lleno de gusanos o que había palpado la piel viscosa de un vientre de reptil. Así anduvo algunos instantes, de un extremo a otro de la librería, dejando a su paso la estela de un perfume singular, de un perfume que parecía combinado con granos de incienso y con flores de resedá, cuando lo vi detenerse ante una pila de volúmenes amarillos, dilatar las fosas nasales, ponerse lívido de emoción, abrir sus pupilas fosforescentes y, estirando su mano, como una garra de marfil, apoderarse de uno de los libros que, horizontalmente superpuestos, se escalonaban a sus pies.

Como el dueño no había regresado, vino a sentarse, con su presa en la mano, cerca de mi asiento, brindándome ocasión para observarlo mejor. A pesar de su juventud, porque representaba a lo sumo unos treinta años, había en su persona tales huellas de cansancio, de agotamiento y hasta de decrepitud, que su figura producía cierto vago malestar. Daba la impresión de un convaleciente que salía del lecho después de una larga y dolorosa enfermedad. Bastaba fijarse en las partes laterales de su cabeza, donde la calvicie abría ya surcos irregulares, en el color vidrioso de sus pupilas, donde las miradas parecían emigrar por algunos instantes, en el afilamiento de la nariz, donde la respiración se deslizaba con dificultad, en la palidez casi diáfana de su rostro, donde la piel se adhería estrechamente a los huesos, en el arco violáceo de los labios, donde la púrpura de la sangre no brillaba jamás, y en los sacudimientos nerviosos de su persona, donde se advertía el paso del dolor físico que lo obligaba a cambiar frecuentemente de postura; para comprender que en su organismo se operaba, desde hacía algún tiempo, la absoluta descomposición, sin que fuesen poderosas para detenerla, ni la fuerza de sus pocos años, ni la estricta observancia de los más sabios preceptos facultativos.

Inclinada la cabeza sobre el pecho, como el cáliz de una flor sobre su tallo, examinaba las páginas lustrosas del volumen que sostenía encima de sus rodillas, extasiándose en unas, doblando rápidamente otras, hasta que, al llegar el librero, se acercó a hablarle y, con el libro bajo el brazo, desapareció sin saludar.

—¿Quién es ese joven? —pregunté al dueño de la tienda que, acariciándose la barba, sonrió con cierta malignidad.

—Es un antiguo marchante mío, que usted debe haber visto aquí algunas veces. Yo no lo conozco bien, ni creo que nadie se pueda preciar de conocerlo, pero lo tengo por uno de los hombres más raros, más sombríos y más originales que se pueden encontrar. Todas las mañanas, si el día no se presenta nublado, porque entonces se queda en su casa, temeroso del aire húmedo, que le produce no sé qué enfermedad, lo encontrará recorriendo las librerías. Es un hombre que anda siempre a caza de libros, pero no los libros que le agradan a todo el mundo, sino de ciertos libros que solo le he visto comprar a él. Cada semana, me trae una lista de obras que pide al extranjero, por conducto de la casa, los cuales me dejan siempre lleno de estupefacción. Todas tienen unos títulos muy raros, como *Campanas en la noche*, de un tal Retté, o la *Imitación de Nuestra Señora la Luna*, de cierto Jules Laforgue que, según me dijo, había sido lector de la Emperatriz Augusta. No siempre viene lo que encarga, porque el corresponsal me escribe que casi todo está agotado, pero entonces, sin que sepa yo de qué medios se vale él, las llega a conseguir.

—Y ¿qué libro ha comprado hoy?

—Una especie de historia de los martirios que se imponen a los misioneros católicos en las comarcas salvajes. En la biblioteca hay muchas obras de esa índole. Todo cuanto se publica sobre esas materias lo manda de seguida a hacer. Yo le aseguro que no hay otro ente, en el mundo entero, que se le parezca. Le gusta todo lo deforme, lo monstruoso, lo sangriento, lo torturado, lo que le hace sufrir. Es un hombre que se martiriza para conjurar el *spleen*. ¿No ha notado usted que muchas veces se introduce la mano por lo alto del pantalón y que, a los pocos momentos, empieza a hacer contorsiones al andar? Pues es porque lleva un cilicio a la cintura y, cada vez que se le afloja, se lo ciñe a la piel. Además, usa siempre un perfume muy extraño, un perfume de templo, a la vez que de lupanar, un perfume que se respira en su casa por todas partes.

—¿Ha estado usted en ella alguna vez?

—Sí, una vez estuve, pero no pienso volver más.

—¿Le pasó a usted algo malo?

—No me pasó nada, pero me quedé más de una semana sin dormir. Imagínese que ese hombre vive, en un barrio lejano, casi fuera de la población, por el que no se encuentran más que tipos enfermos, siniestros y espectrales. Vista por fuera, su casa no tiene nada de extraño, como no sea su estado ruinoso, capaz de amedrentar al que se pasee por debajo de sus balcones. Pero desde que traspasa el umbral, donde se encuentra un viejo paralítico, con unos espejuelos verdes y una barba blanca, que le cubre todo el pecho, se experimenta cierta opresión, cierto temor a algo inexplicable, cierto malestar análogo al que nos produciría la entrada en un panteón. Uno siente el deseo de alejarse, de echar a correr, como al abrir los ojos después de una noche de pesadilla, pero al mismo tiempo se encuentra uno dominado por una fuerza misteriosa que le paraliza la acción. Hay mañanas que, al verlo llegar, me ataca el deseo de interrogarle acerca de su modo de vivir, pero es tan frío, tan silencioso, tan despreciativo que nunca me atrevo a satisfacer mi curiosidad.

—Pero, por fin, ¿qué vio usted en aquella casa?

—Después que el portero, por medio de un niño, rubio como un ángel y hermoso como un efebo, anunció mi visita, se me ordenó subir al piso superior. Yo fui introducido, en un gabinete, severamente amueblado, pero donde nada me hería por su extrañeza. Empezaba a atribuir mi sensación de malestar a aquel perfume de que le he hablado a usted al principio. Lo único que me inquietaba era que el hombre tardaba en salir. Libre ya por completo de preocupaciones, comencé a escuchar, en el silencio de la pieza, una especie de chasquido acompañado de sollozos, como si se azotase a alguno en la casa, pero alguno que se encontraba imposibilitado para exhalar su dolor. Al mismo tiempo, el perfume se hacía más intenso, como también me parecía que una bocanada de humo se escapaba por la cerradura de la puerta inmediata. Ya me disponía a bajar, cuando vi deslizarse por una galería contigua, a una hermana de la Caridad, ajustándose la toca, que llevaba en la mano derecha un nimbo de oro, y, bajo el mismo brazo, un manto de Dolorosa, todo de terciopelo negro, cuajado de estrellas. Detrás de ésta apareció otra hermana, pálida y sofocada, que doblaba una túnica de merino azul, de ésas que envuelven los cuerpos de las Magdalenas en las antiguas pinturas italianas. Y, por último, después de las dos, surgió a mi vista la parte superior de una cruz de madera negra, de tamaño colosal, que un mestizo lívido con traje de sayón, cargaba sobre sus hombros agobiados.

—¿Estarían representando alguna escena de la Pasión?

—No lo sé; pero ya tenía el sombrero en la mano, cuando vi que aquel hombre, pálido hasta la transparencia y delgado hasta lo cadavérico, me hacía señas, a través de una nube de humo, desde la pieza inmediata, de que podía pasar.

Yo había ido a llevarle unos libros que me había encargado y que llegaron en uno de esos períodos en que se solía eclipsar. Mientras se entretenía en examinarlos, me puse a observar con bastante detenimiento, todo lo que se encontraba a mi alrededor. Estábamos en una pieza vasta, casi cuadrada, cubierta por una alfombra roja, de un rojo quemado, floreada de mandrágoras, de enforbios, de eléboros y de todo género de plantas letales. Una red inmensa, tramada de hilos de seda, cubría las vigas del techo, mostrando en el centro, a manera de roseta, un quitasol japonés, de fondo plateado, donde se abrían flores monstruosas, quiméricas, extravagantes y amenazadoras. En cada uno de los ángulos del techo, se destacaba la silueta de un animal, bordada en relieve sobre los hilos de la red, pero trabajada con arte, que yo sentía acrecentarse mi malestar. En el uno, se veía un murciélago, abierta las alas de terciopelo gris, próxima ya a agitarse sobre nuestras cabezas; en el otro, un cocodrilo estiraba su cuerpo de un verde metálico, como dispuesto a abalanzarse sobre la presa olfateada; en éste, una serpiente desenroscaba sus anillos, erectando su lengua húmeda de baba; en aquél un dragón de fauces abiertas, deshacía con su garra el cuerpo de un faisán. Entre los intersticios, se destacaban otros animales pequeños, como lagartos, erizos y escorpiones, que parecían disecados, más bien que construidos por medios artificiales. La mesa en que escribía, toda de ébano, con incrustaciones de marfil, estaba cubierta de objetos adecuados, pero todos representaban, desde el tintero hasta la espátula, instrumentos de tortura. Junto a un lapicero, se veía un brazalete de oro, cubierto de esmalte negro, ensangrentado de rubíes, que parecía haberse desceñido de un brazo en aquellos momentos. Arañas velludas trepaban por las cortinas de encajes que ondeaban detrás de los balcones, por cuya vidriera de color de topacio se filtraba una luz de cirio, una luz fúnebre que melancolizaba la atmósfera de la habitación.

Los cuadros que colgaban de las paredes entapizadas de un papel verde oscuro, rameado de hojas de otoño, también representaban escenas de tortura, escenas de sangre, escenas de crueldad, escenas de desolación.

Terminada su narración, el viejo librero, enjugándose la frente, emperlada de sudor, se fue a colocar detrás de la carpeta, atestada de libros, periódicos y cartas.

Y, sin decir una palabra, estreché su mano, cogí el sombrero y me refugié en mi soledad, donde he pensado mucho y donde pienso todavía en aquel extraño joven que, para conjurar su *spleen*, ha hecho del sufrimiento una voluptuosidad.

La Habana Elegante, 26 de febrero de 1893.

Esbozo de mujer

Apenas entreabre los párpados, rodeado de violáceas aureolas, bajo el pabellón de seda roja, flordelisado de oro, que cuelga de la cabecera de su lecho imperial, donde su cuerpo oculta entre ondas de encajes, su ligereza nerviosa, su corrección estatuaria y su frescura de rosa; espárcese los cabellos por las espaldas, álzase las hombreras de su camisa y salta rápidamente sobre la alfombra, aplicando el dedo al botón amarfilado del próximo timbre eléctrico que produce un sonido agudo, lejano, estremecedor.

Al oír el retintín, acude la doncella.

Y mientras la envuelve en su bata de felpa malva, para conducirla al baño; mientras la sumerge en la bañera de jaspe, donde recobra las fuerzas perdidas en sus noches de placer; mientras le unge la piel con perfumes capitosos; y mientras le retiene ante la Luna veneciana de su tocador, para peinarle la cabellera, ceñirle un nuevo traje y colocarle diversas joyas, hasta convertirla en una de esas deidades que, al encontrarlas en la calle, nos hacen volver el rostro, lanzar un grito de asombro, temblar de arriba abajo y abandonarlo todo por seguir tras sus pasos; ella combina interiormente el programa del día, pensando en las tarjetas que ha de enviar, en las visitas que ha de devolver, en las fiestas que ha de asistir y, sobre todo, en los objetos que ha de comprar.

Esperando el almuerzo, hojea los diarios, dicta órdenes, se arroja en su butaca, levántase de seguida, corre a mirarse al espejo y se sienta a la mesa al fin. Nada lo encuentra a su gusto. Todo le parece insípido, frío o mal sazonado. Hasta el ramo de flores que acaban de subir del jardín para colocarlo en el búcaro que se levanta al centro de la mesa, se le antoja que está marchito, deshojado, sin olor. Es la gran descontentadiza. Solo parece que se anima al tomar el café. Sorbida la última gota, su cuerpo se yergue, sus mejillas se encienden, sus pupilas chispean y una sonrisa entreabre sus labios de carmín, dejando ver una sarta de dientes pequeños, nacarados y puntiagudos.

Colocada la capota, echado el velillo sobre la faz y con el quitasol de seda entre las manos, emprende entonces sus peregrinaciones a través de los primeros establecimientos de la capital. Nunca va en coche, sino a pie. El movimiento del carruaje excita su sistema nervioso. Y en cada tienda, halla algo nuevo que comprar. Ya es un brazalete de oro, cuajado de pedrería digna del brazo de una Leonor de Este; ya un abanico ínfimo, con paisaje grotesco, todo hecho con tintas de relumbrón; ya una estatua de mármol, obra maestra de un artista desconocido, pero que firmaría un Falguiere; ya un cromo americano, propio para decorar la sala de una sirviente. En su ignorancia artística, lo mismo que en su mal gusto, revela por completo su femineidad. Jamás discute los precios, ni se detiene a investigar el mérito de las cosas. Desde que penetra en un establecimiento, siente algo semejante a un vértigo que la arrastra de un extremo a otro, le oscurece la razón y le infunde el deseo de llevarse todo lo que mira, palpa o percibe a su alrededor.

Y, al regresar a su casa, entretiénese en abrir los paquetes, extraer los objetos y colocarlos en sus respectivos sitios, sustituyendo los de ayer por los de hoy, adorando unos, odiando otros, hasta que la pieza decorada toma nuevo aspecto siquiera sea por algunas horas, puesto que al día siguiente ha de recomenzar la misma peregrinación y la misma faena, sin que se interponga jamás ante su razón el espectro de la miseria que se puede aproximar, el de la vejez que vendrá detrás y el de la muerte en un lecho de caridad, sin mano amiga que cierre sus párpados, ni ojos amantes que la despidan con lágrimas de dolor.

Aunque su médico reconozca, en esta fiebre del derroche, uno de los síntomas de la neurosis moderna, su vida privada no ofrece ningún rasgo alarmante, salvo el de su perenne hastío que, como un velo de color gris, se despliega al poco tiempo sobre esos mismos objetos que se complace en buscar, en poseer y hasta en destruir.

Pero ¿quién está libre de esta última dolencia?

¿Será tal vez la causa de su prodigalidad el deseo que experimenta de distraer el pesar de alguna pasión contrariada, de esas que nadie sospecha, de esas que a nadie se revelan, pero que se llevan siempre como gotas de plomo, en lo más profundo del corazón? Tal vez. Pero cuando se habla delante de ella de los goces supremos del amor, hay tal ironía en la sonrisa aprobatoria de sus labios y tanta lástima en la mirada de sus ojos, que cualquiera creería que exclama en su interior:

¡Desdichados! ¿Todavía creéis en eso?

La Habana Elegante, 12 de marzo de 1893.

Ocios semanales

Dos encuentros

I

El Sol brillaba, como globo de fuego, en el firmamento. La yerba espesa, salpicada de gotas de rocío —semejante a inmensa alfombra de terciopelo verde, donde las hadas nocturnas parecían haber dejado los diamantes que adornaban sus cabelleras—, recibía las cenizas doradas del disco solar; las aguas del río, corriendo entre nenúfares, que flotaban entre las aguas, formando archipiélagos perfumados, mostraban otro cielo en sus profundidades; los mangos maduros brillaban como corazones de oro, entre el ramaje; y los pájaros, desde el borde de los nidos, mezclaban su voz a la de la selva que agitaba sus matorrales de flores silvestres y a la del viento que vagaba locamente por los campos olorosos.

Tendido al pie de un granado cuyos abiertos frutos, parecidos a verdes cofres repletos de rubíes, colgaban de las ramas abatidas; un adolescente, hermoso como Adonis y robusto como Hércules, vio llegar hasta él, envuelta en un manto de gasa, estrellado de piedras preciosas, a la mujer más seductora de la tierra, la cual empezó a hablarle de este modo:

Tiempo es ya de que pienses en tu porvenir. Dos sendas hallarás para llegar al fin de tu destino: la primera está cubierta de flores y la segunda de abrojos. Si me amas, te llevaré por la primera y serás feliz. Tendrás castillos de jaspe, suntuosamente decorados, para pasar tu existencia; mantos de púrpura, flordelisados de oro, para cubrir tus espaldas; coronas de ricos metales, esmaltadas de piedras preciosas, para ornar tu frente; navecillas de nácar, con velas de seda, para surcar los lagos; vírgenes circasianas, impregnadas de perfume, para ahuyentar el hastío que devora tu corazón. ¿Quieres seguirme? Piensa en que todo lo puedo porque me llamo *La Felicidad*.

Pero el adolescente, hermoso como Adonis y robusto como Hércules, volvió la espalda por toda respuesta a *La Felicidad*.

II

Pasados algunos momentos, el bello adolescente, contemplando el descenso de las aguas de hervorosa catarata, irisada por los rayos del Sol, encontró un peregrino cubierto de harapos y rendido de fatiga, que le habló de esta manera:

—Desde que naciste, he seguido tus pasos. Aunque me creen pobre, poseo muchos tesoros desconocidos. Tengo un templo indescriptible, alejado de la tierra, donde solo penetran mis elegidos. Si tienes fuerza llegarás hasta él. Pero antes de emprender la marcha recuerda a los que han perecido en la mitad del camino.

—Es preciso atravesar, para ir al templo, ancho sendero de abrojos. Nada hay tan espantoso. Un cielo plomizo, despoblado de astros, aparece en la altura; el suelo, alfombrado de lodo, se hunde bajo los pies; los árboles desnudos de hojas, ostentan punzantes espinas; el agua de los arroyos, manchada de sangre, permanece estancada; las flores, salpicadas de oscuros matices, exhalan perfumes venenosos; las víboras, ocultas entre las zarzas, se enroscan en el cuerpo del caminante; las fieras, hambrientas de carne humana, muestran sus dientes afilados entre el ramaje; el mar, furioso en torno, ahoga todos los gemidos.

Cuando tu cuerpo, acribillado de heridas, caiga sangrando sobre las piedras del camino; cuando tus labios, cerrados para siempre, exhalen el último suspiro; ceñiré a tu frente el lauro de los inmortales y te abriré las puertas de mi templo. ¿Quieres seguirme? Piensa en que me aborrecen las muchedumbres, porque soy *El Arte*.

Y el adolescente, hermoso como Adonis y robusto como Hércules, comenzó a internarse, sin vacilar un instante, por la senda del Arte.

Hernani
La Discusión, viernes 21 de marzo de 1890, año II, No 232.

Para las mujeres

Introducción

Ahora que sopla el viento del Sur; que el polvo obliga a cerrar las ventanas; que las palomas están cansadas de arrullarse; que los poetas no quieren hacer versos; que las flores languidecen en las macetas; que las fuentes se callan en los jardines; que los teatros van a cerrar sus puertas y los templos católicos a abrir las suyas; quiero ofrecer a mis lectoras, como les ofrecería un ramo de crisantemos, si fuera Lachaume, un collar de diamantes, si fuera Hierro o una diadema de estrellas si fuera Dios, una serie de cuentos pequeñitos —género literario inmortalizado por Tomás de Quincey en Inglaterra, por Baudelaire y Mendès en Francia, por la condesa Lara en Italia, por Iván Tourgueniev en Rusia y por Fernández Bremon en España—, para que no sientan el hastío de las noches sin baile, el cansancio de los largos exámenes de conciencia o la tardanza en abrirse de las rosas primaverales.

Yo no ambiciono, en mi carrera literaria, más que las miradas de vuestros ojos o los besos de vuestros labios, cualquiera de esas cosas vale más que las aclamaciones de las turbas ebrias o los elogios de los críticos más imparciales. Vosotras no extrañaréis, como mis amigos modernistas, que yo prefiera la luz de la Luna a la de los focos eléctricos, la Torre de Pisa, como Maupassant, a la Torre Eiffel; las baladas melancólicas de Heine a los decretos sanguinarios de Bismarck, el imperio liberal de don Pedro a la república desconocida de Da Fonseca, ni de que conserve cual hostia blanca en cáliz cincelado, por venerar la memoria de mi madre, la fe católica en una época de escepticismo, o el culto de la aristocracia, por odio a lo vulgar en un siglo ferozmente democrático.

Dentro de esos cuentos, pequeñitos como vuestros pies, y variados como vuestros caprichos, trataré de engarzar, a la manera de un diamante en una sortija, alguna escena tomada del natural o de los espacios de mi fantasía, donde he levantado un castillo de jaspe, metales y piedras preciosas, para olvidar, en compañía de vuestras imágenes adoradas, las fealdades de la vida y los horrores de la soledad.

Si os gustan los cuentos, tendré el honor de imprimirlos, con caracteres dorados sobre el papel de China azul pálido, en un volumen pequeñito también, como vuestros libros de oraciones, para que guardéis entre sus hojas los billetes perfumados de vuestros adoradores.

Y voy a empezar la tarea, con la conciencia tranquila y el corazón satisfecho, porque no hay mejor ocupación, fuera de las de hacer versos, pintar cuadros o cincelar estatuas, que conversar con vosotras.

I. Japonería
A M. C.[4]

Dentro del escaparate de una tienda lleno de brazaletes de oro, esmaltados de zafiros y rubíes, que fulguraban en sus estuches de terciopelo azul; de rosarios de coral engarzados en plata, que se enroscaban en sus conchas nacaradas; y de lámparas de alabastro con pantallas de seda rosada, que aguardaban la noche para abrir sus pupilas amarillas; he visto esta mañana, al salir de paseo, un búcaro japonés, digno de figurar en tu alcoba blanca ¡oh, espiritual María! donde no se han oído nunca las pisadas de tus admiradores o el eco sonoro de los besos sensuales.

Sobre el esmalte verde Nilo, fileteado de oro, que cubría el barro del búcaro japonés, se destacaba una Quimera de ojazos garzos, iluminados por el deseo de lo prohibido; de cabellera rubia destrenzada, por las espaldas; de alas de pedrería, ansiosas de remontarse; y de dedos de uñas largas, enrojecidas de carmín, deseando alcanzar, con el impulso de la desesperación una florecilla azul de corazón de oro, abierta en la cumbre de un monte nevado sin poderlo conseguir.

Y al mirar el búcaro japonés, he sentido el deseo de ofrecértelo, para que lo coloques en tu alcoba blanca ¡oh, lánguida María! donde no se han oído nunca las pisadas de tus adoradores o el eco sonoro de los besos sensuales; porque tu destino, como el de esa Quimera, te ha condenado a perseguir un ideal, tan alto y tan bello, que no lo podrás alcanzar jamás.

Hernani

---

4   María Cay.

La Discusión, miércoles 2 de abril de 1890, año II, No 241.

II. La estudiantina

A P. L.

Apoyada de codos, en la marmórea baranda de tu balcón cuyos balaustres tapizan, a manera de verde cortinaje, las hojas de tupida enredadera recamada de flores amarillas; veías pasar, por la calle empolvada, la banda de alegres estudiantes que, con la pandereta en la mano, la canción en los labios y el amor en el corazón, recorre el mundo entero, ansioso de alcanzar el oro de los hombres, los laureles de la gloria y los besos de las mujeres.

Terciada la capa sobre los hombros, ladeado el sombrero hacia la izquierda y apoyado el instrumento en los labios, marchaban jadeantes, bajo los rayos del Sol y entre las nubes del polvo, cansados de recorrer las calles. Pero al ver tu figura, rosada y pequeña, delante del marco de las persianas, como la de una virgen fuera del nicho de alabastro, recobraron las fuerzas, detuviéronse un instante y elevaron hasta tus oídos las notas doradas de una serenata que resonó en tu corazón.

Y desde ese momento, tan corto como inolvidable, vives hastiada de los esplendores de tu palacio, de las caricias de tus padres, de las lecciones de tus maestros y de los consejos de tu aya, porque como albergas, en un cuerpo de princesa, un alma de bohemia, sientes el deseo de abandonar, en compañía de una banda de estudiantes, la casa paterna, para ir por el mundo entero en busca de nuevos horizontes, de aventuras soñadas y hasta de penas desconocidas que ojalá ¡oh, Miarka tropical! no llegaras a conocer jamás.

III. En el tranvía

A J. J. L.

Silenciosos, helados de frío, envueltos en oscuros gabanes, con el cuello de terciopelo negro levantado hasta las orejas; íbamos bajando, en el tranvía, por la pendiente calzada, rodeada de árboles secos y coches detenidos.

Un señor grueso, vestido de negro y calada las gafas, leía un periódico; otro fumaba, con aire tranquilo, un habano que embalsamaba el ambiente. El resto de los pasajeros aguardaba ansiosamente el instante de apearse para desentumecerse los miembros y entrar en calor.

Detrás de los vidrios, ligeramente empañados por la niebla, se veían pasar por las húmedas aceras numerosos transeúntes, que penetraban en los cafés, se detenían ante las vidrieras de las tiendas o marchaban rápidamente detrás de una mujer.

Un viento helado, venido de lejos, soplaba en el exterior, haciendo caer las últimas hojas de los laureles y esparciéndolas por todas partes.

Al cabo de algunos minutos el tranvía se detuvo, abriéndose la portezuela para que entrara una mujer. Era alta y delgada. Un traje de color gris, ornado de blondas, envolvía su cuerpo airoso y elegante. Tenía el rostro pálido, de una palidez rosácea semejante a la de las rosas de cera. Bajo el velillo de encaje negro con lentejuelas de oro, echado sobre su cara, hasta debajo de la nariz, brillaban sus pupilas negras, girando en todas direcciones.

Al fin encontró un asiento, en el extremo del tranvía, al lado del que ocupaba un joven pobre, de aspecto enfermizo, que tiritaba bajo los pliegues de un traje mugriento y desgarrado.

A medida que avanzábamos, ella se encogía, en el cuadrado de su asiento, temiendo que el contacto de su compañero la fuera a manchar. Pero él se ensanchaba, con aire provocativo y con mirada amenazadora, porque reconocía en aquella mujer —según me dijo después sin que lo oyeras tú que ibas a mi lado— una de tantas mujeres impuras, una de tantas mujeres envilecidas con quienes había malgastado, en tiempo lejano, su honra, su patrimonio y su juventud.

Hernani
La Discusión, miércoles 9 de abril de 1890, año II, No 245.

Temas literarios

Carta abierta
A Carlos Noreña

¿Te acuerdas...? Hace tres o cuatro años —no recuerdo a punto fijo— porque cuando se mira, como dice el poeta de quien te voy a hablar,

siempre el mismo horizonte en una misma
senda sin fin y árida,

no se guarda memoria de las fechas —hace tres o cuatro años, repito— te presentaste de improviso en la casa que habitábamos, casi al amanecer, echando las puestas abajo, como si vinieras huyendo de la justicia mexicana, puesto que llegabas de México, adonde habías ido a pasar algunos meses, arrastrado sin duda por aquello de que:

errar de clima en clima es un instinto
en ciertos hombres como en ciertas aves.

Apenas entraste en la casa, te dirigiste a mi habitación, donde la noche iba a empezar, porque yo odiaba al Sol, aunque algo menos que ahora, pues como entonces no necesitaba verle la cara, nunca se la veía ni me ocupaba para nada de él. Detrás de ti, conducían dos baúles enormes. Haciendo abrir uno de ellos, empezaste a sacar de su seno innumerables objetos. A los pocos instantes, el suelo estaba alfombrado de charros diversos, vestidos de ricos trajes de cuero, franjeados de plata; de estatuitas trabajadas por los indios; de álbumes de tafilete rojo, con letreros dorados, llenos de vistas fotográficas; de frutas de mármol amarillento, jaspeado de manchas verdes y rosadas; de hamacas tejidas con hilos de tres colores; de armas, bajo relieves e ídolos aztecas; de bastones verdinegros, ornados de lagartijas; de abejorros extraños, pendientes de hilos de oro y cubierto el cartapacio de terciopelo verde, rojo y azul. Traías también muchos libros, muchos periódicos, en fin, todo lo que debe traer en su equipaje un viajero, si tiene buen gusto, como tú lo tienes, y llega de México, como tú llegabas. Tal como apareciste, me figuro que debía aparecer Pedro Loti en su casa de Bretaña, al regreso de cada uno de sus viajes.

Después de hablarme, con febril entusiasmo y con cariñosa admiración, del país que acababas de dejar, aconsejándome que me fuera a él, porque el clima era frío en la capital; porque las mujeres tenían la belleza de las argelinas y los hombres la finura de los parisienses; porque había poetas como Salvador Díaz Mirón, Gutiérrez Nájera y Peza; porque todo estaba poblado de recuerdos, monumentos y tradiciones; porque vería muchas cosas exóticas, entre ellas unas mujeres de Mérida con un traje de merino blanco y los pies descalzos, llevando por única joya un rosario de oro y brillantes; porque, en una palabra, aquello era una especie de París americano, digno de ser conocido y admirado; me recitaste unos versos muy fáciles, muy elegantes y muy tristes de un poeta joven, llamado Luis Urbina, que entonces empezaba a escribir.

Hoy ese poeta acaba de publicar un tomo de versos. Rodando de mano en mano, un ejemplar que hay en La Habana y que pertenece a Pichardo, ha llegado hasta las mías. Es un volumen pequeño, de pocas páginas, lo que no le demerita intrínsicamente, como creen algunos, porque de igual tamaño son *L'Après-midi d'un faune* de Mallarmé y *Fétes Galante* de Verlaine, Disjecta de Ugo Farchetti y *Postuma* de Stecchetti, *Poesía* de Enrique José Varona y *Abrojos* de Rubén Darío, los *Poemas* de Ferrari y *Estrellas errantes* de Salvador Rueda. Hace mención de estas obras, porque he oído decir, en tono de censura, que la de Urbina es de cortas dimensiones. Pero así me agrada. Hay lirios silvestres que tienen más aroma que el mejor de los tulipanes. Para contentar a esos descontentos, Gutiérrez Nájera, Icaza, Valdivia, Pichardo, Villoch, Enrique y tú haréis los vuestros muy grandes, si he de juzgar por lo mucho que tardáis en publicarlos.

Ahora te hablaré del libro. Ante todo, debo decirte, que lleva un prólogo de Justo Sierra, muy bien escrito, pero que, como todo prólogo, me disgusta, especialmente en un libro de versos. El mismo prologuista confiesa que lo ha hecho por compromiso, pues cree que los versos de Urbina no lo necesitan y luego exclama: *¡Ay de los versos que no se elogien solos!* Más adelante al terminar su tarea, agrega que no señala los defectos poéticos del libro, por dos razones: «porque se lo vedan, la sabiduría divina que dijo: tire el impecable la primera piedra, y la sabiduría humana que enseña: cuando tengas tu tejado de vidrio, etc.». Tal vez algunos críticos al leer estos renglones, salten indignados, viendo ya por el suelo el castillo de sus ensueños; pero serán los críticos miopes, castrados de ideal, que solo saben ver los defectos gramaticales en los libros, que señalan los vicios ajenos porque no tienen virtudes propias que enseñar y que si alguna vez se meten a creadores incurren en todo lo que han censurado a los demás. Pero estos están ya muertos. Habían nacido para ser maestros de escuela, temieron morirse de hambre, se hicieron entonces críticos y al cabo de algunos años de predicaciones estériles se convencieron de que habían errado la vocación. No habiéndose comprendido a sí mismos ¿crees que hayan podido comprender a los demás? Un crítico debe ser un hombre como Varona o Lemaitre, tan inteligente como sensible, porque hay obras creadas con la inteligencia, a la par que con el corazón, capaz de comprenderlo todo, de ponerse al diapasón de todos los artistas, hasta de los que sean opuestos a su temperamento, a sus ideas y a sus gustos. No ha de ver la obra como debiera ser, sino como es. Pasa con los libros lo mismo que con los cuadros: si no se coloca uno en el punto de vista necesario, nada podrá ver. ¡Y hay tan pocos críticos que se coloquen bien!

Desde que se abre el volumen de Urbina, se comprende de seguida que tenemos delante un poeta joven, eminentemente subjetivo, acostumbrado a domar la rima y a vaciar en ella sus tristezas. Sí, sus tristezas nada más. El alma de ese poeta, como toda alma, está saturada de profunda tristeza, no de la tristeza que engendra el trato con los hombres, el estudio de la ciencia, los desengaños del amor, la invasión del *yankismo* en las sociedades modernas o algunas de las otras causas que pudiéramos señalar, sino de la tristeza peor de todas: la tristeza nativa, o sea, la tristeza sin causa aparente. Urbina puede decir, como Henry Charles Read,

Je crois que Dieu, quand je suis né,
Pour moi n' a pas fait de depense,
Et que le coeur qu'il m'a donné
Etait bien vieux dès mon enfance.

Par économie il logea
Dans ma juvenile poitrine,
Un coeur ayant servi déja,
Un coeur flêtri, tout en ruine.

Abrumado por el peso de ese corazón, se verá obligado a marchar por la vida, sin desear nada, porque lo ha pregustado todo y todo lo ha hallado amargo o insípido. De nada sirve que le haya sido otorgada la facultad de soñar, porque sabe que sueña y no llega a tener más que semi ensueños. Por eso dice:

Yo vivo en un crepúsculo siniestro
de claridades vagas
pues ni la noche se deshace en sombras,
ni el día se adelanta.

Para consolarse entonces de su tristeza, no acude a refugiarse en brazos del amor, por no encontrar la nada del placer; ni a los de la amistad, porque la desconfianza los hace retroceder; ni a los de la religión, porque ha perdido la fe; ni a los de la gloria, porque comprende que es una quimera; ni a los de la naturaleza, porque sabe que no tiene alma, que vive consagrada a su obra de destrucción, que a nadie tiende los brazos y solo sabe hablar a nuestros malos instintos. Entonces acude a sí mismo, única fuente de consuelo, para adormecer sus penas con la cadencia de las estrofas que arranca de lo más profundo de su corazón.

Todas son tristes y, por lo tanto, bellas. A través de los versos que las componen, no se oye una carcajada, ni siquiera se adivina una sonrisa. Allí no hay más que sombras crepusculares, perfumes de rosas muertas, estrellas rielando en el fango, rumores de hojas secas, siluetas de castillos abandonados, relentes de noches húmedas, artistas que arrojan al arroyo sus creaciones, quejas de pinos solitarios, silencio de selva oscura, playas desiertas, hermosuras enlutadas; todo lo que impresiona, en una palabra, al alma enferma, sobre todo si, como la de Urbina, empieza a subir al calvario del ideal.

Feliz él que, después de haber dado su adiós a la juventud, a la amistad, al amor, a la gloria, y, sin fin, después de haber *deshojado sus rosas bajo los cipreses*, exclama todavía:

¡Y no estoy solo! Te amo, te deseo
Melancólica y dulce poesía;
Claridad de mi espíritu, te veo;
Y te puedo decir lo que decía
Julieta enamorada de Romeo:
¡No te vayas, no es tiempo todavía!

El Fígaro, 14 de septiembre de 1890.

Rubén Darío

Azul y A. de Gilbert

Encuéntrase en el mundo algunos espíritus que por un error del destino, se extravían de sendero al bajar a la tierra, y llegan a encarnarse en regiones extrañas a sus gustos, a sus cualidades y a sus aspiraciones. Son como estrellas errantes que, al cambiar de sitio, se desviasen de la bóveda celeste y fueran a perderse en el seno del mar. Desde que comienzan a desarrollarse, manifiestan una tendencia creciente a fundir el círculo de hierro que los rodea, a saltar por encima de las barreras que encuentran al paso, a morder los gustos de sus conterráneos y a estrujar los prejuicios de la opinión pública, dejándola que se retuerza, pálida y agonizante, sobre el charco de sangre que forman sus propias heridas. Mas como no se ametrallan impunemente las ideas incrustadas en el cerebro de las mayorías, los que tratan de llevar a cabo esta labor, ya lo hagan conscientemente, ya obedeciendo a impulsos superiores, suelen ser víctimas de su temeridad y se quedan aislados, en la picota del desprecio público, bajo la lluvia de afrenta de las cóleras populares. Si no saben ajustarse la coraza del desdén, para dejar que sobre su centro se estrellen las flechas emponzoñadas de la opinión; si no tienen fe ciega en el ideal que persiguen, hasta el punto de poder encastillarse con él en la *torre de marfil*; si no saben prescindir en absoluto de las sanciones de la muchedumbre, y se limitan a conquistar el aplauso de las manos fraternales; su intento resultará vano, porque tendrán que resignarse a engrosar el montón anónimo, o, si aspiran a elevarse sobre el nivel común, se verán obligados a abjurar de sus dioses, a estrangular sus creencias y a marchar en caravana hacia la tierra de promisión. Pero si, por el contrario, están dotados de la fuerza misteriosa que infunde el amor a las ideas abstractas, fuerza que se nutre con la propia sangre, fuerza que respira en medio del bloqueo, fuerza que se acrecienta al sentir el primer ataque, fuerza que atrofia en el hombre los apetitos brutales, fuerza que aúna estrechamente la inteligencia a la voluntad, fuerza que pone un puñal en las manos de un santo, fuerza que asciende los mártires a la hoguera, fuerza que es el honor, a la par que la locura, de las naturalezas extraordinarias, fuerza que amarga el corazón, sin despojarlo de sus más excelsas cualidades, fuerza que hoy parece concentrada en las razas esclavas, fuerza que conocen los anacoretas, los pensadores, los artistas y hasta los grandes criminales; entonces aquellos espíritus acaban por imponer sus ideas, sus gustos y sus producciones, a despecho de encarnizados enemigos que, como manada de perros ahuyentados por el lobo que acosaban, huyen medrosos a la soledad.

Entre los grandes escritores hispanoamericanos de la última generación, hay uno notabilísimo, Rubén Darío, que, por su fantasía, por su estilo y por sus lucubraciones, más que un escritor nicaragüense, parece un artista parisiense, desertor del grupo de los parnasianos o neorrománticos. Es muy joven todavía. En la aurora de su existencia, cuando se presentó en la liza literaria, con su haz de cuentos en la diestra y su ramillete de rimas en la siniestra, un rumor confuso, donde se percibían los anatemas de la crítica formalista, las amenazas de los expendedores de reputaciones y los ladridos de la impotencia arrollada por el joven gladiador, saludó su aparición. Voces amigas resonaron también, en su loor. Es una vieja historia, como la del poeta alemán, pero que despedaza el corazón. Cada vez que surge un nuevo escritor, le ocurre lo que al león al salir de su caverna por primera vez. Pavonéase ufano por el bosque enmarañado, aspirando con todas las fuerzas de sus pulmones el aire de las llanuras y azotando con la cola las yerbas que se erigen a sus plantas, cuando observa que secretas indignaciones estallan contra él. La tigresa vieja que duerme como reina selvática, bajo verde pabellón, a la sombra de un árbol corpulento, le mordisquea al pasar, temerosa de que hinque sus dientes en la carne rosada de sus cachorros; las zarzas erizan sus espinas punzantes, para que, al acercarse a respirar el aroma de sus flores amarillas, se ensangriente los húmedos hocicos y se desgarre las crines bronceadas; el boa se yergue desenredando sus anillos metálicos en las tinieblas de su antro, ansioso de babearle su ponzoña a los ojos; miriadas de insectos, desperdigados en el aire, vuelan, zumban, chillan y le clavan las antenas en sus carnes. Todos conjuran en los primeros tiempos, contra su existencia vigorosa, anhelando su exterminación. Empero, si el león levanta sus zarpas, dispérsanse sus encarnizados enemigos. Así le ha sucedido a este escritor. Tras los años de aprendizaje, ha llegado a imponerse en las regiones en que resuena el idioma castellano. Ya en Europa se le comienza a estudiar. Hoy puede decirse, sin hipérbole alguna, que milita al frente de las legiones literarias de su país, siendo más acreedor al aplauso que la caterva de celebridades seniles de aquellas comarcas, formadas de pedagogos literarios y corresponsales de academia, erguida todavía sobre sus vacilantes pedestales.

A pesar de las luchas sostenidas, en los primeros días, por alcanzar la celebridad, el alma del escritor se ha conservado igual. Salió esplendorosa de ellas, como el iris del diamante de la negrura del carbón, como el fuego de la estrella de la tiniebla de la nube, como la nieve del lirio de la humedad del pantano, como el oro de la cabellera de la palidez del cráneo, como la púrpura de la sangre de la inmundicia del organismo, sin perder su frescura, su pureza, su idealidad. El arte le ha colocado ante los ojos el velo azul de la reina Mab. Tras de sus pliegues de seda, la mirada del poeta no divisa, en la noche de la vida, más que el astro de su ideal. A sus reflejos deslumbrado-res, surca gallardo las olas, con su tesoro de ensueños, como el veneciano legendario en su góndola henchida de riquezas, sin temor al naufragio en playas ignotas. Ya está orientado el viajador. Citerea fulgura a lo lejos. Allí le aguarda Elena, su desposada ideal, trenzando palmas de oro para sus sienes. Mientras llega a sus plantas, resuenan las áureas cuerdas del ban-dolín, cuyas notas argentinas apagan el clamor de las víctimas del mal que se despedazan, en lucha fraticida, sobre la ribera abandonada, hacia la cual no vuelve los ojos deslumbrados. Ahondando un poco, se descubrirá quizás, en el fondo de esta alma, ferviente simpatía hacia los humildes, hacia los pequeños, hacia los desdichados. Los grandes de la tierra, salvo los artistas, solo sirven de elementos para sus composiciones. Siente por ellos lo que el pintor por sus frascos de colores. Obsérvase también que está afiliado al so-cialismo artístico, por su odio agrio hacia el burgués. Hay cierto desencanto del hombre en sus páginas, como hay cierta serenidad panteística de la que brotan las estrofas a raudales.

Rubén Darío, como todo escritor moderno, posee un estilo pictórico, ele-gante y fascinador. Es un artista refinado, cuyas producciones son manjares exquisitos para el paladar de los aristócratas literarios. Cábele la honra de haber sido de los primeros en desviar al gusto público del estilo académico, mixtura de tinta y agua, estilo *baraltesco*, duro como el hueso y adormecedor como el cloral, estilo blanco, no con blancura de mármol, sino con blancura de legumbre, estilo mucilaginoso, con sabor tan insípido como el de las pastillas de goma, espolvoreadas de azúcar, que se expenden en las farmacias. El de Darío tiene encanto propio y verdadera originalidad. El parisianismo de sus ideas, bajo la rudeza del habla española, adquiere un carácter exótico de inestimable valor. Dijérase, al leer sus párrafos, que se tienen ante la vista tapices de estilo oriental, pero tejidos con hilos de seda y hebras de cáñamo, con plumas de faisán y crines de pantera, con pelo de marta y cerda de jabalí. El tono suele ser el de los cuadros venecianos. Abundan los azules del Veronés, los oros del Tiziano, los rojos del Tintoreto y los atornasolados de Giorgione. Sus retratos literarios, como el de Valero Pujol, tiene la entonación de los de Velásquez, y sus paisajes, como *Álbum de Chile*, las medias tintas empleadas por los modernos paisajistas franceses. Mas se observa, sin embargo, que todo ha sido escrito bajo el cielo de los trópicos. Dentro hallará el lector vahos cálidos del mediodía, espejos de aguas dormidas, reverberación de arenas, cimbrar de palmas, hervor de catarata, explosiones de corolas y alaridos de pasión.

¿Qué es *Azul*? Un estudio de pintor, hecho a la pluma, donde las miradas, como mariposas inquietas, revolotean de un extremo a otro, sin acertar a detenerse. La fantasía, el hada bienhechora del artista, lo ha decorado de joyas artísticas. Traspuesta la fachada blanca, donde negra golondrina al fulgurar de prismática estrella, asciende al *azul*; cruzado el vestíbulo alfombrado, donde hallaréis, como guardias de honor, dos veteranos literarios y penetrad luego, sin vacilación alguna en el feérico interior. ¿Qué os agrada más? ¿Será aquella tapicería medioeval, sobre cuyo fondo ceniciento se destaca la figura del *rey burgués*, con sus esclavas desnudas, con sus galgos alígeros, con sus trompas broncíneas y con su trovador moribundo en los jardines? ¿O es aquel fresco antiguo, a la manera de Puvis de Chavannes, en que el *Sátiro Sordo*, coronado de pámpanos y erizado de vellos, corre lascivamente tras las ninfas desnudas, seguido de la alondra o del asno? ¿No ansiáis reposar en el parque de aquel castillo, enarenado de oro, oloroso a flores primaverales y poblado de estatuas marmóreas, para ver a la *Ninfa* emergiendo del estanque de los cisnes? ¿Qué diréis de esa marina crepuscular, donde los lancheros narran, a la caída de la tarde, la historia del hijo del tío Lucas, aplastado por *El Fardo*? ¿Preferís oír, en la calle de los palacios de mármol, sombreada de álamos, al poeta hambriento que, con su traje haraposo y con su sombrero raído, entona la *Canción de Oro*, después de mordisquear un mendrugo de pan. ¿Os deleitan más los cuadros de género? Entrad en ese café parisiense, que parece dibujado por Foraín, a la hora verde, donde improvisa *El pájaro azul*. Si nada os retiene todavía, mirad los cuadros *panneaux* que, bajo el rubro de *El año lírico*, se encuentran en la parte central. Eugenio Delacroix hubiera firmado el que se denomina *Estival*. Aún os queda más que admirar. Escudriñando los rincones, si queréis algo exótico, contemplad ese *kakemono* donde *La emperatriz de la China*, bajo su quitasol niponés, con su dalmática de seda roja, bordada de dragones, muestra su sonrisa de ídolo entre un bosque de japonerías. Además, encontraréis al paso, ya una estatua ecuestre de Caupolicán; ya un plato de porcelana, con una Venus moderna en el centro; ya una acuarela invernal, con brumas en el aire y nieve en la tierra; ya una serie de medallones, sobre cuyos fondos bronceados se destacan varios bustos modernos entre ellos el de Walt Whitman,

Con su soberbio rostro de emperador.

A. de Gilbert, título de otro libro de Darío, quien con muchos más ha enriquecido las arcas literarias de su país, es un volumen encantador. Allí ha trazado, con su pincel vigoroso de colorista y con sus procedimientos de fantaseador, la figura adorada de su hermano menor en letras, del benjamín de la literatura chilena, de Pedro Balmaceda Toro, conocido en el mundo literario por el sobrenombre de A. de Gilbert. Es el poema en prosa de la amistad fraternal, engendrada por la más estrecha compenetración de ideas, de afectos y de aspiraciones. Al revés de lo que sucede en la vida real, se ve que el superviviente se esfuerza por encumbrar a su hermano desaparecido a las más altas cimas de la gloria, proyectando los resplandores de su genio sobre la obra del amigo fraternal y cubriendo su fosa de verdes lauros y doradas siemprevivas.

Viene a la fantasía, al doblar las páginas, la idea de que se recorre un jardín sembrado de flores olorosas, entre las que se levanta, bajo dosel de hojas verdes, estrellados de eléboros, euforbos y mandrágoras, una estatuita de mármol negro que representa a un adolescente, con un libro blanco en las manos y una pluma de oro caída a los pies. Demandad la explicación a otro adolescente que se apoya melancólico en la verja del umbral. Pálido de angustia, bañadas las mejillas de lágrimas y tornadas las pupilas hacia el azul, os describirá el nido de raso en que conoció a aquel niño; os enumerará los sueños de gloria que, como pájaros heridos, bajaron con él a la tumba; os detallará el número de amigos que le rodeaban; os recitará de memoria párrafos de sus cartas íntimas; y os hablará, en fin, de cuanto se relacione con la existencia del glorioso desaparecido, hasta que lo veáis como él, lo sintáis como él y lo lloréis como él.

¡Ojalá que el autor de este libro nos deleite pronto con los que tiene en preparación; que conserve siempre, como dice al final del último, sueños de gloria que lo libran de ser escéptico, de sentir el vahído siniestro del mal; y que cruce pronto el camino de peregrinación, viendo su miraje, en busca de la ciudad sagrada, donde está la princesa triste, en su torre de marfil...!

La Habana Literaria, 15 de noviembre de 1891.

Rubén Darío

Oíd la historia de un genio, del genio de una leyenda, de una leyenda negra y azul.

Antes de bajar a la tierra, por la que vaga, todavía, su espíritu moraba en el seno de una nube, hecha de perlas vaporizadas, hasta la cual llegaban aromas de rosas desconocidas y claridades de estrellas cercanas. Su misión era cantar, al son del arpa de oro, la belleza de las almas que emigraban del mundo y que, al internarse en los jardines celestes, pasaban cerca de él, envueltas en sudarios de gasas opalinas. Todas lo fascinaban, pero vivía enamorado de una visión ideal, formada con palideces de Luna y con reverberaciones boreales, que resplandecían a lo lejos, en la bóveda azulada, cerca del lucero de Venus, agitando en sus manos de nieve una corona de palmas verdes.

Una noche de invierno, helado por los vapores de la escarcha que se desprendía a su alrededor y entristecido por la oscuridad de las tinieblas que como un palio de raso negro, le ocultaba su visión ideal, su espíritu invocó la presencia del buen Dios, quien bajó de su trono, con el manto de púrpura sobre los hombros y con la barba de armiño sobre el pecho, rodeado de una nube de incienso, propicio a endulzar la amargura de aquel corazón.

Y, al recibir sus tristes confidencias, oyéronse en la noche estas palabras:

—Tú serás adorado por la visión ideal que, agitando en sus manos de nieve una corona de palmas verdes, veías fulgurar a lo lejos. Pero es preciso que cumplas primero tu misión. Allá abajo, en ese montón de cieno, que dora la lumbre mis astros, languidece una diosa de tedio, de melancolía y de soledad. Los artistas, que son sus sacerdotes, han desertado de su templo, internándose en el campo de las muchedumbres, donde florecen los cactus del odio, los cardos de la envidia y los asfodelos de las pasiones humanas.

* * *

Al rayar el alba, el genio descendió, en una nube de color de rosa, hasta la cima de una montaña, cuya yerba floreciente, emperlada de rocío, parecía la cabellera verde de una quimera monstruosa, estrellada de diamantes. Un ángel lo acompañó en su aérea peregrinación. Mostrándole entonces, desde la cumbre, con un tirso de luz, la cúpula de un templo, que como un loto de mármol, se levantaba entre la sombría vegetación, el ángel se elevó, como un clavel alado, hacia las regiones celestes, veladas por nubes de nácar, por nubes de oro, por nubes de jaspe, por nubes de carmín.

Viéndose solo, el genio sintió, en aquel instante, la nostalgia del cielo, del cielo abandonado, abandonado para siempre quizás. Pero de seguida, recobrando sus fuerzas, comenzó a descender. Al tocar en la llanura, un enervamiento profundo, semejante al del cisne que se siente arrojado del lago azul, donde albeaban sus plumas, por formidable corriente de agua, se apoderó de él. Entonces sintió, por la primera vez, el deseo infinito de llorar. Pero los genios no lloran, sino cantan. Las lágrimas del genio se convierten en notas, en notas lánguidas como arrullos de paloma, o en notas terribles como rugidos de jaguar. El canto que brotó, en aquella hora, del alma de este genio, fue un canto melancólico, como el ruido del agua entre los musgos, dulce, como los trinos de una alondra solitaria, y vago, como la voz del ruiseñor que se esconde entre las nieves de Los Alpes. Había en él no sé qué claridad de estrella oscurecida, ni qué perfume de heliotropo deshojado. Todas las almas que, como la suya, creíanse desterradas en la tierra, sintiéronse conmovidas y prorrumpieron a llorar.

La primera corona que ciñó a su frente, como símbolo de su primer triunfo, fue una corona de lágrimas.

* * *

Bajo los rayos de Sol que se cernían, como polvo de oro a través de un tul, por las nieblas de la mañana, dorando los guijarros de los caminos, irisando el rocío de las plantas, incendiando el cristal de las corrientes, satinando los pétalos de las flores y lustrando el plumaje de las aves, el genio comenzó su terrestre peregrinación, olvidado ya de los goces paradisíacos y deslumbrado por los esplendores terrenales. El templo quedaba bastante lejos, pero la ruta no parecía tan áspera de recorrer. Apenas había dado, por la llanura fulgurante, los primeros pasos, experimentó el ansia de celebrar, en un himno cálido, vibrante y sonoro, las maravillas del panorama que surgía ante sus pupilas. Hízolo con entusiasmo, mas de súbito, al oír el ritmo mágico de sus estrofas, lóbrego cuervo, como negra flecha, se lanzó de un árbol, arrojando siniestros graznidos; sierpes silbantes, de un verde oscuro, jaspeado de plata, asomaron sus cabezas por entre los chaparrales; y viscosos reptiles, ocultos bajo las piedras, mostraron sus lenguas rojizas, como puñales ensangrentados, entre doble hilera de dientes puntiagudos, inundando su espíritu de sombra, de frío y de pavor.

Solo al llegar la noche, cuando se quedó dormido, bajo la copa de un árbol por cuya rama veía, como florescencias luminosas, los discos de las estrellas, logró desvanecer, en el fondo de su memoria el recuerdo de tan nefastas apariciones. Y, en lugar de aquéllas, vio acercarse a la cabecera de su lecho de hojas secas, grupos de radiosas deidades que, con sonrisas de amor en los labios y con los ojos humedecidos de voluptuosidad, llevaban el óleo del consuelo a su doliente corazón. Unas tenían la cabellera del color de los rayos del Sol y otras del color de la sombra de la noche. Éstas iban envueltas en mantos de un verde pálido, recamados de plata, o en túnicas de tonos de ópalo, empolvadas de rubíes; aquéllas en peplos de fuego, bordados de rosas de oro, o en clámides de terciopelo lila, enguirnaldadas de geranios. Collares de luminosa pedrería centelleaban en el alabastro de sus

gargantas y ramos de lirios se elevaban entre los búcaros de sus manos. Todas lo reanimaron, conduciéndolo en la sombra, por un bosque de azahares,
argentado por la claridad de la Luna, hacia el templo de mármol, donde una
diosa languidecía, según la voz divina, de tedio, de melancolía y de soledad.

* * *

Próximo ya al templo, el genio percibió, en alas del viento, los sonidos de
cercana orquesta, sonidos que punzaban como alfileres, sonidos que llegaban a los tímpanos, pero que descendían hasta el corazón. A medida que se
acercaba, el estrépito crecía, pero se disipaba a las primeras vibraciones. Libre de inquietudes, el genio traspasó los umbrales del templo no sin mostrar
su agradecimiento a las piadosas deidades que, como celestes mensajeras,
lo habían acompañado hasta él.

Envuelta en una nube de aromas místicos, que atenuaban la reverberación de sus miembros desnudos, castos y esculturales, como los celajes
atenúan el brillo de las constelaciones, la diosa resplandecía en su tapiz de
armiño, nevado de pétalos de jazmines, teniendo la cabeza apoyada en cojines de raso blanco, flordelisados de plata. Bandadas de palomas blancas
revoloteaban por las naves o se arrullaban en los capiteles de las columnas
diamantinas. Cisnes de sedosa blancura esponjaban sus plumas al borde de
una fuente de mármol que parecía llena de aguas perfumadas. Tenue lluvia
de rosas blancas, bajando de la rotonda de pórfido, alfombrada de corolas
de nieve el bruñido pavimento que espejeaba, al fulgor de cirios olorosos,
como lámina cristalina de un espejo colosal. La diosa desfallecía más bien
que embriagaba de perfumes, fatigada por la monotonía de los himnos que
levantaban los sacerdotes en su loor. No se distinguía claramente sus contornos, sino más bien se adivinaban por misteriosa intuición. Diríase que era
la estatua de Diana de un bosque cubierto de nieve, vista a través de un
velo de niebla o de las gotas de una llovizna otoñal. A pesar de su hermosura fascinadora, no despertaba, como pudiera creerse, ningún deseo carnal,
sino inspiraba por el contrario, cierto fervor sagrado, cierta unción religiosa,
cierto amor sobrehumano, cierta adoración ideal.

Delante de su trono, el genio levantó, al son del arpa de oro, un cántico
triunfal, cuyas notas divinas, como el rumor de una cascada de perlas negras

que descendiese por una escalinata de oro, llegó hasta el alma de la diosa, reanimando sus miradas, encendiendo sus mejillas y despertando sus sonrisas. Fue un himno mágico, alzado a todo lo que brilla, a todo lo que embriaga, a todo lo que perfuma, a todo lo que canta, a todo lo que presta alas al espíritu para elevarse, como un águila real de un mar tempestuoso, hasta las regiones etéreas, donde no salpica el lodo de las miserias terrenales. Ebrio de gozo, el genio canta todavía, en el templo de la diosa, su amor inmortal, mientras se cierne sobre su cabeza, como dispensadora de gracias celestes, la visión ideal, formada con palideces de Luna y con reverberaciones boreales, que veía otras veces, en la bóveda azulada, cerca del lucero de Venus, agitando en sus manos de nieve una corona de palmas verdes.

* * *

Si alguno os preguntara, mi querido Carrillo, por qué os he narrado, bajo formas de leyenda, la historia de Rubén, decidle que habiendo escrito un estudio en otra época, sobre su talento brillante, exquisito y fascinador, no he querido repetir, con motivo de su paso por La Habana, lo que ya había dicho acerca de él. Respecto al simbolismo de estas páginas ¿no habéis entendido con vuestro espíritu sutil y con vuestra maravillosa intención, que os hacen tan apto para comprender todas las manifestaciones artísticas, desde las más elevadas como la de Jean Moreas, hasta las más inferiores, como las mías, que bajo la figura de aquel genio se puede encarnar la de nuestro bien amado Darío, el cantor de la luz, de los perfumes, de los colores y de los sonidos? Aquellas almas dolientes que, al oír su primer canto, se deshacen en lágrimas ¿no son las almas hermanas que, desde su aparición, simpatizaron con él? Del mismo modo, aquel cuervo, aquellas sierpes y aquellos reptiles ¿no representan los criticastros de todas partes que, como un rebaño de cerdos, un ramo de margaritas, han execrado sus producciones? Las deidades piadosas que lo encaminaron, en la oscuridad de la noche, hacia el templo lejano ¿no son sus quimeras, sus ilusiones y sus esperanzas? Y aquella diosa lánguida, hastiada y dolorosa ¿no es la poesía americana, cansada de los rimadores antiguos, vacíos y estruendosos, pero la que él ha reanimado, con la extraña armonía y con el brillo feérico, de sus incomparables estrofas?

Y, por último, la visión ideal que desciende sobre su cabeza de adolescente ¿no podría ser la imagen de la gloria que le brinda ya los laureles soñados, los laureles que no se marchitan jamás?

La Habana Elegante, 15 de enero de 1893.

Manuel Reina[5]

I

Colocado sobre blanco mármol de elegante mesa de ébano, bajo un cuadro que representa a la pálida claridad del astro de la noche, una escena amorosa en el gran canal de Venecia, entre dorado pebetero oriental y luciente jarrón de porcelana de Sevres, lleno siempre de purpúreas rosas, moradas violetas y níveas azucenas; tengo en mi sala de estudio un libro de versos, cuya lujosa cubierta de tafilete rojo, ostenta escrito con letras doradas, el poético título de *Cromos y acuarelas*. Su autor es el delicado poeta sevillano Manuel Reina, uno de los jóvenes más notables de la novísima generación de escritores españoles.

Aunque no tengo el honor de conocerlo personalmente, me he figurado que es uno de los *bohemiens* galantes de la sociedad madrileña. Me parece verlo subir las escaleras de algún palacio condal, penetrar airosamente en los salones y ser allí la admiración de las damas, la vergüenza de los *gonmeux* y el encanto de todos. Añadid a esta figura la mirada soñadora de Nerval, la palidez de Vigny, la gallardía de Musset, en sus buenos tiempos, la discreción de Houssave, la amabilidad de Nodier, la simpatía de Mery, algo de la imaginación de Gautier y podréis contemplar el retrato que me he forjado de Manuel Reina.

Quizás me haya equivocado; pero no puedo concebir bajo otra forma al autor de *La joven de los ojos negros*, cuyo solo nombre encierra tanta poesía.

Por este motivo he puesto su obra en el sitio indicado, como pondría las de Selgas y las de Millevoye en un jardín, las de Beranger y las de Ruiz Aguilera en un taller, las de Rabelais y las de Zola en un corral, las de Chateaubriand y las de Lamartine en el cielo, las de Víctor Hugo y las de otros genios semejantes en todas partes, las de Zorrilla y las de Arolas en un harén, las de Gautier y las de algunos autores coetáneos suyos en un templo pagano y así, sucesivamente, las de los demás.

Alcide Duvalier, el célebre crítico francés, asegura que dos cosas son igualmente funestas para juzgar bien a un escritor: no conocer al hombre del

---

5   Poeta español (1856-1905).

todo o conocerlo mucho. Yo creo estar entre ambos extremos. Paso, pues, a hablar del poeta.

II

Aunque Manuel Reina no tiene lo que se llama personalidad literaria, cosa natural, si se tiene presente su corta edad, pues solo contaba veintidós años al publicar el libro de que me ocupo; posee en alto grado las facultades suficientes para hacer de él un poeta: la imaginación y el sentimiento. Educando ambas, por medio del estudio de los buenos modelos, llegará a ocupar un puesto distinguido en el parnaso español.

Hoy no es más que una legítima esperanza de las letras. Los elogios que se le tributan son, no solo por sus méritos positivos, sino para alentarle en lo venidero. Recuerdo siempre lo que nos dice en una de sus mejores composiciones *El genio*, a la cual pertenecen estas quintillas:

¡Triste destino! esperar
Lo que nunca ha de venir;
Reír el labio y cantar
Cuando se siente morir
El corazón de pesar.
. . . .
Abarcar la creación
Con la pupila serena,
Y tener, para honda pena,
Alas en el corazón
Y en el cuerpo una cadena.
. . . .
En el corazón sensible
De todo artista inspirado,
Está con sangre grabado
Este letrero terrible:
"Mártir y vilipendiado."

¡Infeliz del artista que no encuentra un Calvario en la tierra! Sus obras no serán de las más buscadas. La admiración es una flor que solo nace generalmente en los terrenos regados por la lluvia de las lágrimas.

Los versos de Manuel Reina pertenecen a ese género de literatura que Lamartine ha designado con el nombre de *poesía ligera*. Este género ha sido cultivado por Anacreonte en Grecia, por Horacio en Roma, por Hafitz en Persia, por Byron y Moore en Inglaterra, por Heine y Uhland en Alemania, por Saint Evremond, Chaulieu, Voltaire, Alfredo de Musset y otros varios en Francia, por Villegas, Meléndez, Bécquer y algunos más en España. Las obras de esta índole, como dice el divino autor de *Jocelyn*, no se examinan sino se admiran, no sirven de alimento al espíritu sino lo embriaga.

El señor Reina parece haber estudiado más a los primeros líricos franceses y alemanes que a los españoles. Esta preferencia me parece ser una prueba de su buen gusto literario, pues sabido es que nuestros mejores poetas se han inspirado siempre en las obras de los grandes escritores de otras naciones.

El joven bardo ostenta en sus versos la ligereza y la elegancia de los franceses, la forma y el sentimentalismo de los alemanes y el colorido de los orientales. La primera y la última de estas tres cualidades, se encuentran reunidas, mejor que en ninguna otra composición suya, en la siguiente:

Canción árabe

Lejos está la hermosa de la gentil garganta
  y de ojos centelleantes.
Corcel, vuela conmigo; condúceme a su planta;
Por *ella* te he comprado la peregrina manta
  De raso y de brillantes.

Por *ella* de preciosos regalos te he colmado
  Que valen un tesoro;
Tus bridas son de plata; tu silla, de brocado,
  Y en tus hijares nunca tu dueño te ha clavado
El espolín de oro.

Por *ella* están tus crines rizadas y sedosas,
 Y brilla tu herradura,
Y está por manos hábiles, en sedas muy lujosas,
 Bordada de guirnaldas, de pájaros y rosas,
Tu espléndida montura.

Por *ella* todo el mundo te admira y te decanta;
 Por *ella* soy tu amigo;
Corcel, corcel ligero, condúceme a su planta;
 Por *ella* te he comprado tu peregrina manta,
Corcel, vuela conmigo!

El autor de *Cromos y acuarelas* es un excelente colorista. Predominan en su libro los mismos colores que en los cuadros del Tiziano: el rosa y el oro. Pero el afán de ponerlos en todo lo que escribe, le hace repetir algunas imágenes, le hace parecer menos fecundo de lo que es.

Otros de sus méritos principales es el haber seguido, con más acierto que ninguno otro en España, las huellas de su compatriota Gustavo Adolfo Bécquer, árbol tronchado en la primavera de la vida, cuando sus flores iban a convertirse en frutos, cuando veía alzarse en el horizonte negro de su existencia el áureo Sol de la inmortalidad.

Léanse estas estrofas dignas de figurar en la colección de *Rimas* de Gustavo:

A una mujer

Es de rayo de sol tu cabellera;
La línea de tu rostro seductora;
Eres la encarnación de la hermosura;
 De las gracias la diosa.

La voluptuosidad, ave de fuego,
Tiene por nido tus divinas formas;

Y hay un cielo de esencias y rubíes
En tu risueña boca.

Solo te falta el alma, hermosa mía,
No tienes alma, no; pero, ¡qué importa!
Tampoco tienen alma las estrellas,
Las perlas ni las rosas.

Manuel Reina es un ruiseñor andaluz que bebe frecuentemente en las amargas ondas del Rhin. Tiene una composición que el mismo Heine hubiera firmado:

La musa verde

En el vaso tallado y luciente
fulgura el ajenjo,
Como el ojo de un tigre, o las ondas
de un lago sereno.

Bebe ansioso el licor de esmeralda
un pobre bohemio,
Un vicioso poeta, y se abisma
en plácidos sueños.

De repente, fantástica, surge
del vaso de ajenjo
Una virgen de túnica verde
y rostro siniestro.

Sus pupilas están apagadas
como un astro muerto,
Y en sus lívidos labios la risa
Parece un lamento.

Es la virgen la horrible locura,
   Que abraza al bohemio,
Y se lanza con él a un abismo
   Fatídico y negro.

No se puede tratar mejor este asunto: ¡cuánta delicadeza!, ¡cuánta originalidad! Edgar Poe y Alfredo de Musset han confirmado la gran verdad
encerrada en esos versos.

Otros de los mejores *lieders* del autor de *La musa verde* es el que transcribo a continuación:

El vino extranjero

Desatados los bucles de oro
   Desnudos los pechos
Diamantinos, redondos y blancos
   Cual flores de almendro;
Encendida la faz, las pupilas
   Placer despidiendo,
Y en la boca sonrisas, perfumes
   y lúbricos besos;
Las dos bellas al par, presidían
   El banquete regio.
Y yo al verlas marchitas y hermosas,
   Cantando y riendo,
Con la aurora en la frente divina,
   La noche en el seno,
De mis ojos cayó ardiente lágrima
   Al vaso bohemio;
Dibujando en el rico champagne
   Un surco de fuego.
Desde entonces si llevo a los labios
   el vino extranjero,
Se entristece mi alma y figúrome

Que lágrimas bebo.

He oído censurar a Manuel Reina por haber cantado los placeres orgiásticos; pero yo lo disculpo. Las orgías descritas por él son aquéllas en que se rinde culto a la omnipotencia divina, bajo su más perfecta manifestación, la belleza plástica; orgías en que el poeta se deleita contemplando el brillo de la púrpura de Tiro, la transparencia de las lunas venecianas, el fulgor de los diamantes de Golconda, el centelleo de los perfumados vinos de Chipre en finísimas copas de cristal, los encendidos matices de las rosas de Alejandría prendidas en las negras cabelleras de las hermosuras griegas; «orgías de sonidos y colores»; orgías en que pretende realizar los caprichos en su poderosa fantasía, no los torpes deseos de los sentidos; orgías en que el pensamiento se eleva hasta Dios, en alas de la admiración, entonando el sublime hossanna de la gratitud al autor de lo creado.

Para confirmar mi aserto, transcribiré la composición titulada:

A media noche

Choca tu dulce boca con la mía,
    Mujer deslumbradora
Y brotará la ardiente poesía
    Que mi alma atesora.

Quiero una bacanal regia y grandiosa;
    Que el Dios de los amores
En ella cubra tu cabeza hermosa
    De perfumadas flores.

Un banquete de dioses, una orgía
    Tan rica y deslumbrante,
Que exceda a la más bella fantasía
    Del genio más gigante.

Que esté el salón cubierto de brocados,

Y telas suntuosas;
La mesa de manjares delicados
    Y de divinas rosas.

Y que haya esos licores deliciosos
    Coronados de llamas,
Que engendran en la mente luminosos
    Y bellos panoramas.

Los generosos vinos espumantes
    Dejemos al olvido;
¡Quiero beber en copas de brillantes
    El oro derretido!

Este último rasgo es digno de figurar al lado de aquél con que termina el
soneto «La eterna mascarada»:

Tuvo siempre el cobarde audaz mirada,
Piel sedosa y brillante la pantera
Y resplandores la traidora espada.

No puedo resistir el deseo de copiar otra producción del señor Reina, que
hubiera podido servir de asunto para un cuadro al célebre autor de la *Barca
del Dante*, al Víctor Hugo de los pintores románticos, al inmortal Delacroix:

Al borde del severo
Y humilde camposanto de la aldea,
Como bruñida lámina de acero
El cristalino Betis centellea.

En las noches azules del estío,
Entre aromas y brisas y fulgores,
Cruza una barca el transparente río,
Poblada de hermosuras y cantores.

Y las tumbas heladas
Del humilde y severo camposanto,
Repiten las sonoras carcajadas
De los mancebos, y el alegre canto.

Manuel Reina ha bosquejado, en armoniosos e inspirados versos, las in-mortales figuras de Espronceda, Zorrilla, Núñez de Arce, Béranger, Víctor Hugo, Lamartine, Heine, Uhland, Zedlitz, Dante, Petrarca y Leopardi.
Copio la primera que hallo al abrir el libro:

Dante

Es su severo canto el negro abismo;
Ojos que lloran; luces que se apagan;
El rojizo fulgor de los relámpagos;
El beso ardiente; la mujer soñada;
Gritos; lamentos; ángeles caídos;
Fieras que rugen; sierpes que se arrastran;

Las legiones de espíritus celestes
De nívea faz y diamantinas alas;
El mundo del dolor y las tinieblas:
Un inmenso raudal de sangre y lágrimas,
Y la soberbia voz atronadora
Del implacable Dios de la venganza.

También ha dado la definición de *las bellas artes* y de *las estaciones*, en cincelados y vigorosos endecasílabos. Véase como define

La escultura

Es la forma; es el arte que de un mármol
Una figura celestial arranca;

El alma de infinitas religiones;
Atenas floreciente y decantada;
El abultado pecho de la hermosa;
El altivo palacio y la montaña;
La obra que Dios, artífice supremo,
Fabricó, poderoso, de la nada:
El espectro que llora en las ruinas;
El plano entero de la hermosa Italia;
La lluvia, en fin, cuyo cincel de gotas
La verde espiga de la tierra saca.

La música

Es el cantar que entonan las edades;
El lenguaje sublime de las hadas;
El ritmo de los ejes de la tierra;
El canto del torrente y la cascada;
El son del huracán; las dulces trovas
Que las aves entonan en las ramas;
El placer de la corte y de la aldea:
Del amoroso labio la palabra;
Las sentidas canciones populares...
Arte del sentimiento, arte formada
De notas, ruiseñores invisibles
Cuyo precioso nido son las almas.

El autor de estos versos ha publicado algunos trabajos en prosa, que no he leído; pero de los cuales se me han hecho grandes elogios. Sé que también comenzó a escribir, en colaboración con Valdivia, una comedia titulada *La picaruela*. Ambos escritores han traducido *Las neurosis* de Mauricio Rollinat, obra que pensaban publicar con los anagramas de Anier y Diavvlia. De lamentar es que no hayan dado a luz estas traducciones.

Hay en el libro del señor Reina otras poesías dignas de figurar al lado de las que he copiado; pero los límites del periódico me impiden decir algo acerca de ellas.

III

¿No tienen defectos los versos de Manuel Reina? Sí los tienen; pero ¿qué obra humana está exenta de ellos? Si el mismo Dios no hizo perfecta la mejor de las suyas, que es el hombre, ¿por qué exigir de éste que haga lo que nunca podrá hacer?

Esta clase de defectos es el alimento literario de algunos Zoilos modernos, parecidos en eso a los lebreles que se nutren solamente de los desperdicios que encuentran en las calles y en las plazas públicas.

Dejo a estos criticastros la enojosa tarea de señalar los contenidos en el libro que ha inspirado estas líneas.

La Habana Elegante, 20 de diciembre de 1885.

Recuerdos de Madrid

Un poeta mexicano: Francisco de Icaza[6]

Hace tiempo que se observa, en la vecina república mexicana, un movimiento literario, digno de llamar la atención de los amantes de las letras. Allí abundan los buenos poetas; como las plantas exóticas en los invernaderos reales. Puedo citar, entre los bardos contemporáneos, a Juan de Dios Peza, el cantor de los goces del hogar y de las glorias nacionales, siempre correcto, siempre fecundo; al general Riva Palacio, embajador de México en España, que ha pasado su vida, como el gran Ercilla,

tomando ora la pluma, ora la espada,

y hoy es admirado universalmente por su talento poético, por su fino sarcasmo, por su ardiente patriotismo y por sus obras históricas; a Salvador Díaz Mirón, cuyas estrofas irreprochables, griegas en la forma y profundamente modernas en el fondo, tienen la sonoridad y el brillo del diamante; a Gutiérrez Nájera, tan notable estilista y tan exquisito poeta, que parece un escritor francés de la escuela parnasiana, vertido correctamente al castellano; a Pugal y Acal, crítico penetrante, de refinado gusto literario, y poeta excelente, lleno de gallardía, amargura y originalidad; a Manuel J. Othon, aplaudido dramaturgo, poeta apasionado y hombre de ilustración nada vulgar; a Luis Urbina, joven cantor, cuyos primeros versos revelan, como los de Alfredo de Musset, una melancolía profunda, un hastío prematuro de la vida y una especie de encanto severo que se siente pero no se puede definir.

Además de los poetas mencionados, han aparecido otros muchos, cuyos nombres omito, que luchan, con épico entusiasmo e inquebrantable constancia, por conquistar un nombre ilustre en el mundo de las letras. ¡Ah! Cuando se encuentra, en el presente siglo, una república grandiosa, como la de México, donde la literatura se desarrolla, a la sombra del olivo de la paz, el alma del artista se consuela, porque presiente que han de pasar pronto estos tiempos de inquietud continua y de apetitos desenfrenados, tiempos

---

6   Poeta y diplomático mexicano (1863-1925).

verdaderamente malditos para los espíritus superiores, y han de volver los días serenos, los días inolvidables de la Antigüedad, en que la Belleza era un culto, el Amor un sacerdocio y el Arte la más sublime de las religiones.

A pesar de que he seguido siempre, con verdadero interés, el movimiento literario de México, como se sigue el vuelo de una bandada de águilas, que se remonta por la inmensidad azul, tachonada de astros; no había leído las poesías de Francisco de Icaza, segundo secretario de la legación de México en España, cuyas composiciones admiré, por primera vez en *La ilustración española* y otros periódicos madrileños de gran circulación.

Yo conocí más tarde al autor, en la Cervecería Inglesa, establecimiento frecuentado por la mayor parte de los artistas que viven en Madrid. Era un joven elegante de tipo verdaderamente parisiense. Lo que más me llamó la atención, en su aspecto físico, después del brillo penetrante de sus pupilas negras, amortiguados por los cristales de sus gafas de oro, fue la expresión bondadosa que se destacaba del conjunto de su fisonomía. Después de tratarlo he podido apreciar como pocos, sus excelentes cualidades. Lleva en su corazón, como en un cofre de sándalo, dos joyas preciosas, inhallables en los espíritus modernos: el amor al Arte y una modestia excesiva. No he conocido ningún artista que sea tan severo para consigo mismo, ni tan indulgente para los demás. Pocos aman tanto lo bello y odian tanto lo vulgar. Puedo decir, sin equivocarme, que es un hombre de mundo y un noble de la literatura.

Hijo de distinguida familia mexicana, el señor Icaza ha recibido una brillante educación, completada por los viajes. Nada hay tan provechoso, lo mismo para el artista que para el sabio, como recorrer el universo, cambiar de medio intelectual y comparar los distintos pueblos de la tierra. De este modo la inteligencia se desarrolla, las ideas se despiertan y los conocimientos se solidifican. Un viaje enseña más que todos los libros. ¡Cuántas bellezas se notan! ¡Cuántas ilusiones se desvanecen! ¡Cuántos errores se rectifican!

La musa de Icaza, altiva como Diana, encantadora como Venus, rinde culto al Amor, a la Hermosura y a la Naturaleza, gloriosa trinidad, inspiradora de los poetas de todos los tiempos. No le pidáis cantos guerreros, saturados de odio, propios para encender las pasiones de la muchedumbre; ni le exijáis estrofas sombrías, rebosantes de hiel, llenas de anatemas contra la sociedad. Ella puede ofreceros un himno antiguo, esplendoroso y sonoro, consagrado a ensalzar las gracias de Venus; un idilio encantador, con grupos de enamorados que pasean, a los rayos de la Luna, bajo verdes naranjas, estrellados de azahares; una elegía melancólica, donde refiera, con delicado pudor, la pena que le roe el corazón, semejante a una avispa en el cáliz de una rosa. La musa de Icaza, como él mismo ha dicho, en elegantes versos:

Tiene, cual las mujeres del Tiziano,
Con la serenidad del arte griego,
Las delicadas formas del cristiano.

Así como los sacerdotes católicos guardan las hostias en cálices de oro, esmaltados de piedras preciosas, los grandes artistas encierran sus creaciones en las formas más bellas que pueden ejecutar. Icaza es uno de ellos. Sus versos tienden al primor de una joya florentina, la delicadeza de un lirio y la consistencia de un mármol. Bajo la belleza de la forma, se encuentran ideas poéticas y originales. Conserva siempre, en sus poesías, la hermosura de la expresión, el gusto más exquisito, la armonía de los contornos y el deseo ardiente de la perfección. ¿Habéis leído versos tan espontáneos y tan correctos, como los siguientes de *La leyenda del beso*, una de sus últimas composiciones?

Ven; la callada noche se aproxima,
El rojo Sol no incendia la Alpujarra,
Ya palpita la estrella vespertina,
Al alero volvió la golondrina
Y canta en el barranco la cigarra.

Ya duerme el viento en la arboleda oscura,
Pabellón de los plácidos senderos,
Y entre las ramas de gigante altura
Las frases que te dicen mi ternura
Las trinan en sus nidos los jilgueros.

Ven y sigamos el sendero agreste
Que aún guarda unidas nuestras propias huellas,
Que he besado las huellas de tu veste:
¡Es templo del Amor! Con luz celeste
Lo iluminan temblando las estrellas.

No tardes; del encanto que te asombra
Es hora ya: la trémula enramada
Con voz de arrullo sin cesarte nombra
Y es que hay almas ocultas en las sombras
Que esperan impacientes tu llegada.

Entremos al Alcázar; frente al muro
Que enguirnalda muslímica leyenda,
Pronuncia las palabras del conjuro:
"Te quiero con el alma, te lo juro
Y te doy este beso como prenda".

A tu voz, de pasión estremecidos,
Para entregarse a la morisca zambra,
Surgirán los espíritus dormidos,
Como duermen las aves en sus nidos
Entre los arabescos de la Alhambra.

Ese alegre murmullo que se acerca
Detrás de los floridos arrayanes,
Del limpio estanque perfumada cerca,
Es que agitan las ondas de la alberca
De Zozaya y de Fátima los manes.

Sacuden al surgir las crenchas blondas
Áureos velos de espaldas de alabastro
Y del estanque en las revueltas ondas,
Espejo de los cielos y las frondas,

Es flor de luz entre el ramaje el astro.

No hay, como se ha visto, en los quintetos anteriores, ningún verso áspero, ningún símil impropio, ningún consonante repetido. Las estrofas surgen limpias y brillantes, como el oro de entre la arena de los ríos. El adjetivo está siempre bien colocado, como una rosa de púrpura en una cabellera de ébano. Tiene la composición, en general, la frescura de un bosque virgen y el brillo de un crepúsculo vespertino.

Sucede generalmente que los poetas, ya por atavismo, ya por sugestión, expresan ideas contrarias a las suyas. Cada espíritu poético es un Proteo que cambia incesantemente de formas. Unas veces es incrédulo; otras veces es creyente; un día celebra los placeres de la vida; otro día maldice de ellos. Los poetas son como esos terrenos que, por diversos accidentes, producen plantas impropia para germinar en ellos. El señor Icaza confirma esta verdad. A pesar de que es profundamente escéptico, en materia de religión, por más que admira, como buen artista, la parte artística de cada una de ellas, ha compuesto un soneto, donde expresa gallardamente, en el breve espacio de catorce versos, pensamientos contrarios a los que abriga en su cerebro.

He aquí el soneto:

A un escéptico

Quiero creer y amar: si mi creencia,
Mi esperanza y mi fe son loco ensueño,
Y es el que duda y odia el solo dueño
De la austera verdad de la experiencia;

Enfermo pertinaz, la humana ciencia
Me ofrece en vano cuidadoso empeño;
Odio su voz, sus máximas desdeño
Y encariñado estoy con mi dolencia.

No me arredra el presente, que si airado

Se llega a mí, con el placer perdido
Guardo en la mente el porvenir soñado.

Queda con tus recelos y tu olvido,
Que no cambio mis penas de engañado
Por tus amargas dichas de advertido.

Aunque el señor Icaza ha escrito un número crecido de composiciones, cuyas bellezas, sonoridades y esplendores quisiera yo detallar, no ha publicado ningún volumen todavía, como la mayor parte de los poetas mexicanos, la cual no se digna coleccionar sus versos, a semejanza de los árboles que nunca se inclinan a recoger los frutos de oro que han dejado caer en el suelo.

Cuando oigo elogiar, ya en los salones, ya en los periódicos, los versos vulgares, incorrectos e incoloros, de algunos poetas modernos, los cuales han llegado hasta el público, no por sus méritos, sino por su audacia; pienso entonces en el señor Icaza, aislado en su gabinete, desconocido de muchos, yo lo comparo siempre —valiéndome de un símil de Gautier— a esas nebulosas del azul del cielo que brillan menos que las otras estrellas porque están colocadas más alto y más lejos.

La Habana Elegante, 3 de febrero de 1889.

Joris-Karl Huysmans

Viendo su retrato, me ha parecido contemplar, a primera vista, la imagen de un emperador romano, vestido a la usanza moderna. Así debía ser Tiberio al declinar de la juventud. Tiene una cabeza imperial, maciza, erizada de cabellos florecientes, mitad negros, mitad grises, que surge de un cuello robusto sostenido por hombros vigorosos, hombros de atleta más bien que de artista. La frente es baja, pero anchurosa, elevándose solo a flor de las sienes. Las tristezas de la vida, a la vez que las labores intelectuales, surcáronla de leves arrugas. Bajo cejas largas, ligeramente arqueadas, brillan sus ojos negros, de mirada fija, penetrante y desolada, habituada a sondear los abismos de las almas o pasearse sobre la miseria irremediable de las cosas. La nariz, de corte aristocrático entreabre sus fosas por encima del bigote largo, fino y ondeado que sombrea el arco de sus labios, encubriendo una sonrisa sarcástica próxima a estallar. Una barba elegante, cortada en forma de abanico, sirve de marco a su rostro atrayente, donde contrastan la bondad y la desconfianza, la energía y el cansancio, la franqueza y la reserva, la dulzura y la severidad. Nada de fastuoso ni de abigarrado en el traje. Esto resulta sencillo, a la par que correcto. Hay en el conjunto de su persona cierta potencia de gladiador y cierta languidez de convaleciente que resultan perfectamente equilibradas.

Parisiense de nacimiento, desciende de una familia holandesa, ilustre por sus pintores, entre los cuales ha descollado Cornelis Huysmans, natural de Anvers y discípulo de G. de Wit y de Jacobo Van Artois, pero conocido por el sobrenombre de Huysmans de Malines, porque allí pasó los mejores años de su vida, pobre y oscuro, absorbido por su ideal artístico, sin haber querido nunca aceptar las proposiciones que le hacían para que se estableciese en París.

Bajo formas ásperas, pero necesarias en la vida para ahuyentar la caterva de los cretinos, el rebaño de los miopes del mundo interno, la jauría de los vociferadores de las opiniones generales, nadie conserva, como Joris-Karl Huysmans, un alma más noble, más pura, más sensible, más dolorosa, más elevada, más excepcional. Es como un fruto de corteza amarga, pero cuajado de perlas azucaradas en su interior. Abrid cualquiera de sus libros, hasta uno de aquellos en que, como en *À Rebours, Certains* y *Là-Bas*, retumba el bramido de sus opiniones, supuran los labios de sus llagas, silban las flechas de su ironía y tabletean los truenos de su cólera. Tras la armadura bélica de las frases, descubriréis un espíritu original, profundamente enamorado de lo bello y execrador implacable de lo feo, el cual le sale al paso en el camino de la vida, como torvo bandido de sombría encrucijada, emponzoñando sus goces, ofendiendo sus ojos y crispando sus nervios. La Belleza, que encarna en lo raro, es la musa de sus ditirambos, y la Fealdad, que personifica en lo vulgar, la nodriza de sus diatribas. Puede decirse que lo feo, todavía más que lo bello, lo hiere intensamente, exacerbando de tal manera su sistema nervioso, que nos lo describe luego con todos sus detalles, pero no porque sienta hacia ello la más ligera inclinación, sino para comunicarnos todo su asco, toda su rabia, todo su horror. Entonces usa el mismo procedimiento, que le atribuye a Degás para transmitirnos sus sensaciones personales. Fuera de esos dos polos, es decir, del extremo entusiasmo o de la extrema repugnancia, su alma languidece sobre la monotonía de la vida, como la sombra de un ahorcado sobre un abismo de hielo, asfixiada de hastío, humedecida de lágrimas, enervada de asco, adolorida de desencantos.

La literatura no ha sido para Huysmans, como para otros autores modernos, la Argos que lo ha conducido, como a nuevo hijo de Alcimeda, hacia la Colquida ideal, donde estrangulando el dragón de la Miseria, ha podido arrancarle el Vellocino de Oro; ni la escalinata de un trono de mármol y oro que, bajo dosel de palmas verdes, le elevara la admiración de sus contemporáneos; ni la montaña colosal, desde cuya cima ha podido descender, entrando triunfalmente, bañado de claridades apoteósicas en la soñada Canaan. Ha sido más bien la argentada tela de araña que, como al profeta en la gruta, lo preservó de las asechanzas enemigas; la voluptuosa Magdala que ha ungido sus llagas con bálsamos olorosos y secados con la seda dorada de sus rizos; la visión consoladora que, como al joven Tobías, lo condujo, en medio de la noche, al lago de salvación. Y también ha debido ser para él, lo mismo que para todos los grandes artistas que, con absoluta independencia de criterio y con admirable originalidad de ideas, han ridiculizado épocas, asaeteado ídolos, triturado opiniones, estrangulado prejuicios y pisoteado creencias, fuente inagotable de amargos sinsabores. Porque no hay quien encumbre más alto o sepulte más bajo que Huysmans. Pero esto no es extraño, dado su temperamento excesivo, su fanatismo artístico, su exquisita sensibilidad. Y tal apasionamiento, lejos de ahogar sus excelsas cualidades, las fecunda mejor. Diríase que es un ánfora llena de vinagre, pero donde florecen lirios. Además, no hace otra cosa que ilustrar su convicción de que «no se tiene talento si no se ama con pasión o se odia del mismo modo». Enumerando, pues, sus odios, a la par que sus predilecciones, trataré de revelar su personalidad, mostrando como éstas contrapesan a aquéllos y forman en su espíritu el equilibrio general.

Artista absoluto y religioso, Huysmans aborrece generalmente lo que se sale del dominio del Arte y de la Religión. Odia la Política, que considera como «una baja distracción de los espíritus mediocres»; odia la Naturaleza, juzgándola como una gran artista agotada que no hace más que repetirse en sus obras, cuyas bellezas pueden ser fácilmente, no ya imitadas, sino superadas por el genio del hombre; odia la Ciencia Moderna que, bajo apariencias de originalidad, desvanecidas por él, enmascara teorías y exhuma procedimientos de otras épocas, usurpando la gloria que le concede la estupidez universal; odia el Dinero, especie de Mesías del siglo, en pos del cual marchan, como detrás del Nazareno en Galilea, multitudes infames de ambos mundos exasperadas por el hambre del oro y abrasadas por la sed del lucro; odia el *dilettantismo*, engendrador de «la promiscuidad en la admiración, síntoma desconcertante de esta época» pues cree que los seres que como el *dilettanti*, «no execran nada y lo adoran todo, carecen de talento personal»; odia el Clasicismo cuyos dioses ha repudiado de manera titánica e irrefutable, hasta el punto de que un crítico oficial, no atreviéndose a rebatirla, se haya limitado a dudar ridículamente de su asombrosa erudición; odia a Juana de Arco, por haber incorporado a la Francia provincias meridionales compuestas de «gentes fanfarronas y alborotadoras, troneras y pérfidas»; odia el Periodismo, de cuyas filas desertó tempranamente, falto de paciencia para soportar la suprema estulticia o las ridículas pretensiones de sus directores; y odia, por encima de todo, la época en que vive, considerando que, tanto desde el punto de vista artístico, como desde el punto de vista religioso, es la más mezquina, la más abyecta, la más infame, la más abominable de todas. Leer sus libros, equivale a recibir una ducha de ideas sanas y elevadas, una fumigación de los prejuicios que, como enjambre de avispas irritadas, nos acosan sin cesar. Y a cambio de estos odios, qué gustos tan nobles, tan puros, tan elevados. Plácele, en primer lugar, el Arte, no por la gloria o la riqueza que pueda proporcionar, sino por los goces íntimos que brinda a sus elegidos; la Religión católica que, aunque algo empequeñecida por los sacerdotes, conserva todavía los néctares más dulces para los espíritus más amargados, los esplendores más artísticos para los ojos más fatigados y las leyendas más poéticas para los temperamentos más idealistas; la Edad Media, «época de ignorancia y de tinieblas, machacan los *normalianos* y los ateos» pero «época dolorosa y exquisita, demuestran sus santos y sus artistas»; la Belleza Artificial, de cualquier orden que sea, por ser la única que no cambia, que no muere, que no engaña jamás; la Naturaleza enferma, porque entonces se reviste de cierto encanto melancólico que se armoniza con sus ideas o le endulza sus sufrimientos; y los genios pobres, solitarios, dolientes y oscuros, a lo Ernesto Hello, que pasan la vida, como Job en el estiércol, sin ser apreciados, pero que, al caer en el abismo de la muerte, resurgen esplendorosos, cual los soles de las ondas, a las miradas atónitas de nuevas generaciones.

Todavía más que lo acabado de enumerar, lo que seduce a Huysmans, bajo cualquiera forma, en cualquiera época y por cualquiera causa, es el sufrimiento. No siente el vértigo del mal, como impropiamente se ha dicho, sino el vértigo del dolor. Así podrá observarse que se complace frecuentemente en la descripción de paisajes crepusculares, ahogados de niebla, alfombrados de lodo, poblados de miserias, saturados de humedad y clareados vagamente por luces amarillentas, inquietas y agonizantes; en la pintura de tipos bajos, roídos por la sífilis, podridos por el alcohol, entumecidos por la imbecilidad o, por el contrario, en la de seres cultos, nobles y exquisitos, pero corrompidos de vicios hereditarios, devorados de neurosis, desfallecientes de hastío, nostálgicos de deseos, impotentes de sentidos y atacados de la fiebre de lo nuevo, de lo raro, de lo desconocido. Tan intensa llega a ser esta fiebre en el alma de Huysmans, que, bajo su influencia, se precipita desde las cimas más encumbradas del misticismo a las vorágines más profundas del satanismo, sin duda porque, como él mismo dice: «los extremos se tocan en el más allá». Aseméjase su espíritu, en tales horas, a un tabernáculo profanado, donde manos infernales guardaron hostias consagradas y monedas de oro, custodias inmaculadas y puñales ensangrentados, mitras episcopales y gorros frigios, estolas de canónigos y bandas de bailarinas, cálices benditos y frascos de afrodisíacos.

Desde el punto de vista literario, tres personalidades se descubren en Huysmans: la del poeta, la del crítico y la del novelista. Esta última puede dividirse en dos, que más adelante trataré de definir. Todas son robustas, raras y colosales. Tienen cierto parentesco, por algunos lados, con las de otros autores modernos. Alguien podrá encontrarle que su poesía se asemeja a la de Baudelaire y a la de Poe, sus procedimientos críticos a los de Gautier, sin la bonachonería de los de éste, su catolicismo al de Barbey d'Aurevilly y su ironía a la de Flaubert y a la de Villiers de L'Isle-Adam, pero reconocerá que, en conjunto, ninguna se parece a las de los demás, teniendo la supremacía de estar revestidas de un estilo magnífico, único, imponderable que no ha sido, en ninguna época ni en ninguna literatura, superado jamás. Es un estilo sobrio, sin ser seco, rico, sin ser ampuloso, claro, sin ser sencillo, trabajado, sin ser áspero, coloreado, sin ser chillón, preciso, sin ser académico y sonoro, sin ser hueco. Traspasa las fronteras literarias, refundiendo los procedimientos más refinados de las otras artes, especialmente los de orfebrería, el mosaico y la pintura. La pluma de Huysmans rivaliza con el pincel de cualquier pintor. Básteme recordar las descripciones de sus *Croquis Parisiens*, las de *Salomé* y la *Aparición* de Gustavo Moreau y, sobre todas, la de una *Crucifixión* de Mathaaeus Grünewald que ilustra las primeras páginas de *Là-Bas*.

Como poeta, Huysmans ha escrito un volumen de poemas en prosa, Le *Drageoir aux Epices*, del que no me es posible hablar. Es un libro agotado, raro, precioso, difícil de adquirir, de los que se arrebatan los exquisitos de las manos, de los que ocultan religiosamente en los ángulos oscuros de las bibliotecas, de los que no abordan a nuestras playas jamás, pero cuyo solo título exalta la más pobre imaginación e irrita el más estragado paladar. Ignoro si ha publicado versos, aunque intercala, en *Marthe*, un soneto magistral, cuya forma, por lo maciza, por lo brillante y por lo trabajada, denuncia su paternidad.

Fuera de las digresiones esparcidas en *À Rebours* y en *Là-Bas*, se ha revelado como crítico en dos volúmenes: *L'Art Moderne* y *Certains*, donde resplandecen su absolutismo artístico, su criterio independiente, su comprensión ilimitada, sus conocimientos asombrosos y su desprecio sagrado hacia lo mezquino, lo ruin, lo prosaico y lo vulgar. Su procedimiento crítico consiste en descubrir la obra que cautiva su admiración, hasta inocularnos su criterio y saturarnos de sus bellezas, de tal modo que, al terminar la lectura, apreciamos debidamente sus aseveraciones. Pero, si por el contrario, le desagrada, la condena lacónica, pero ferozmente, sin admitir circunstancias atenuantes. A pesar de la rudeza con que juzga los dioses de la opinión, se ve que no es iconoclasta, como algunos pretenden, sino un espíritu recto, famélico de justicia, que se desvive porque el Arte se conserve, en las más puras cimas. Casi todos los artistas que ensalza han confirmado ya con sus producciones el valor de sus juicios. Entre varios, recordaré solamente al imponderable Gustavo Moreau, el Rey-Poeta del color, cuya paleta, como la bóveda celeste, parece tachonada de piedras preciosas; a Whistler, el Edgar Allan Poe de la pintura, aclamado hoy en Londres y en París; a Degás, el pintor de la desnudez casta y de la castidad desnuda; a Forain, el rechazado de ayer y el mimado de hoy; a Odilon Redon que, con su lápiz aterciopelado, ha logrado imperar, como el arcángel con su lanza, en la región de las tinieblas; y a Felicien Rops, el Livingstone del satanismo, el glorioso ilustrador de *Las diabólicas*, de cuyas maravillosas aguas fuertes parece que se desprenden capitosos perfumes de pelvis rajadas, de humores descompuestos, de larvas hirvientes, de flujos sanguinolentos y de filtros infernales.

Hasta hace pocos años, Huysmans, ha militado en la escuela naturalista, de la que se alejó más tarde, convencido, como el héroe de *Là-Bas*, bajo cuya máscara se descubre la verdadera fisonomía de Huysmans, de que no podía haber acuerdo entre los que adoraban su tiempo y entre quienes lo aborrecían con todas sus fuerzas. Pero desertó en calma, sin lanzar ridículas protestas, sin guardar mezquinos rencores personales. Durante aquel tiempo, publicó *Sac au dos*, un episodio íntimo de la guerra franco-prusiana, donde hay un tipo secundario, el de Sor Ángela, que pasa, como una paloma sobre un pantano, por encima de la negrura del libro, hecho de mano maestra; *Marthe*, historia conmovedora de una criatura que navega de un teatrillo a un burdel y de otro burdel a otro teatrillo, llegando a naufragar, minada por la sífilis y empapada por el alcohol, en el lecho de un hospital; *Les*

Soerurs Vatard cosmorama maravilloso de la vida obrera; en *Menage*, novela encaminada a demostrar que, «en el fondo, el matrimonio y el concubinato se equiparan, puesto que, tanto el uno como el otro, nos desembarazan de las preocupaciones artísticas y de las tristezas carnales»; y un *Dilemme*, la más admirable de sus novelas cortas y más digna de ser conocida por su fondo piadoso y por su ironía sublime que las de otros autores modernos.

Pero sus obras maestras son, a mi juicio, su incomparable *À Rebours* y su asombroso *Là-Bas*. Estas novelas no pertenecen a ninguna escuela, no tienen hermanas en ninguna literatura, no pueden compararse más que a sí mismas. Participan de los caracteres esenciales de todos los géneros novelescos, desde el histórico hasta el realista, sin poderse clasificar en ninguno de ellos. Si en la primera el autor ha formado el proceso artístico de nuestro tiempo, a la vez que de tiempos pasados; en la segunda, ha instruido el proceso científico y religioso del mismo, a la par que el de otros anteriores. *À Rebours* es un himno soberbio en loor de lo artificial pero entonado en una lengua inimitable, sonora como un bronce, luminosa como un arco iris, sanguínea como un trozo de carne fresca, suave como una cinta de raso, exótica como un tapiz asiático y abrasante como un metal en fusión. *Là-Bas* es una novela histórica dentro de una novela realista, una especie de palacio moderno, tras de cuyos muros la fantasía del dueño se complace en erigir un castillo feudal, modelado en el de Tiffauges, para alojar un nuevo Gilles de Rais, que, reproduciendo ante sus ojos los actos del gran Mariscal, lo transporte en plena Edad Media, librándolo de las miserias científicas, religiosas y sociales del tiempo, las cuales se entretienen en triturar. Además de las obras mencionadas, Huysmans ha publicado dos novelas más, *À vau-l'eau* y *En Rade*, cuyas bellezas conozco por referencia solamente, puesto que no han llegado a mis manos.

Quizás un día, funesto para las letras, pero glorioso para la religión, la pluma de oro de Huysmans que, desde su Tebaida de artista, ha pulverizado las ideas del siglo, escudriñado el alma de sus víctimas y goteado lágrimas de sangre sobre tantas miserias, se consagre a narrar, desde su celda de hagiógrafo, la vida de sublimes mártires, porque los rayos de la fe habrán iluminado la noche de su alma, y pensará firmemente, como Durtal, el protagonista de *Là-Bas*, «que la fe es el tajamar de la vida, el único muelle tras el cual el hombre desarbolado puede encallar en paz».

La Habana Literaria, 15 de marzo de 1892.

La vida errante[7]

Pas de critique!
rien que des sensations.

Guy de Maupassant

Cada vez que se anuncia en los periódicos franceses, la aparición de un libro inédito de Guy de Maupassant, ya sea una novela, ya una narración de impresiones de viajes, experimento una alegría íntima que me rejuvenece el espíritu, me promete la renovación de placeres gustados y me acompaña por espacio de algún tiempo. Es una sensación análoga a la del enamorado melancólico que recibe una carta de su querida ausente, anunciándole el próximo regreso de largo viaje y dándole una cita para pocos días después. Nada importa que el libro tarde en llegar a mis manos. La tardanza prolonga mi ilusión. Así me preparo a recibir mejor, como viático espiritual, la quinta esencia de sus páginas.

Apenas tengo el libro, lo devoro febrilmente, en poco tiempo, sin soltarlo de las manos. Media docena de horas me bastan para ello. Los libros de Maupassant, como los de la mayor parte de los escritores modernos, están hechos para ser leídos por una generación de seres nerviosos, impacientes y cansables. Durante la lectura, mi pensamiento se sumerge, desde la primera página, en una especie de letargo cataléptico, del que no quisiera nunca salir. Cada párrafo me produce el efecto de una bocanada de éter. Hay veces que la sensación es tan fuerte, que percibo, en el interior de mi organismo, el estallido que produce la rotura de un nervio al llegar a su *maximum* de tensión.

Dos cosas engendran, en el fondo de mi espíritu, tan fanática admiración: la idea que tengo formada de la personalidad de Maupassant y una absoluta conformidad con su manera de sentir y de pensar. Y no digo de expresarse, porque su estilo, tan puro como el agua y tan sólido como el mármol, carece de ciertos relieves bizantinos que sentarían mejor a los conceptos originales que se encuentran esparcidos en él.

---

7   Reproducimos este bello artículo de un diario político de esta capital por no haberse publicado íntegro en él. (N. de la R.).

* * *

Después de haber leído sus obras, se adivina que Maupassant, como su maestro Flaubert, de quien procede directamente –no de Zola, a quien desdeña tanto hoy como admiraba ayer–, es un hombre de temperamento nervioso, emancipado prematuramente del yugo familiar, envejecido por precoz experiencia, tolerante con la canalla, intransigente con la estupidez, incapaz, como todo misántropo, de hacer daño al prójimo, indolente para hacer el bien, refinado hasta el misticismo, lujurioso hasta la satiriasis y *esclavo irritable de un ensueño de belleza delicado, que acosa, deleita y pudre su vida.* Dueño de envidiable fortuna, se dirige todos los años –ora en verano, ora en invierno, porque el hastío no tiene época señalada en el calendario espiritual– hacia países desconocidos, especialmente hacia aquellos en que no han penetrado las costumbres, los progresos y las leyes de la civilización. Para hacer esos viajes, no se ve obligado, como cualquiera de nosotros, a esperar la salida de un vapor, sino que tiene un yatch cómodo, elegante y construido expresamente para él, donde se embarca solo, es decir, a su gusto, «porque estar solo, sobre el agua y sobre el cielo, es el mejor medio para que viaje el espíritu y vagabundee la imaginación». Además de esto, se sabe positivamente, por revelaciones hechas a un cronista parisiense, «que no desea la cruz de la Legión de Honor, porque hay que solicitarla y esta solicitud implica un rebajamiento personal que no merece el objeto; que no aspira a un sillón académico, porque teniendo como literato, opiniones firmemente arraigadas, no quiere verse obligado a tener deferencias con hombres a quienes, salvo raras excepciones, desprecia literariamente; y, por último, que no piensa casarse nunca porque nadie sabe las tonterías que una mujer puede hacernos cometer».

Pasando del hombre al escritor, sabemos de seguida que cree, como Flaubert, que el mundo es una máquina inmensa, movida por los caprichos de la fatalidad; que el hombre será eternamente esclavo de sus instintos; que el talento es el resultado de larga paciencia; que, fuera del Arte, nada interesa en la vida; que los tiempos modernos son abominables, no solo por sus ideales utilitarios, sino por los millones y millones de lugares comunes que, acerca del amor, de la política, de la religión y de otras cosas más, vomitan diariamente en nuestros oídos sus numerosos panegiristas. Si filosofa, lo que hace frecuentemente en sus obras subjetivas, como *En el mar*, *Al Sol* y *La vida errante*, tendrá extravagancias sublimes a lo Arturo Schopenhauer, pero nunca insipideces matemáticas a lo Heriberto Spencer. Respecto a sus teorías sobre el estilo, iguales a las del autor de *Salambó*, las encuentro condensadas, en el prefacio de *Pedro y Juan* dentro de estas palabras: «para decir cualquier cosa, no hay más que un sustantivo para expresarla, un verbo para animarla y un adjetivo para calificarla. Es preciso buscar, hasta descubrirlos, ese sustantivo, ese verbo y ese adjetivo, y no contentarse jamás con los aproximados, ni recurrir a supercherías, por felices que sean, ni a piruetas de lenguaje para evitar la dificultad».

* * *

Imbuido por tales creencias, era natural que Maupassant como muchos escritores franceses, sintiera el deseo de alejarse, en los meses de la última Exposición Universal, no solo de París, sino hasta de Francia, porque la Torre Eiffel —esqueleto contrahecho y gigante, cuya base parece hecha para soportar un monumento formidable de cíclopes y aborta en ridículo y flacucho perfil de chimenea de ingenio— le inspiraba el ansia irresistible de vivir solo algún tiempo, tanto por sí misma, cuanto por todo lo que se hacía debajo de ella, dentro de ella y a sus alrededores.

A fin de realizar tan imperioso deseo, salió una tarde de París, con rumbo a Cannes, para *errar* luego por diversas ciudades italianas, «donde hay exposiciones permanentes de arte verdadero que continuarán visitando los hombres de todos los siglos». La llegada a Cannes, a las tres de la mañana, es uno de los pasajes más bellos de la obra. Hay un contraste notabilísimo entre la pintura que nos hace de esa hora misteriosa y la del cansancio que le produjeron los últimos días pasados en París.

Bordeando luego la costa italiana, desembarcó en la isla de San Mauricio, semejante a una ruina; en Oneglia, tan pobre y tan sucia; en Génova, la patria de Amiel; en Sicilia, país en que no se atreven a penetrar los viajeros; en Florencia, donde oculta su pobreza la aristocracia italiana y en diversas poblaciones que sería prolijo enumerar. Así llegó, por Argel y Túnez, hasta la Santa Kairouan, internándose en sus templos, en sus ruinas, en sus cementerios y hasta en sus lupanares, para olvidarse de la Torre Eiffel, «que no fue más que el faro de una feria internacional, pero cuyo recuerdo lo perseguía como la pesadilla, como la visión realizada del más horrible espectáculo que puede ofrecer a un hombre asqueado la muchedumbre humana que se divierte».

Después de leída esta obra, de la cual no he podido dar más que una idea ligerísima, porque el tiempo vuela y el regente aguarda las cuartillas, no me atrevo a recomendarles a la mayoría de los lectores habaneros por temor a que se le caiga de las manos. No hay en ella escenas tan dramáticas como en las de Montepín ni argumentos tan interesantes como en las de Boisgobey, ni personajes tan simpáticos como en las de Ohnet.

Tampoco no deben leerla los que se extasiaron ante la Torre Eiffel. Yo, en cambio, que nunca pretendí visitar a París en tal época, volveré a leerla esta noche, porque estoy seguro de encontrar, a la vuelta de cada página, algunos sentimientos iguales a los que oculto en mi corazón, o algunas ideas análogas a las que vagan en los limbos de mi cerebro y que talvez, ni por la continuidad del esfuerzo, acierte un día a expresar.

La Habana Elegante, 13 de abril de 1890.

En el cafetal

Hace poco tiempo, un crítico alemán decía, en una revista berlinesa, que la moderna literatura parisiense estaba formada de talento manqués, porque todos empezaban a escribir bien y luego se extraviaban y no realizaban las esperanzas que habían hecho concebir. Si esto decía el tal crítico de los modernos literatos franceses que publican, por regla general, cuatro o cinco volúmenes al año cada uno de ellos, ¿qué diría, no solo de los escritores madrileños, sino también de los de toda la América, donde la producción literaria es insignificantísima y donde los principiantes ni siquiera se extravían, sino se detienen repentinamente, como viajeros amedrentados, al principio de la ruta, por inesperado abismo, cuya presencia les obliga detenerse o a volverse hacia atrás?

Ya se atribuya este mal a que los pueblos hispanoamericanos son pueblos jóvenes que no se han repuesto de los quebrantos sufridos para conquistar su independencia; a que la ley del progreso se cumple muy lentamente; a que esos pueblos están condenados, por influencias recibidas, a conservarse por largo tiempo puramente comerciales; a que el arte es una planta que solo florece en el otoño de las civilizaciones; o a cualquiera de las otras causas que alegan los que confían en el porvenir del Nuevo Mundo, es lo cierto que todavía no se ha descubierto, en todo el cielo literario de América, ningún astro de primera magnitud, y que pueda rivalizar con los que fulguran en el de algunas naciones europeas.

Cada día surgen, en el horizonte oscuro, puntos luminosos que brillan un momento y se apagan de seguida, sin haber alcanzado más que el tamaño de estrellas. Pero no por eso deben ser desdeñados por el telescopio del astrónomo que acecha incesantemente la salida de un astro que ilumine con sus fulgores las tinieblas encontradas a su alrededor. Mientras llegue el instante de esa aparición, detengámonos a observar las estrellas que, a mayor o menor distancia, se presentan a nuestra vista, tratando de que se fijen en el espacio y aumenten la potencia de sus fulgores.

Aunque no somos críticos, ni nos agrada tal profesión, porque para ella se requieren ciertos conocimientos, que no tenemos, y cierta elasticidad de espíritu, que no queremos tener, porque nos repugnan los concubinatos intelectuales; vamos a consignar ligeramente las impresiones que nos ha producido la lectura de la excelente novela que, con el título de estas líneas ha publicado el señor Malpica La Barca[8] la cual está precedida, según anunciamos, de un prólogo brillante, erudito y severo del señor Valdivia, prólogo que viene a ser una especie de pórtico granítico, ornado de luces, guirnaldas y esculturas, tras el cual se penetra en un templo antiguo, donde todo es grandioso, fortificante y artístico a la vez.

El argumento de la obra, como el de todas las novelas modernas, es sencillo, mejor dicho, real. Mercedes, la heroína de la narración, es una figura amorosamente creada, presentada y esculpida, a quien el autor coloca en un medio fastuoso, rodeada del amor de los suyos y de la admiración de los extraños. El lector se enamora pronto de ella. Le sienta bien la triple diadema de belleza, talento y virtud que el autor coloca en sus sienes. Hasta cuando filosofa, se la oye con gusto y no se experimenta el deseo de interrumpirla. Nadie quisiera, en nombre de la realidad, despojarla de los atributos que le presta su creador. A lo sumo, el que la contemple se atreverá a decir: es una criatura excepcional, pero existe.

Hija de opulento cubano, Mercedes sale de su país, en edad temprana, a recibir una educación adecuada a su rango. Se la envía a uno de los colegios más renombrados de Francia. Lejos de perder el tiempo, se consagra ardientemente al estudio, saliendo del plantel con un caudal de conocimientos que le servirán luego de defensa en la lucha por la vida. Arruinado el padre por grandes pérdidas experimentadas en la Bolsa, regresa a Cuba, pero como aquí ardía la guerra, temió ser tachado de insurrecto, por haber dado libertad a sus esclavos y se marchó a Nueva York.

Siéndole imposible sostener dignamente a su familia, tanto por haber perdido sus bienes de fortuna, como por no encontrar una ocupación suficientemente remunerada, Mercedes logra salvar a todos de la miseria, dando clases a domicilio, ya de idiomas, ya de piano, hasta que un viejo millonario se enamora de ella y la hace su esposa recobrando así su antiguo esplendor.

Muerto el viejo, a los cuatro años de matrimonio, la protagonista regresa a su país, dejando la herencia matrimonial en un banco de Nueva York. Teme-

---

8   Domingo Malpica y La Barca (1829-1909), hacendado y mecenas cubano, aficionado a las letras. Casal vivió el último año de su vida en una habitación independiente de la mansión de Malpica.

rosa de que le ataque la fiebre amarilla, por haber estado muchos años fuera de Cuba, marcha a aclimatarse a un cafetal, donde permanece el tiempo en que se desarrolla la narración. Allí es la misma mujer de siempre. Dotada de exquisito trato social, logra atraer a su alrededor, como una rosa a un enjambre de abejas, una corte selecta de personas entre las que descuella un conde alemán que se hallaba de paso entre nosotros. Éste es su primer admirador. Durante las noches se forman en el cafetal agradables tertulias, en las que se baila, se juega y se habla de todo, pretexto que sirve al autor para intercalar episodios que no solo encajan en la acción principal, sino que dan a la obra un carácter docente, poco común en la novela moderna, cuya tendencia parece que es la de inocularnos el asco de lo que existe a nuestro alrededor.

No hablaremos del final de esta obra, por temor a desvanecer el interés en el ánimo de las personas que no la hayan leído todavía. Bástenos saber que es el más lógico de todos los que su autor hubiera podido escoger. Hay en este libro varios episodios dramáticos de gran importancia y que el señor Malpica ha sabido magistralmente desenlazar. Obedeciendo a la ley del contraste, única que predomina en la vida real, ha presentado en su novela una serie de caracteres opuestos. Así, por ejemplo, al lado de Mercedes aparece su hermana Asunción; al lado del conde Ernesto, el del guajiro Hermenegildo; al lado del literato Albornoz, el del corredor Lanzadera; al lado del bandido Rivero al bandido Fuguillas. Todos estos personajes aparecen y se mueven en el curso de la narración de la manera más adecuada a su idiosincrasia, contribuyendo a formar un conjunto armónico, interesante y real.

Algunas escenas calcadas en la realidad, lo mismo que algunos caracteres trazados con exactitud, han sugerido la idea de que el señor Malpica había hecho historia y no una novela. Pero esto no es cierto. La novela no puede ser historia. Más fácil es que la historia sea pura novela. Teniendo el novelista que subordinar la narración a las exigencias artísticas, está obligado a desfigurar constantemente los hechos aunque los que narre coincidan con algunos que hayan ocurrido. Todo el mundo se encuentra retratado en una novela realista, si está bien hecha. Es un absurdo reconocerse en las creaciones artísticas. De admitir estas fotografías no existirían las novelas realistas. Es sustancialmente imposible que el novelista pueda hacer historia. Quien crea lo contrario, se forja una verdadera novela.

La alegría de Mercedes al regresar a su país natal; las reflexiones que el viejo millonario se hace antes de casarse con ella; la tristeza que se apodera del padre de la heroína al verse ésta obligada a dar clases; la manera de conducirse del conde Ernesto; la insoportable vanidad del literato Albornoz; la interrupción del duelo entre el conde y el señor Prado Izquierdo; las reflexiones oportunas acerca del vómito, del juego, del amor y del bandolerismo; las *gaucheries* de algunos campesinos, y los mil episodios que esmaltan la novela revelan en su autor una inteligencia sana, robusta y pensadora, a la par que un observador profundo de los actos humanos.

Hoy que las novelas, por regla general, parecen escritas con el deliberado propósito de rebajar a la mujer, presentándola solamente como un objeto artístico o como un instrumento de la fatalidad, recomendamos la lectura de esta obra consagrada a la dignificación de la hermosura, la inteligencia y la virtud femeninas. Además de este fin, que basta a juicio nuestro, para satisfacer las exigencias del lector de novelas, se encontrarán en ella, bajo forma clara, elegante y armónica, una serie de disquisiciones valiosas acerca de diversos problemas sociales de interés y actualidad. La lectura de esta novela excepcional, puesto que no hay en ella fatigosas descripciones o inconmensurables análisis psicológicos, ni pinturas de vicios, ni excesos de virtudes, deja en el ánimo una impresión reconfortante, cumpliendo así el señor Malpica con la misión que algunos preceptistas señalan al novelador: la de instruir deleitando.

La Habana Elegante, 7 de septiembre de 1890.

La vida literaria

Aurelio Mitjans[9]

Hay algo más más temible que el odio, más contagioso que la lepra y más funesto que el odio: la indiferencia. Nada resiste a su poder. Bajo la máscara de suprema serenidad, oculta el frío de la muerte y la ponzoña de la víbora.

Ella se adhiere al espíritu, como el pólipo a la roca, sin hacernos sentir el peso de sus garras. Desde el instante en que nos posee, paraliza la voluntad, entenebrece la conciencia y puebla la mente de aberraciones.

Rodeado de indiferencia, vive el literato en esta sociedad, sin el estímulo necesario para el desarrollo de sus facultades. Aunque trate de luchar, en los primeros tiempos, su energía se gasta, su inteligencia se atrofia y su carácter se agria, cayendo en la más negra misantropía. Así se explica el hecho de que tantos jóvenes que dan sus primeros pasos, en el campo de las artes, se detengan repentinamente, sin atreverse a avanzar, como viajeros sorprendidos, en mitad del camino, por inesperado abismo, donde la sombra ondea, el frío impera y fermentan las impurezas.

A pesar de tan funesto mal, hay personas que se dedican al culto sagrado del arte, saboreando voluptuosamente el placer inefable de ser desconocidos de la muchedumbre. Ellos se parecen a esos resignados labradores que pasan la vida con la azada en movimiento y la frente sudorosa, bajo los rayos ardientes del Sol o las gotas heladas de la lluvia, porque les basta la satisfacción del espíritu, sobre el que parece que llevan la divisa consoladora de *Fac et spera*.

Aurelio Mitjans, muerto prematuramente, en los últimos meses el año pasado —no solo de una terrible enfermedad, sino de todas las miserias de la vida que causan la muerte—, era uno de esos espíritus superiores. Desdeñando la popularidad, tan cortejada por los artistas medianos, vivió oculto, por largo tiempo en el recinto de su hogar, consagrado al amor de su familia, al cultivo de su inteligencia y al estudio de las obras maestras de la literatura de todos los tiempos; hasta que uno de sus trabajos literarios,

---

9   Aurelio Mitjans (1863-1889), crítico cubano, muerto prematuramente, autor de importantes estudios literarios.

premiado en un certamen, reveló su mérito, iluminó su nombre y echó las primeras bases de su reputación. Pero fuera de los cenáculos artísticos, no llegó a ser popular. Y tampoco lo será en lo porvenir, porque la solidez de sus pensamientos y los extinguimos (*sic*) de su estilo se perderán siempre en el espíritu del vulgo, como el oro que arrastran las ondas azules de un río se pierde entre el fango de las orillas.

Durante los cortos años de su vida, el destino le deparó todo género de infortunios. Poseedor de cuantiosos bienes de fortuna, procedentes de la herencia paterna, los vio desaparecer en manos extrañas, sin haber podido disfrutar de ellos. Polemista notabilísimo, no solo por su manera de argumentar, sino por la facilidad que tenía para expresar sus ideas, estaba obligado a permanecer en silencio, porque la dolencia de garganta que padecía se agravaba con la conversación. Poeta correcto, vigoroso y fecundo, ensalzaba las grandes conquistas de la humanidad, no atreviéndose nunca a firmar sus composiciones patrióticas, por temor a que pareciera ridícula la energía de su espíritu ante su debilidad corporal. Ni aun a sus amigos intelectuales, entre los que tuve el honor de contarme, reveló jamás que fuera el autor de los versos, que, con el seudónimo de *El Camagüeyano*, aparecieron en un semanario de esta capital.

Mientras pasó por la tierra, supo siempre conservar bajo la envoltura llagada de su cuerpo —como un ramo fragante de lirios, en el seno de un cofre apolillado—, el amor al arte, el culto a la patria y su dignidad moral. Aunque experimentase los más rudos sufrimientos, jamás se escapaba una queja de sus labios. Tenía como pocos el pudor sagrado de sus penas. Y ha debido sufrir mucho en sus últimos años. Tanto mayores han debido ser sus torturas, cuanto se hallaba en completo desacuerdo con todo lo que veía a su alrededor. De él se puede decir, como de Villiers de L'Isle-Adam, que ha hecho bien en morirse, porque había colocado tan alto su ideal, en el cielo de ensueños, que no lo hubiera podido alcanzar jamás.

Ahora que el nombre del infortunado escritor, con motivo de la publicación de una obra inédita, proyectada por los señores Montoro, Calcagno y Cabrera, empieza a surgir del fondo del sepulcro aureolado por el infortunio, reconocido por los maestros y consagrado por la fama póstuma; excitamos a las personas que se interesan por la cultura de nuestro país, lo mismo que a los admiradores del ilustre Mitjans, a que contribuyan en las medidas de sus fuerzas, a la realización de tan magnífico pensamiento. Publicar esa obra, a la que no vacilamos en aplicar el calificativo de maestra, es el mejor monumento que se puede erigir a la memoria del malogrado escritor.

Hernani
La Discusión, sábado 8 de marzo de 1890, año II, No 222.

Verdad y poesía

Un escritor cubano que acaba de leer, en estos días, la última novela de Zola —novela que no había leído antes, según afirma, porque se la habían hecho odiosa las aclamaciones atronadoras de los admiradores y los reclamos indecentes de los libreros—, se ha propuesto escribir un largo folleto para demostrar que el autor de *La bestia humana*, no solo no es, como pretenden algunos, el primer novelista francés de la segunda mitad del siglo —puesto que han existido un Barbey d'Aurevilly, un Villiers de L'Isle-Adam y un Flaubert y existen un Goncourt, un Huysmans, un Bourget y un Maupassant—, sino que es, en Francia, un escritor de segunda fila y, en el mundo entero, el industrial literario más talentoso que ha existido, existe y puede existir.

Antes de redactar el folleto, el osado escritor piensa hacer dos cosas: escribir primero una novela de asunto cubano, según los procedimientos de Zola, para demostrar que estos están al alcance de cualquier experto en el arte de ennegrecer cuartillas; y sufrir después la tortura suprema de leer despacio todo lo escrito por el autor de los Rosgon Macquart. Para ambas cosas, solo necesita, a su juicio, mucha paciencia y mucha salud.

Habiéndome interesado en lo que se refiere a la novela, fui a visitarle ayer, con objeto de que me expusiera el argumento y el plan, a lo cual accedió gustoso, suplicándome que no revelara su nombre, lo que me cuesta gran esfuerzo, porque está saltando de la punta de mi pluma.

* * *

Aunque no he trazado todavía, me dijo , el plan definitivo de la novela, por no estar plenamente satisfecho de él, puedo dar a usted una idea, si no completa, bastante aproximada de lo que pretendo hacer. Es una tarea puramente mecánica la que me impongo. Ese hombre ha rebajado el arte hasta el nivel de un oficio. El resultado final solo dependerá de mi fuerza de voluntad.

Además del fin principal, que es el de demostrar que un escritor, tan mediano como el que habla, puede hacer una obra igual a las de Zola; la mía, como las de él, tenderá a la consecución de tres fines: horrorizar al lector, enseñarle algunas cosas y ganar mucho dinero.

Para conseguir lo primero, haré representar ante sus ojos, en el escenario de un ingenio, durante la época de la esclavitud, el siguiente drama, cuyos principales papeles estarán a cargo de tres personajes: un esclavo, su dueño y la hija de éste. El esclavo, enamorado de la muchacha, que se encuentra condenada a vivir en el campo, desde la muerte de la que le dio el ser, porque el padre solo se siente bien en la finca y no va a La Habana más que a proponer la venta de su azúcar, logra interesarla, disipa el aburrimiento de su destierro y acaba por inspirarle una violenta pasión. Todos los habitantes de la finca se enteran de lo que pasa, pero ninguno se atreve a revelárselo al dueño. Éste no piensa más que en la próxima zafra. Al cabo de algún tiempo, la señorita resulta embarazada, el padre se entera de lo ocurrido y hace sufrir al esclavo los más bárbaros tormentos. Al fin éste muere. Mientras tanto su querida, despreciada por su padre, lo mismo que por los empleados, languidece rápidamente, sin que la vida de su hijo baste para retenerla en el mundo. Alrededor de estos tres personajes, colocaré seis o siete secundarios, los cuales tendrán algo de monstruos.

Para conseguir lo segundo, pasaré algunos meses en un ingenio, dedicado a estudiar, no solo el carácter de sus habitantes, sino todo lo que se encierra en él. Siempre que salga de la casa de vivienda, llevaré una cartera de apuntes debajo del brazo. Durante la noche me entretendré en leer el *Manual del fabricante de azúcar y los consejos prácticos a los sembradores de caña*. Si tengo alguna duda, la consultaré al que la pueda resolver. Estaré suscrito al *Journal des Fabricants de Sucre* para estar al corriente de los últimos adelantos. Y, con el pretexto del ingenio, describiré la casa de calderas, los barracones, la molienda, el boca-abajo y una porción de cosas que no conozco todavía. Compondré también una *Sinfonía de los cañaverales* que terminará por un gran incendio y, si tengo espacio, haré surgir en el libro a algunos bandoleros.

Y, por último, para ganar dinero, solo me basta realizar los dos fines anteriores. Conseguidos estos, la obra resultará interesante hasta para los extranjeros.

—Pero ¿cómo logrará usted animar monstruosamente, a la manera del maestro, lo que pretende describir?

—Eso se consigue por medio de incesante ejercicio intelectual. Acostumbrando al intelecto, se reciben en la forma que se quiera las impresiones exteriores. Respecto al estilo, puede decir usted lo mismo. Teniendo algunos conocimientos filológicos, un poco de buen gusto y otro poco de imaginación, no hay frase, imagen o símil, que no caiga por sí sola, previa la correspondiente práctica, sobre la blancura del papel. Todo no dependerá más que de mi fuerza de voluntad.

* * *

Y al llegar a la redacción, he creído interesante, a falta de asunto, exponer a mis lectores, siquiera sea imperfectamente, el proyecto atrevido de ese iconoclasta del porvenir, que, al revés de los de hoy, pretende demoler, pero solo después de haber llegado a edificar.

Hernani
La Discusión, sábado 26 de abril de 1890, año II, No 260.

Bustos

I. Ricardo del Monte[10]

Una noche, en la iglesia del antiguo convento de religiosos dominicos, donde se efectuaba una gran ceremonia nupcial, vi deslizarse por una de las naves laterales, entre el humo azulado del incienso que amortiguaba el brillo de las mechas rojas y negras de los cirios amarillentos, encendidos en el altar, la figura de un caballero retardado que fue a detenerse a la sombra de una columna blanca y dorada, como temeroso de ser visto y ávido de observarlo todo.

Mientras la concurrencia se agrupaba en torno del altar, formando una masa negra, rumorosa y compacta, entre la cual estallaban las blancuras satinadas de las pecheras triangulares y las desnudeces rosáceas de los brazos femeninos, mientras los sacerdotes, revestidos de brillantes casullas de seda color de salmón, cuyas franjas de oro ardían, espejeaban y se oscurecían en el presbiterio, consagraban la unión de los contrayentes; mientras el órgano, desde lo alto del coro, derramaba sus armonías por los ámbitos del templo, lo mismo que una cascada, desde la altura de una montaña, vierte sus raudales en el seno de un bosque, alumbrado por estrellas; aquel caballero atravesó sereno las penumbras del templo, ora solo, ora acompañado, estrechando unas veces las manos de un concurrente, cambiando luego unas frases con otro, recibiendo saludos de todos y fijando frecuentemente sus miradas en los grupos femeninos, de los que emergían crujidos de telas rozadas, susurros de abanicos agitados, cuchicheos de labios sonrientes y ráfagas de perfumes desvanecidos.

Cuando el cortejo nupcial, terminada la ceremonia religiosa, invadió la regia mansión de los jóvenes desposados, volví a encontrar al desconocido caballero y, al preguntar su nombre, alguien dejó caer en mi oído, como moneda de oro en cojín de raso, el de uno de los escritores cubanos que ya la fama me había dado a conocer: Ricardo del Monte. Observándolo entonces mejor, a las llamas doradas y azules del gas que opalizaba la blancura mate de las bombas de cristal, se presentó ante mi vista, del mismo modo que se

---

10 Bustos y rimas, La Habana, Imprenta La Moderna, Biblioteca de *La Habana Elegante*, 1893.

presentaba hoy, como un hombre de mediana edad, más bien delgado que grueso, revelando en su traje la severa elegancia de un londinense y en sus maneras la delicadeza encantadora de un diplomático, a la vez que el deseo incesante de buscar la sombra, de huir de los sitios de honor, de pasar inadvertido entre los concurrentes y de no atraer las miradas de ninguno de ellos. Mas, como el número de los invitados era excesivo, tenía que permanecer en puesto fijo, satisfaciendo de esta manera mi despierta e infatigable curiosidad. Su estatura era proporcionada, no muy alta ni muy baja. Encima del busto erguido, modelado perfectamente por la negrura atornasolada del frac, que no dejaba adivinar extenuación alguna en el pecho, ni el más simple encorvamiento sobre las espaldas, se elevaba su rostro pálido, de una palidez morena, coloreada por el brillo cálido, de un rojo quemado, de ardiente sangre tropical. El tono general era análogo al de los antiguos retratos alemanes. La frente noble, ancha, alta, serena, luminosa y que parecía, como de la que habla el poeta, *tallada para el laurel*, estaba coronada de sedosa cabellera, mitad negra, de un negro azuloso, y mitad gris, de un gris anacarado. Tendida casi toda sobre la parte central de su cabeza homérica por medio de una raya trazada a flor de la sien izquierda, descendía luego, rizada en ondas, sin velar la frente, sobre las líneas posteriores del cuello y sobre los lóbulos de las orejas. Bajo el arco de las cejas, anchas, y espesas, brillaban sus pupilas negras, dentro de sus órbitas blancas y brillantes, destellando miradas vagas, bondadosas y desencantadas. La nariz, delgada en la parte superior y ensanchada en la inferior, dejaba ver un bigote fino y ondeado, del mismo color que los cabellos, caído sobre el arco rojizo de los labios, donde se asomaba de vez en cuando, una sonrisa triste, lánguida y acariciadora. Sobre los extremos del bigote, partiendo de las fosas nasales, dos curvas se abrían e iban a perderse en el nacimiento de la barba, toda ella rasurada como la de un sacerdote, próximas ya a la cavidad de las mejillas. Del conjunto de su persona se desprendían, como vapores perfumados del disco de un astro, cierta indolencia criolla, cierta modestia natural y, por encima de todo, cierta bondad oculta, discreta, silenciosa, atrayente, retentiva y espiritual.

Tal como lo he presentado físicamente, lo he visto muchas veces en su gabinete de trabajo, después que su bondad generosa, por una parte, y mi gratitud infinita, por otra, me hubieron franqueado la entrada en él, permitiéndome gozar de su benevolencia paternal, de su deleitosa conversación, de su sabiduría inconmensurable y hasta de su restringida intimidad. Allí junto a su mesa, rodeado de estantes de libros, de pirámides de periódicos, de montículos de papeles, de baterías de plumas, de espátulas, de lápices y de tinteros, en una palabra, de todo el armamento necesario a un mariscal del periodismo, he podido entrever a veces su ente moral que, como un ópalo matices, como un tapiz colores, como un cofre perfumes, como una ola rumores, presenta aspectos diversos. Quien haya tenido el honor, como yo lo he tenido, de acercarse algún tiempo a él, se habrá convencido de que, contrario a las leyendas que flotan alrededor de su personalidad, es un hombre enamorado del deber, al que sacrifica sus mejores horas; tímido, con esa timidez de los espíritus delicados que, a los ojos del vulgo, reviste el carácter del desdén; bondadoso en alto grado, sin que sus mercedes vayan acompañadas del estrépito que reclama la vanidad de los Mecenas del día; honrado sin alharacas, hasta el punto de que las babosas de la calumnia ni siquiera han intentado empañar su reputación; altivo, no con la altivez de los pedantes, sino con la de los hombres que tienen conciencia de su valer; frío en sus manifestaciones exteriores, como todos los que han oído la voz de la experiencia y en quienes la razón impera despóticamente sobre las demás facultades; escéptico, a la manera de aquellos que la ciencia ha nutrido con el licor corrosivo de sus pezones emponzoñados; optimista, pero conservando siempre, en el fondo del alma, gérmenes de pesimismo que se complace en ocultar, pero que asoman, de tarde en tarde, a la superficie de sus palabras y hasta de sus actos; misántropo, de una misantropía serena, hija de su carácter reconcentrado más bien que del menosprecio de sus semejantes; taciturno, como si llevase en el seno de su espíritu la tristeza de un ensueño desvanecido; irónico, con la ironía que asaetea el lado ridículo de todas las cosas; entusiasta por las grandes figuras humanas e indiferente hacia las que vaguean todavía en los limbos de la celebridad.

Fuera de las tareas que le impone la dirección de su periódico, al que consagra la mayor parte de su tiempo, demostrando hacia él una ternura análoga a la que abriga un corazón paterno por el hijo que ha visto nacer, que se ha desarrollado entre sus brazos, que le sirve de apoyo en la ruta de la vida y que lo ha de coronar de laureles en la ancianidad, su ocupación favorita es la lectura, la cual ha amontonado en el interior de su cerebro tal cantidad de sabiduría, que se le puede consultar, como a una biblioteca viviente, seguro de que, sobre cualquier materia que se le interrogue, la respuesta ha de ser satisfactoria, porque por su intelecto, como por el de Goethe, ha desfilado la inmensa legión de conocimientos de todas las órdenes, de todos los tiempos y de todos los países. Conquistador absoluto de los secretos de numerosos idiomas, no solo ha podido gustar, saborear y aquilatar el mérito de las obras escritas en cada uno de ellos, sino que podría también, sin gran esfuerzo, vaciar sus ideas en el molde de algunos, especialmente en el inglés, en el francés, en el latín, en el griego, en el italiano y en el alemán, los cuales conoce de la misma manera que el español. Además de sus conquistas filológicas, ha asaltado después los baluartes de las métricas respectivas, saliendo armado, como un Atila, de magnífico botín de combinaciones rítmicas que, unidas a la afinación maravillosa de su oído poético, lo hace muy sensible a las armonías y a las disonancias musicales de los versos.

Siempre que su espíritu, rompiendo la clámide del silencio en que voluntariamente esconde sus encantos, se pone en comunicación con el de los seres que se encuentran a su alrededor, el goce que estos experimentan es semejante al del viajero que, hastiado de la monotonía del paisaje y del silencio tenebroso del aire, sintiera abrirse ante su vista una gruta mágica, donde la frescura de los hilos de agua se desliza sobre un tapiz formado de pedrerías, entre la que el diamante fulgura sus rayos, el rubí su fuego, la esmeralda su verdor, la perla su nácar, el zafiro su azul y la amatista sus tonos episcopales. Desde que la voz le asoma al borde de los labios, sus pupilas se encienden, su rostro se colorea, sus gestos se animan y las frases abren sus alas, volando lentas, pero frescas, perfumadas y coloreadas, al alma de sus auditores. En la conversación, lo mismo que en sus trabajos literarios, revela su amor a las minuciosidades, a la par que el anhelo de perfección que le asedia incesantemente para realizar todos sus actos, hasta los más sencillos, los más comunes y los más insignificantes. Ambas cosas hacen a veces que, al empezar una narración, la idea fundamental se oscurezca momentáneamente, bajo la formidable avalancha de detalles con que la quiere presentar, y que tenga luego que hacer un esfuerzo, del que sale siempre vencedor, merced a su destreza, para hacerla resurgir, avasalladora y sideral, a las miradas de todos.

Aunque ha consagrado la fuerza de sus mejores años a las faenas periodísticas, al igual de todos aquellos que, con una pluma en la mano pero sin fortuna en el arca, se ven obligados a vivir en países americanos, países jóvenes, países industriales, países de burócratas, países de aventureros, donde desaguan las inmundicias humanas de la civilización europea, donde medran los contrabandistas de zarpas leoninas y de almas bituminosas, donde imperan los mercaderes de vientres paquidérmicos y de rostros farisaicos, donde el azúcar, el guano, las pieles o la manteca de cerdo se cotizan más alto que el mejor poema, el mejor cuadro, la mejor estatua o la mejor sinfonía; ha publicado en otra época, estudios críticos y posteriormente algunas composiciones poéticas que, en unión de numerosos artículos políticos, a los que no ha querido otorgar la paternidad, bastan por sí solos para conferirles el báculo del crítico, la espada del polemista y la corona del poeta.

De sus estudios críticos, el más notable, según mi opinión, por la severidad del juicio, por el dominio del asunto, por las dotes que revela, por el alcance que tiene, por su perenne actualidad y por la suma de conocimientos revelados en él, es el que publicó con el título de *El efectismo lírico* hace ya algunos años, a propósito de las obras de un poeta muy notable, muy admirado y muy popular. El crítico tiende, en primer término, una mirada general hacia un carácter distintivo de la literatura de aquella época, carácter que ha tenido, tiene y tendrá siempre, unas veces más brillante y otras veces más opaco, que él considera funesto para las letras patrias, y después de definirlo, de analizarlo y de ponerlo en relieve a los lectores, se interna, plácido y austero, en el jardín del poeta, con la férula de las tradiciones clásicas y con la hoz del buen gusto, para señalar el vigor de unas plantas y el raquitismo de otras, mostrando aquí unas azaleas en flor, allá unas hortensias enfermas, cerca de unas dalias aterciopeladas, lejos unas peonías agonizantes, de este lado unos heliotropos primaverales y del otro, unas anémonas lánguidas, dejando al fin un grupo pequeño, pero exquisito, formado con las más frescas, con las más olorosas y con las más coloreadas.

En otro de sus estudios, consagrado a Garibaldi, el alma más grande, después de la de Jesús, que ha surgido del estercolero de la humanidad, se revela también el prosista correcto, elegante y severo, al mismo tiempo que el crítico sagaz, penetrante y luminoso, pero que se complace al final, por un fondo germano que esconde en su espíritu y por un exceso de razonamiento inflexible, en señalar demasiado el parentesco espiritual del héroe con «los Esplandianes y Amadises», lo cual hace que, al leer el estudio sobre el Redentor italiano, se entibie un tanto el culto ferviente que le rinden algunos corazones.

Pero más que en los estudios mencionados que, sin dejar de imponerme sus méritos nada vulgares, me dejan un tanto frío por el mero hecho de ser críticos, donde me parece más admirable es en sus creaciones poéticas, impregnadas de una frescura auroral, de una melancolía vaga, de una sencillez idílica, de una sobriedad griega, de un perfume nupcial, de una elegancia horaciana y de unas cadencias voluptuosas. El poeta ha publicado muy pocas, aquellas solamente que, por medio de álbumes, le ha arrancado la voz de la amistad, pero esas solas, por la maestría de la ejecución y por la poesía que atesoran, me sobran para juzgar lo que haría si el periodismo no le embargase miserablemente sus horas. Casi todas son cortas, como piezas de álbumes, pero también acabadas, como trozos de antología. No están consagradas más que a la adoración de la belleza pura, bajo todas sus manifestaciones, sin prurito trascendental, sin idea preconcebida y sin más objeto que el de convertir almas a la religión del amor. Es una poesía en que las ideas se mecen, como ondinas sobre algas, al sonido triunfal de las rimas. Poseen la gracia y el encanto de un ánfora griega, de una concha marina, de un bajo relieve antiguo, de una joya florentina, de un abanico de nácar, de un joyero de sándalo, de un friso árabe o de un vaso japonés.

Dominándolas a todas, como una encina plantada en un bosque de rosas, deja también la oda «Al telégrafo», donde la elevación de las ideas se destaca sobre la pujanza de la forma, revelando que su lira ostenta la cuerda broncínea de la epopeya y la cuerda sedosa del madrigal. Las estrofas tienen sonoridades de clarines, silbidos de locomotoras, flexibilidades de espadas, trepidaciones fragorosas y centelleos eléctricos. Todo en ella es sólido, potente, ciclópeo, inquebrantable y varonil.

Bienaventurados los escritores que, como este de quien escribo y de quien me honro en proclamarme el más devoto de sus fieles, logran dejar siquiera, a su paso por el mundo, átomos fulgurantes de su grandeza que, a la hora del cataclismo universal, cuando se desencadenen las tormentas y cuando el olvido abra sus fauces inconmensurables, han de salvarse del naufragio, entonando el himno de su gloria y flotando siempre, luminosos y puros, sobre las ondas negras, heladas y silenciosas.

II. Enrique José Varona

En el mediodía de la vida, cuando los ensueños azules de la juventud, a la aparición de la realidad, abandonan nuestro espíritu, como alegres bandadas de ruiseñores, a la vista de ensangrentado cazador, huyen del árbol en que elevaban sus trinos, hacia el Sol, brota en las grandes almas, a semejanza de la rosa solitaria que se abre entre la nieve de Los Alpes, una pasión noble, desinteresada, inmaterial, cuyos gérmenes permanecían ocultos, sin notables manifestaciones exteriores, bajo la efervescencia de los hermosos, aunque estériles, sentimientos juveniles. Desde que se desarrolla esa pasión, ya sea artística, ya científica, ya religiosa o ya patriótica —caso este último en el que aparece más admirable por ser más desinteresada que en los otros, puesto que el arte, la ciencia y hasta la religión si como la católica, promete goces eternos a cambio de torturas pasajeras, pueden conducirnos a la posesión de la gloria, de la riqueza o de la felicidad, mientras el amor a la patria, por regla general, no propor-ciona ningún bien que redunde inmediatamente en beneficio de nuestra personalidad—, esa pasión absorbe por completo nuestras facultades, haciendo converger hacia la realización de sus fines las energías de todas las fuerzas vitales. Es una especie de posesión sagrada, contra la cual no hay más exorcismo posible que la muerte. Mientras el alma pueda ali-mentar una de esas nobles pasiones, la vida se le hará soportable, aunque la abrume tanto, por otra parte, como a Sísifo abrumaba el peso de su roca inmortal, porque tendrá siempre un objeto hacia el cual puede volver las miradas y ofrecerle en holocausto su corazón.

Muchas veces suele ocurrir, como ha ocurrido a todas las víctimas de sus grandes pasiones, que la experiencia inocula en el ánimo de los poseídos, prematuramente a unos y tardíamente a otros, la convicción de que sus esfuerzos son estériles y de que no saludarán jamás la aurora de su ideal. Pero el sentimiento de esa convicción, funesto a la larga, como un veneno absorbido lentamente, en dosis pequeñas, lejos de extinguir la llama de esa pasión, la aviva más, haciendo solamente que se concentre en el alma, sin proyectar sus reflejos hacia el exterior. Allí crece solitaria, semejante a esas plantas de la India que, abandonadas en el búcaro en que se las colocara un día, siguen cubriéndose de hojas verdes y flores rojas, aunque no sientan nunca la frescura del agua, ni las caricias del aire, ni los besos de la luz. Nutrida por su misma sustancia, vivirá la pasión largos años, hasta que al manifestarse un día al objeto adorado, indigno de ella tal vez, se le presentará bajo otra forma nueva, reveladora de su grandeza, bajo la compasión. Si el espíritu que alimenta esta pasión, une a su belleza moral, el don de una inteligencia superior, realzada por una cultura vastísima en todos los ramos de la sabiduría humana, la aspereza de su cilicio le será menos sensible y el escozor de su llaga más suave, porque su espíritu desolado se refugiará en brazos del estudio, donde encontrará el olvido momentáneo de sus males, entregándose al goce supremo de comprenderlo todo, ya sea del orden físico, ya del moral, ya del intelectual.

* * *

Recordando la vida pública del señor Varona, después de echar una ojeada sobre las páginas de su último libro, en el que aparecen compilados algunos artículos magistrales que había publicado en distintas épocas, acerca de diversos asuntos de importancia para su país, lo cual hace que al leer esas páginas, «no sea fácil descubrir», como dice el ilustre escritor en su expresivo prefacio, «que a pesar de la diversidad de asuntos y de tono, un mismo espíritu las anima»; el menos perspicaz adquirirá el convencimiento de que el señor Varona, desde el comienzo de su gloriosa carrera literaria, donde el destino le ha ofrecido ya, por manos de la experiencia el fruto de un escepticismo generoso, fruto amargo de saborear, pero quizás el único sazonado que se recoge en todos los caminos de la vida, ha alimentado siempre, en el fondo de su alma, un amor creciente hacia su patria, del cual nos ha dado pruebas irrefutables en diversas ocasiones.

Hombre de pensamiento más bien que de acción, el señor Varona se consagró a servir a su patria, no con el arma en la mano y el odio al enemigo en el corazón, sino tratando de adquirir, en la soledad del gabinete de estudio, el mayor número posible de conocimientos, los cuales debían de proporcionar más tarde, al solidificarse en su inteligencia, poderosos elementos a la cultura de su país. Así aconteció a su tiempo. Comprendiendo que el amor a lo bello ha sido siempre el rasgo más característico de los pueblos civilizados, trató de continuar desarrollándolo, por medio de la poesía, en el alma de sus compatriotas, donde otros precursores habían arrojado ya los primeros gérmenes, para lo cual cinceló tres volúmenes de versos que parecen escritos por un poeta del Renacimiento, admirador ferviente de Leonardo da Vinci, cuyos procedimientos pictóricos hubiera traspuesto en la poesía, pues de igual manera que en los cuadros del gran maestro aparecen veladas, en los mencionados volúmenes, ciertas crudezas, con igual exquisitismo se encuentran expresados ciertos sentimientos y con igual maestría se admiran poetizados ciertos asuntos que, por su misma naturaleza, parecían rebeldes para sobrellevar el manto de púrpura franjeado de oro, que la poesía les echase sobre su ávida desnudez. No contento todavía de su valiosa labor, le dio luego más amplitud tratando siempre de que redundara, no solo en provecho suyo, sino también en el de la patria adorada. Para satisfacer estas aspiraciones, se propuso inculcar, en el espíritu de la juventud, el amor a la ciencia suprema, a la Filosofía, cuyo estudio, según les indicaba el señor Varona, en la dedicatoria de sus obras filosóficas, escritas con tal objeto, era el único que podía conducirlos a la posesión de la libertad, estrella diamantina que faltaba colocar en la diadema de la patria, para que pudiera guiar a las generaciones futuras, con sus reflejos irisados, a la conquista de los más altos ideales humanos. Es de notar también que sus obras filosóficas, lo mismo que sus obras poéticas, han debido ser elaboradas a las horas en que la fatiga de la lucha por la vida le reclamaba el reposo absoluto para todas sus fuerzas, porque el señor Varona militaba entonces en las filas de la prensa diaria, como milita hoy, desde cuyas columnas ha tratado siempre de servir a la causa que ha creído oportuna, en determinados momentos, para el bienestar completo de su país. Además la ha servido, con igual energía y con igual constancia; tanto en las tribunas políticas y académicas, como en las páginas de la *Revista Cubana*, desde las cuales ha sabido siempre alentar las vocaciones literarias y señalar discretamente las llagas mortales que asomaban en la epidermis del cuerpo social. Así ha contraído méritos el señor Varona para con su patria, ofreciendo el caso singular de haber llegado a ser un gran escritor en un medio propicio para realizar toda clase de empresas, menos para las intelectuales, lo cual demuestra que poseía una vocación más sólida que ningún otro escritor cubano y que es un hombre que ama verdaderamente su ideal, amor que no ha visto justipreciado por su pueblo, porque no teniendo éste más que el de la vida material, difícil le sería comprender que un individuo pueda perseguir otro más noble, más elevado, más inmaterial.

Después de haber patentizado, por los medios expuestos, el amor intenso que sentía hacia su país, la claridad de su intelecto, unida a su experiencia personal, le hizo descubrir en el seno de su patria, del mismo modo que los rayos del Sol muestran al jardinero el gusano que se ha refugiado de noche en el cáliz de su rosa favorita, la miseria destructora que ya lo empezaba a aniquilar. Auxiliado por sus facultades analíticas, el señor Varona la ha descubierto en todos los órdenes de cosas, desde lo más alto hasta lo más bajo del organismo social. Lo ha visto en la gran masa, «mezcla confusa de hombres amalgamados para la vida material, pero no unidos por los vínculos del espíritu para ningún fin grande y noble»; en la posición falsa de nuestros grandes hombres que se asfixian, por regla general, en las cloacas del foro, en el ambiente de los hospitales o en los páramos del periodismo político; en la de los jóvenes literatos que, por librar míseramente la subsistencia, se ven obligados a cultivar, desoyendo las voces de sagradas inspiraciones, un género bastardo de literatura, consagrado a los actos privados de nobles decrépitos y hasta de tahúres enriquecidos en los garitos financieros; en los métodos de enseñanza, lo mismo de la Universidad que de los institutos, favorables más bien para la atrofia que para el desarrollo de las inteligencias juveniles; en el bandolerismo de los campos, problema magistralmente tratado por el eminente escritor; y en las innumerables fuerzas latentes que, con empuje formidable y con inquebrantable constancia, nos arrastran diariamente hacia la sombra, hacia la barbarie, hacia donde no es posible prever.

* * *

Si del amor a la patria cubana ha surgido la grandeza del señor Varona, de la observación paciente de su miseria irremediable ha surgido el escepticismo del eminente escritor. Mas es un escepticismo generoso. La muestra puede encontrarse fácilmente en las páginas del libro último que llegó a publicar. Allí se halla, junto a su pesimismo recatado, su deseo ferviente de dicha para su patria, a la que sigue sirviendo, por más que vea malogrados los esfuerzos que hace para marcar a sus compatriotas, sin dogmatismo alguno, el camino que debieran seguir. Quizás la publicación de ese nuevo libro, dada la manera laudatoriamente fría con que fue acogido por la prensa en general sirva para robustecer su escepticismo, aunque no para entibiar su amor patrio. Pero dicha acogida no habrá sorprendido al señor Varona, porque no en vano debe llevar por divisa este verso de Petrarca:

In rena fondo é scrivo in vento.

III. El doctor Francisco Zayas

Hay seres extraordinarios que, tanto por la belleza de su alma como por el poder de su inteligencia, tienen el don de atraer a los demás, ejerciendo una influencia considerable sobre ellos. Creeríase que llevan, en el fondo del alma, una especie de luz mágica que, como las llamas de un faro a las mariposas errantes, deslumbran nuestros ojos, interrumpen nuestra marcha y nos retienen a su alrededor. Cada una de sus miradas nos transporta a las regiones del éxtasis y cada una de sus palabras nos sumerge en los enervamientos de la embriaguez. Las ondas de nuestra sangre, como las aguas del mar bajo los rayos de la Luna, se estancan en nuestras venas, y la red de nuestros nervios, como el cordaje de un navío, demasiado tirante, estalla por todas sus partes a la vez. Parece que nuestra alma, en presencia de tales seres, se desprende de su envoltura carnal, para presentarse desnuda ante ellos, del mismo modo que una doncella, al salir de un baile, se despoja de su vestidura de raso, para arrojarse a los pies del crucifijo que vela a la cabecera de su lecho virginal. Uno siente el deseo de huir, bajo la presión de aquella corriente magnética que, penetrando por las pupilas se interna en lo más recóndito del organismo, pero al sucumbir a ella, no pudiendo hacer otra cosa, toda vez que paraliza nuestras fuerzas, experimentamos también como una ligera sensación de voluptuosidad. Esa influencia, tan sensible como etérea, que para algunos es patrimonio de ciertos pueblos, como el ruso, el bohemio, el polaco, el italiano y el español, suele ser, según quien la ejerza, nefasta en unos casos y reconfortante en otros. Raras veces sucede que, como la de la persona de quien me voy a ocupar, sea igualmente benefactora en todas ocasiones, porque en pocas resplandecen, lo mismo que en ella, tantas cualidades superiores.

Todas estas ideas giraban por mi cabeza, como enjambre de insectos por la copa de un árbol durante uno de los últimos mediodías, hora en que acudí al gabinete de consultas del doctor Zayas. Está situado en el piso bajo de una elegante casa de moderna construcción. Traspasados los umbrales, se encuentra una antesala, sencillamente amueblada, donde los enfermos aguardan su turno, alumbrados por la claridad del Sol que se filtra por el rosetón de una vidriera de múltiples colores. Toda La Habana adolorida, como toda la Turquía creyente en La Meca, ha estado allí alguna vez. Desde la dama elegante que, con el velillo de gasa rósea sembrado de lunares negros, caído sobre la faz, desciende de su carruaje, envuelta en ondas de seda y olorosa a iris, musgo, violeta o polvos de arroz, hasta el humilde obrero que, con su blusa de trabajo, jaspeada por el óxido de sus instrumentos, llega allí en su propios pies, uno observa confundidos en esa antesala, lo mismo que al umbral de un santuario, todas las clases de nuestra sociedad. Y es que el sufrimiento, heraldo terrestre de la divina amazona que se llama la Muerte, nos hace iguales a todos. Ningún sitio es más adecuado para curarnos del orgullo de vivir o para palpar la irremediable miseria que pesa sobre la humanidad. Creo muy saludable ese lugar, lo mismo que toda cosa que nos infunda el asco de la existencia y la nostalgia de otro mundo mejor. Yo entro siempre en aquella antesala, con el mismo estremecimiento que a un pequeño hospital. Allí vibran en mis oídos la respiración cavernosa de los pechos heridos por la tisis o el silbido seco de los pulmones atacados por el asma; brillan ante mis ojos las arborescencias que los herpes dibujan sobre la piel o el pus que mana, como crema de ámbar, de las llagas en putrefacción, y siento el vaho cálido de los organismos abrasados por la fiebre o la humedad viscosa de los miembros deformados por la lepra. Mientras aguardo mi turno, a la vista de aquellos males, mi espíritu repite con Baudelaire, el más grande poeta de nuestros tiempos:

O Mort, vieux capitaine, il est temps! levons l'ancre!
Ce pays nos ennuie, o Mort! Appareillons!
Si le ciel et la mer sont roirs comme de l'encre,
Nos coeurs que tu connais sont remplis de rayons!

Verse-nous ton poison pour qu'il nous reconforte!
Nous voulons, tant ce feu nous brûle le cerveau,
Plonger au fond du gouffre, Enfer ou ciel, qu'importe?
Au fond de l'inconnu pour trouver du nouveau.

Frente a la antesala, abriendo una mampara de cristales, tras de la cual se ensancha un biombo de bambúes esculpidos, donde fulguran *kakemonos* de seda roja, bordados de grullas de oro que picotean las hojas lánguidas de algunas plantas acuáticas, se halla una pieza vasta, pavimentada de mármol, sobre cuya blancura se alzan, a lo largo de las paredes, estantes de maderas diversas, repletos de innumerables volúmenes que guardan, en sus páginas amarillentas, la sabiduría de todos los pueblos y de todos los siglos. Encima de uno de estos estantes, se destaca al óleo la efigie venerada de don José de la Luz. En el centro de este salón, hay un bufete de grandes dimensiones, todo cubierto de libros, de instrumentos y de periódicos. Junto a él, sentado en una modesta silla, con la cabeza inclinada sobre el pecho y con los ojos tornados hacia la puerta, se divisa el doctor Zayas, afablemente dispuesto a escuchar las letanías desgarradoras de los padecimientos humanos. Es una figura bastante conocida en todos sus detalles. Tiene, a primera vista, el aire de un Pontífice que, expulsado del Vaticano, se pusiera a dar audiencia en traje de seglar, a los últimos fieles. Adelgazad un poco su figura, arrojadle encima la dalmática papal y tendréis delante de vuestros ojos a León , tal como aparece en el retrato del conde Chartrand. Yo no intentaré siquiera hacer de su persona una descripción. ¿Qué pluma acertaría a copiar la blancura sedosa de aquella cabellera que, como mar espumante, se desborda por sus espaldas, la amplitud de aquella frente que conserva el surco de grandes pensamientos, la brillantez de aquellos ojos, desdeñosos de lágrimas, que chispean, como diamantes negros, a cada momento, la curva aristocrática de aquella nariz y la sonrisa paternal de aquellos labios, finos y delicados, de donde fluyen, como bálsamos olorosos sobre nuestras heridas, frases de consuelo, frases de cariño y frases de resignación? ¡Ah!, sí; en presencia de esta alma se experimenta una transfiguración. Hay en ella esa influencia misteriosa de que hablé al principio y que nadie ejerce tan benefactoramente como su poseedor. Cristo debía recibir de este modo, en los albergues de Galilea, a sus numerosos visitadores. Todos los que entran en el gabinete del doctor Zayas, por adoloridos, por desesperados que vayan, salen luego serenos, apaciguados y melancólicamente risueños.

Desde un punto de vista distinto, se ve que el doctor Zayas es un intelectual. Eso se lee en los surcos de su frente, en la mirada fulgurante de sus ojos y en la ironía que a veces se percibe, como un fluido demasiado sutil, en su deleitosa conversación. Pero esto en nada aminora su grandeza. Es un don peculiar de todos los cubanos, que casi ninguno sabe ocultar. La bondad que ilumina su rostro es la más grande de todas, porque está fortificada con el conocimiento absoluto de las debilidades humanas. Puede contener a veces, como una corriente clara, ciertas impurezas, algunas partículas de indiferencia, pero produce siempre resultados provechosos. No por esto se crea que es un ser débil, especie de maniquí de goma, que, por medio de un resorte, se mueve al capricho del que haga presión en él. Es, por el contrario, un temperamento vigoroso, cuyas energías no han podido entibiarse, como el fuego de un brasero bajo el influjo del cierzo, con el soplo helado de los años. Tampoco prodiga su bondad, como un astro sus resplandores o como un arroyo sus aguas, sin haber sondeado antes, con su mirada sutil, el alma que acude a depositar en la suya sus congojas. Hasta tanto que no la ha profundizado, su espíritu se mantiene a distancia, dentro de los límites de la más pura cortesía, lo mismo que el águila, al descender de las nubes, se sostiene en el aire, mientras examina, con sus pupilas incandescentes, la roca en que ha de posar sus garras. Los seres que mira con predilección, no son los hijos mimados de la fortuna, sino los seres humildes, desconocidos y desheredados. Siente por ellos ese amor inmenso de las naturalezas vigorosas por las naturalezas débiles. De haber vivido en los primeros tiempos del cristianismo, hubiera sido un rival del Nazareno y se le hubiera visto vagar por las calles de Judea, seguido de un tropel de hombres, de mujeres y de niños. No está exento, como todo ser humano, de sus horas de cansancio y de sus horas de dolor. Ha recorrido muchos días su calle de la Amargura y ha pasado muchas noches de agonía en su huerto de Getsemaní. Lo que le reanima, en tales momentos, es su amor al trabajo, cuyas excelencias ha cantado en párrafos sonoros, grandilocuentes y lapidarios. El trabajo es para él, más bien que la maldición lanzada por el ángel bíblico con la espada de fuego en la mano, contra los hijos de los tristes desterrados del Edén, la bendición sapientísima de una Divinidad paternal.

Ninguna profesión como la suya es tan propicia para llevar la fatiga al cuerpo y el desencanto al alma. El médico, como el sacerdote, necesita tener una verdadera vocación para cumplir estrictamente sus deberes. Tanto como para la del sacerdocio, se necesita la «gracia» para seguir aquella carrera. ¿Sabéis lo que es ser un buen médico? Es conocer el organismo humano en toda su repugnante desnudez, palpando, por consiguiente, el tesoro de inmundicias que ocultamos y el que ocultan también los seres adorados; poseer la ciencia necesaria para que, en un momento dado, todo ese caudal salga al exterior como el agua que se hace surgir de la peña, o se retire hacia su centro, como las ondas de un torrente después de calmada la tempestad; ser el esclavo voluntario de un número indeterminado de entes desconocidos que, a semejanza de un rebaño fuera del aprisco, puede responder a vuestros cuidados, lo mismo con una caricia que con una cornada; someterse al criterio de la muchedumbre anónima, igual que un inocente ante un tribunal, para alcanzar generalmente la más abominable de las condenaciones; y luchar a todas horas con un enemigo invisible, como Jacob con el Ángel, seguro de sufrir a la larga la derrota final. El médico debe ser, como lo es el doctor Zayas, un genio y un santo.

Hace poco tiempo, tuve el gusto de leer en una de nuestras revistas, un fragmento épico del doctor Zayas, obra de su juventud, donde resaltan, mejor que en otra parte, su energía, su entusiasmo y su virilidad. Son versos de acero, forjados al calor de los primeros años, revestidos con todas las galas de una fantasía primaveral. Están escritos a la usanza del tiempo, en octavas reales. La Musa que los ha inspirado, no es la Musa de nuestros días que, con la frente coronada de adelfas y con los ojos humedecidos por las lágrimas, se sienta a la sombra de los cipreses, infundiendo ideas tristes, sombrías y morosas, sino la Musa antigua que, como una Pentesilea en su corcel de batalla, deserta del frío de la Escitia, dispuesta a vencer al formidable Aquiles, entonando el himno del amor, de la esperanza y de la fe. Presiéntese que tiene músculos de atleta y que la sangre bulle en sus venas. La perfección de algunas estrofas hace suponer que no es ésta la única obra poética del autor, quien debe conservar otras análogas entre sus papeles inéditos, lo mismo que un padre conserva, lejos de las miradas del mundo, las hijas engendradas en horas de hastío, por los caprichos pasajeros del amor.

Como orador, ha conquistado también el doctor Zayas, en la tribuna cubana, un puesto distinguido. Es un conferencista notable, muy aplaudido en diversas ocasiones. Su Torre de Babel está presente todavía en todas las memorias, para que yo me detenga a enumerar sus bellezas. Allí se encuentra aliada la fantasía de un poeta a la inteligencia de un pensador. Pero más que en la tribuna académica, yo quisiera oírlo en la cátedra del Espíritu Santo. Bajo el rojo dosel, constelado de estrellas, donde la sagrada paloma abre sus alas de armiño, iluminado por las llamas de los cirios y perfumado por las nubes del incienso, sus frases potentes como las voces de un órgano, solo serían capaces de despertar la fe en nuestras almas, produciéndonos al mismo tiempo la ilusión de que escuchábamos a un Bossuet moderno, tan elocuente y tan magnífico como el de los tiempos pasados.

Si algunos de mis lectores, al llegar a este punto, deplora que yo no haya hecho resaltar toda la sabiduría del doctor Zayas, culpe a mi falta de idoneidad. Yo no he querido rendirle, con estas líneas, más que un pequeño tributo de admiración. Además ¿quién elogia ya la luz del Sol, el aroma de las rosas o la potencia del mar?

IV. Aurelia Castillo de González

Una estatua de jaspe rosado coronada de nieve. Los ojos verdes, de un verde marino, lanzan miradas severas, atenuadas por cierta dulzura femenina y cierta melancolía secreta. Los labios, color de fresa, si se entreabren ligeramente para dar paso a una sonrisa, ciérranse al punto con fría rigidez. Hay en el conjunto de su figura la majestad de una patricia romana y la gracia de una duquesa del siglo dieciocho. Tal es, a vista de pájaro, en lo físico.

Cuanto a lo moral, lo más próximo a la perfección. Su espíritu, como el de toda camagüeyana, esencialmente varonil. La imagen de la patria, semejante a la de una *Mater Dolorosa*, con su manto de terciopelo negro, recamado de estrellas de oro, y con su pecho virginal, atravesado por los siete puñales, se entroniza en él. Nunca faltan flores en los búcaros, ni se apagan los cirios en los candelabros. Tras el amor a la patria, el culto al hogar, austero como una capilla, pintoresco como un caracol, fragante como un invernadero, tibio como un nido y atrayente como un jardín de rosas, donde se filtra la luz de las estrellas y revolotean luciérnagas entre los pétalos. Después de ambos cultos, el de la Musa. Ésta no es para ella la Bacante que, con la corona de pámpanos en las sienes y con la copa de falerno alzada a la diestra, ahuyenta el sueño de los párpados que se entornan, reaviva el ardor de los sentimientos que languidecen y llama de nuevo la carcajada a los labios que comienzan a bostezar. Ni es una de esas figuras del Tiziano, de ojos serenos como astros y cabellos rojizos como oro líquido, sonriendo plácidamente a sus amantes, sobre tapices de púrpura que hacen resaltar la morbidez de sus carnes desnudas. Tampoco es la Margarita moderna, hambrienta de ideal y cubierta de heridas, alocada por la neurosis y amoratada por la tisis, que lo mismo se ciñe el sayal de estameña de la religiosa, que el peplo de gasa de la cortesana, que desgrana las perlas del rosario en el templo y agita con igual gracia las varillas del abanico en el salón, que huele a incienso y a polvos de arroz, que salmodia oraciones y esputa blasfemias, que siente el ardor del cilicio en la cintura y la frialdad de la morfina en el brazo, que se asfixia entre el humo de las cervecerías o vaga al aire libre por las alamedas oscuras y desiertas. Su musa es la Juana de Arco legendaria, cabalgando en blanco bridón, con el estandarte de la Libertad al brazo y la trompa épica en los labios, hacia el encuentro de la Victoria y dispuesta a subir a la hoguera, antes que abjurar de sus dioses tutelares.

Ante esa gloriosa Trinidad, formada por la Patria, el Hogar y la Poesía, oficia sus dos cualidades distintivas: la bondad y la sinceridad. No hay alma más bondadosa bajo apariencias más severas. Es una bondad que brota plácidamente de su alma, como la frescura de la onda, como el aroma del jazmín, como el fuego del astro, como la voluptuosidad del beso. Descuella por cima de sus acciones, como el oro de la espiga sobre el verde de las mieses. El mal le pone en su nube de tristeza, del mismo modo que la noche pone su sombra en la Luna de un espejo. Su compañía es grata, como la lumbre en invierno y como la nieve en estío. A la aparición de su figura, los desencantos se alejan como las víboras a la salida del Sol. Ella es la Aurora. Devuelve el azul al cielo, el movimiento a la marea, el verdor a la montaña, la azada al labrador, el himno al bosque, la blancura al cisne, el águila al éter, la fuerza al músculo, la vibración al nervio, el color al pincel, la estrofa al bardo y al alma la ilusión. La mentira no ha aprendido jamás el camino rosado de sus labios. Dentro de su espíritu no ha podido albergarse, como la avispa en la hortensia, el guijarro en el alga, la carcoma en el sándalo, el veneno en la adelfa y la polilla en el raso.

Junto a esas cualidades, posee el don que salva: el de la admiración. De todos los dones que el alma recibe, al bajar a la tierra, ninguno más bello, más eficaz. Es el leño que flota sobre el oleaje negro de la vida y que conduce al espíritu náufrago a la playa salvadora; la palma que cobija, bajo su quitasol de hojas verdes, la caravana tostada por el Sol y asfixiada por el polvo del desierto; el junco que se yergue, al borde del abismo, brindando apoyo a la mano trémula del que se siente vacilar. Dios sonríe, desde la bóveda azul, al verla resplandecer. Quien tenga tal don, llevará consigo el talismán que conjura al maleficio, el ácido que aniquila al microbio, la fuerza que arranca la pistola al suicida, la moneda de oro en el fango del arroyo, la tea fulgurante que deshace el pavor en las tinieblas.

Fruto de ese don, en consorcio con su inteligencia, es el volumen que, con el título de *Un paseo por Europa*, dio, no ha mucho, a luz. Es un libro de viajes, como su nombre indica, escrito a la moderna, donde la autora ha estereotipado las impresiones que recibiera, día por día, durante su permanencia en algunas ciudades europeas. Francia, con su última exposición, Italia, con sus reliquias artísticas, y Suiza, con sus maravillas naturales, han inspirado esas páginas encantadoras, donde el espíritu del lector se extasía en la evocación de las grandezas que desfilan impresas por delante de sus ojos. Desde la llegada a París, la pluma de oro de la gallarda escritora comienza a anotar en su libro de viajes las sensaciones recibidas al paso desarrollándolas luego, en abundantes períodos, cada uno de los cuales, por sí solo, es un cuadro completo inspirado por asunto grandioso y ejecutado por distinto procedimiento que los demás. Recorriendo las hojas del libro, se contemplan todas las maravillas que el mundo entero expuso, por espacio de muchos meses, en la última Exposición Universal de París. Ya es la Torre de Eiffel, como un fantasma rojo, envuelto en un sudario de brumas, alentejuelado por las chispas multicolores de las fuentes luminosas; ya la Galería de las Máquinas, donde los metales entonan el himno de la industria; ya el salón de las esculturas en el que le encantan *Molière moribundo* y la alegoría de la Paz; ya el pabellón azteca, repleto de granos, materias textiles, ricos minerales y obras artísticas; ya el de las colonias australes, con sus lanas, sus sedas, sus aves acuáticas, sus selvas artificiales y sus figuras de cera; ya las instalaciones orientales, forradas de tapices deslumbradores, cortadas por biombos resplandecientes y ornadas por innumerables objetos de porcelana, bronce y marfil; ya los palacios de repúblicas americanas, en los que se interna con acendrado cariño y con júbilo especial, no exento de vaga tristeza, complaciéndose en detallar las maravillas amontonadas en ellos; ya el museo de antigüedades, cuyo contenido le fatiga, hasta el punto de llegar a ridiculizarlo; ya el Palacio de Bellas Artes, donde la deslumbra *El ensueño* de Detaille, *El fusilamiento de Torrijos y sus compañeros* por Gisbert, *La rendición de Granada* por Pradilla y algunas obras bélicas que guardan cierta analogía con su manera de pensar y sentir; ya los departamentos de lo útil, cuya contemplación le sirve de pretexto para ensalzar los beneficios de la industria, del comercio, de la agricultura y de las artes prácticas en general.

También pueden contemplarse, lo mismo en la parte referente a Italia que en la consagrada a Suiza, las innumerables bellezas de ambos países, artístico el uno y positivista el otro, del mismo modo que si se estuviera en ellos. En la primera, se ve una sucesión de ciudades, de templos, de monumentos, de museos, de palacios, de teatros, de estatuas, de cuadros y de recuerdos históricos; en la segunda, de lagos, de montañas y de paisajes, acompañados siempre de oportunos comentarios. Durante la lectura, el lector siente latir, en las páginas del libro, el espíritu varonil de la autora, templado para la acción y rebelde al ensueño, que se enamora de todo lo grande, de todo lo verdadero.

Tras las páginas en prosa, se encuentra el poema «Pompeya», donde se evocan en trozos pequeños, pero hábilmente trabajados, como mosaicos pompeyanos, las bellezas de la ilustre mártir que duerme para siempre en su lecho de lava. El poema tiene color local y las estrofas están saturadas de poesía. Allí resurgen los labradores entregados a sus faenas; los fieles que acuden a los templos para adorar sus dioses tutelares; las bellezas sumergidas

en las termas perfumadas
por amorcillos guardadas
bajo festones de rosas;

la multitud aglomerada en el Foro para la celebración de los comicios; la bacanal animada y deslumbradora; y, en fin, la mañana del nefasto día en que los pompeyanos huían quedando luego sepultados bajos su propias cenizas. Hay en este poema vida, movimiento, energía, sobriedad, colorido, relieve y armonía. Tiene el encanto supremo de lo exótico, de lo lejano, de lo desconocido, de lo pasado, de lo que no se ha visto, de lo que no se espera ver.

Y, por último, una página negra, la de la vuelta a la patria, en la que le asedia, al tocar sus playas, las tristezas de sus miserias y la nostalgia de la civilización. Es la página más bella, más varonil, más enérgica y más oportuna. Parece el grito del cóndor caído, desde lo más alto del azul, al fondo de lóbrego foso, poblado de reptiles que babean en las tinieblas y tras cuyos muros se divisa un cielo plomizo, donde la tormenta no acaba de estallar, ni asoma el disco dorado del Sol.

V. Esteban Borrero Echevarría

Es uno de los hombres que más valen y del que menos se oye hablar. Si pedís noticias de él, se os dirá que es un médico que ejerce fuera de la capital. Después el interrogado, más bien por ignorancia que por malquerencia, dará una vuelta a la conversación, fijándola al punto en otro tema. Y si no habéis leído un artículo de Varona, inserto ya en volumen, o un cromito de Manuel de la Cruz, publicado hace poco, donde resaltan magistralmente los rasgos característicos de la brillante personalidad de quien me propongo hablar, no podréis conocer, a menos de no haber leído sus producciones, las facultades excepcionales de este hombre tan grande como oscurecido que parece haber tenido por divisa, en su gloriosa carrera, aquellas palabras de *La imitación*, amargamente verdaderas: «Si quieres saber y aprender algo con provecho, haz que no te conozcan ni te estimen».

La causa de su escasa nombradía, fuera de algún círculo literario, tiene fácil explicación. El vulgo, entendiendo por esta frase la inmensa mayoría de los habitantes de cualquier país, solo glorifica a los artistas que mendigan sus favores. Es una especie de viejo monarca, desheredado de raciocinio e ignorante en grado sumo, a quien la fuerza sostiene en el trono. En su espíritu no hay más que egoísmo, ignorancia y vanidad. Por eso nunca va hacia nadie y exige que todos vayan hacia él. Una vez en su presencia, hay que prosternarse a sus plantas, besarle la diestra, halagarle los gustos seniles y hasta enjugarle la baba que se desprende de su boca desdentada. Dentro de su cerebro, como gusanos en fruto podrido, bullen los prejuicios que le han legado sus antecesores. ¡Ay del que ose combatirlos! A veces no basta presentarse, por iniciativa propia, ante su inviolable majestad. Es un atrevimiento que tiene señalado un correctivo en los artículos de su constitución. La etiqueta de su corte requiere que algún cortesano solicite su permiso para introducir al desconocido en los salones palaciegos. Así es que cuando el artista, por grandioso que sea, no tiene la flexibilidad dorsal que el caso requiere, ni mano firme que le preste su apoyo, se queda a las puertas de palacio, viendo entrar a los que le son inferiores, pero que saben rebajarse bastante para pasar, mientras él se queda en la calle desierta, donde la sombra ondea, el frío impera y fermentan las inmundicias de los lodazales.

Perteneciendo Borrero, tanto por su temperamento como por su inteligencia, a la categoría de los artistas independientes, es decir, a la de los que si no pretenden imponerse al público, nunca consiente que éste se imponga a ellos, fácilmente se explica que no sea conocido del modo que merece más que en algunos círculos literarios. Pero esta injusticia debe ser para él poderoso estimulante moral. El dolor del desdén solo ataca a los espíritus débiles. El león necesita sentir a veces la picadura del insecto para desperezar sus miembros. Además de su organización que le impide solicitar las mercedes de la popularidad, no se ha visto obligado, como otros artistas de temperamento análogo, a luchar por la existencia a la luz del Sol. Los combates que sostuvo en sus primeros tiempos, no por más ignorados menos dolorosos, no han sido vistos más que por la noche. Cuando vino el día, la aurora doró los laureles que la victoria colocara en sus sienes. Nadie supo, al verlos en su frente, a costa de cuánta sangre ni de cuántas lágrimas los había llegado a alcanzar. Mientras tanto sus compañeros, desde las columnas de la prensa diaria, luchaban incesantemente, lo mismo por la existencia que por el nombre, a la vista del vulgo, siendo al fin más conocidos, aunque no mejor apreciados que él.

* * *

Después de la guerra, en aquellos días en que los ánimos debían sentirse únicamente dispuestos al reposo, no solo por las fuerzas perdidas en diez años de lucha, sino por el desencanto que sigue a las derrotas, hasta a las más honrosas, Borrero llegó de su provincia natal, donde la riqueza había cedido el puesto a la miseria, con objeto de ganarse la subsistencia propia y la de su familia. No traía consigo más que la confianza en sus fuerzas, engendrada por la grandeza de su misión. El triunfo definitivo, más que por sí mismo, lo ambicionaba por los suyos. Y a menos de no tener un alma excepcional, no se lucha generosamente por nadie, ni aunque la victoria redunde a la larga en beneficio propio, sobre todo después que el combatiente ha recibido una lección tan amarga como la que éste acababa de recibir. Para entrar de nuevo en la lid, necesitó hacer esfuerzos de cíclope. Sintiendo deseos de gemir *miserere mei*, tuvo que gritar: *¡Excelsior!*

De todos los medios que se encontraban a su alcance en aquella época, para llegar a la realización de su ideal, ninguno sonreía a sus esperanzas. Los frutos de su inteligencia, sazonados ya por sólida cultura, no podían ser avalorados, por deficiencias del medio, en el mercado intelectual. El libro, donde hubiera podido ofrecerlos, tenía entonces, como lo sigue teniendo, escaso valor. Quedaba el periódico. Pero su temperamento no lo hacía adaptable a ninguno. Un diario político, único género que aquí se conoce, suele ser el órgano de cierto número de hombres agrupados a la sombra de una bandera, por las mismas ideas, los mismos sentimientos y las mismas aspiraciones. Es un monasterio abierto a los cuatro vientos. Desde el instante en que el profano traspase el dintel, tiene que someterse a las reglas de la cofradía, dejando a la puerta su individualidad. Los que tienen, como Borrero, la suya propia, distinta a la de los demás, si no en absoluto en partes esenciales, podrán modificarla en alguna ocasión, pero al fin concluyen por romper el hábito en que se comenzaban a asfixiar.

Entonces, desoyendo su vocación y contrariando sus gustos, eligió una carrera por medio de la cual, a la vez que conservar su independencia, pudiera salir triunfante en la lucha por la vida. Comenzó a estudiar la medicina. Los que hayan tenido que hacer un sacrificio semejante comprenderán el valor de este acto en que el heroísmo moral llegó a sus últimos límites. Su temperamento lo arrastraba al ensueño y la realidad lo condujo a la acción. Su mano, hecha para la pluma, tuvo que esgrimir el escalpelo. Su pensamiento anhelaba ascender en pos de las águilas hacia el Sol y tuvo que marchar tras los reptiles hacia el lodazal. Y como hombre de conciencia, al elegir una carrera tenía que consagrarle todas sus facultades, desviándolas de la esfera en que habían comenzado a girar. Así lo hizo, de una manera que no alcanzo a concebir, sino fervientemente a admirar. Durante los entreactos de esa tragedia shakespeariana, escrita por él y representada por él, sin más espectador que su propia conciencia, se dedicó al estudio de otros ramos de la sabiduría humana, llegando a poseer una cultura superior, tanto científica como artística, que se descubre fácilmente en sus obras magistrales y en su imponderable conversación.

De todos los conversantes a quienes he oído hablar, en los días de mi vida, éste es el que me ha asombrado más. Oyéndolo la primera vez creí encontrarme en presencia de Barbey d'Aurevilly o de Villiers de L'IsleAdam. Así me imaginé que debían haber hablado estos genios. Las palabras, al salir de los labios de Borrero, imitan las ondas de un torrente. Unas veces son serenas, azules, luminosas, reflejando el estado de su cerebro, donde las ideas, como estrellas, se complacen en alumbrar. Pero al instante el viento sopla, el cielo se ennegrece y las ondas del torrente comienzan a hervir. Entonces saltan espumantes y oscuras, por cima de la ribera, arrasando las plantas, destruyendo los diques y desarraigando los árboles, hasta que el arcoiris aparece en el espacio y lo hace retroceder desde el punto más lejano que se podía concebir y adonde había llegado en su curso raudo, sonoro y devastador. Empero los rayos de sus cóleras, fulgurantes en su conversación, nunca van dirigidos, como pudiera creerse, contra determinadas individualidades sino contra el que las ha hecho imperfectas, contra la naturaleza, contra el destino, contra yo no sé quién. Más que odio, la humanidad despierta su compasión. Palpando las llagas purulentas que, como dones eternos, le fueron inoculadas al nacer, quizás haya apartado la vista con asco, pero antes de arrojar sobre ella su maldición, se ha refugiado a comparecerla en la soledad.

Antes de salir victorioso de la lucha por la existencia, tuvo que encontrar, en cada encrucijada, por lo exquisito de su naturaleza, al hada malhechora de la Desilusión. Donde soñó amor, encontró perfidia; donde amistad, egoísmo; donde ciencia, vanidad; donde abnegación, interés. De esos encuentros se resintió su sensibilidad. Luego se propuso internar en el laberinto de la sabiduría y exclamó *con el mejor de sus amigos*:

Suma Razón: en la vedada lumbre
Voy a encender tus lámparas divinas,
Aunque en velado resplandor alumbre
Una inmensa necrópolis de ruinas,

consignando en sus obras, más tarde, las impresiones que recogiera en ese viaje a través de los espíritus humanos de todos los tiempos y de todos los países.

* * *

Todo escritor hace, en algunas de sus obras, una confesión general. Hasta los más impersonales, como Gustavo Flaubert, no han podido dejar de hacer algunas revelaciones íntimas. Leyendo la correspondencia de este hombre superior, se le reconoce después, si se han leído sus obras, en el Federico de *La educación sentimental* y en muchos pasajes de *Bouvard et Pécuchet*. Lo que en nada estiman las falsas convenciones sociales, como son los poetas, sobre todo los que han aparecido últimamente en los países civilizados, cada vez más subjetivos, vacían en los moldes de las rimas, sin ocuparse para nada de la opinión de los extraños, sus más recónditas sensaciones personales.

Si Borrero ha hecho en algunas de sus obras una confesión general, creo que ha sido indudablemente en una novela corta que, con el título de *Calófilo*,[11] publicó hace algunos años. Allí está explicada, mucho mejor de lo que pudiera yo hacerlo, su crisis espiritual, que ya se ha resuelto favorablemente para él. Calófilo no es un soñador, sino el soñador. La historia de ese personaje real, escrita por Borrero, es un modelo de *nouvelle* psicológica que supera a otras muchas que se han escrito en el extranjero y que gozan ya de fama universal. Aquí la han leído muy pocos. Pero su obra maestra en prosa, tanto por la forma como por el fondo, me parece que es *La aventura de las hormigas*, de la cual se han publicado muchos capítulos en la *Revista Cubana*. Es una obra satírica superior a *L'Inmortel* de Alfonso Daudet, por la amplitud del asunto, por la manera de desarrollarlo y por los conocimientos revelados en sus páginas. Cervantes o Voltaire hubieran puesto su firma al pie de algunos pasajes de este libro profundo, amargo y original.

Si el prosista es admirable, el poeta también lo es. El sentimiento predomina en todas sus composiciones. Calófilo resucita en ellas. Todas las heridas que su dama recibiera en el mundo sangran en sus rimas. A veces se encuentran en ellas los gritos desesperados de Enrique Heine o el pesimismo resignado de Sully Prudhome. Bajo el peplo de su musa, semejando a una Cleopatra moderna, está el áspid de la duda destilando su veneno que se filtra interiormente como un ácido disuelto en el seno de un mármol. De todas las cualidades que embellecen a esa musa, la más sobresaliente, mejor dicho, la que me agrada más, es la de que para ella solo existe el mundo interior. Vive concentrada en sí misma, como la perla en su concha, sin preocuparse nunca de lo que preocupa a los demás. Y, sin embargo, es muy moderna. Lleva siempre la nostalgia de algo grande, de algo que no sabe lo que es, pero que de seguro no está dentro de la creación. Tampoco la risa entreabre jamás el arco lívido de sus labios, en lo cual se parece a las musas

---

11 Véase la edición de Linkgua, Barcelona, 2023. (N. del E.)

de los grandes poetas contemporáneos que no saben reír jamás, pues como
ha dicho Verlaine, que es indudablemente uno de ellos,

...en ce temps léthargique,
sans gaieté come sans remords,
le seul rire encore logique
est celui des tétes de morts!

* * *

Hay una novela de Dostoievski, en la que uno de los personajes se echa
de rodillas ante una doncella que acaba de venderse para alimentar a su
familia. La muchacha, al sentir que le besa los pies, creyendo habérselas con
un loco, retrocede algunos pasos. Pero Raskolnikof, que así se llama el personaje, le dice al punto: «No, no me levanto, porque no me he prosternado
ante ti, sino ante todo el sufrimiento de la humanidad».

Modificando esta idea, si alguno dijera que, al hablar de Borrero, he
querido rendir público homenaje al amigo, yo le diría que solo he querido
al *triunfo del esfuerzo individual, secundado por una inteligencia superior.*
¿Quién lo ha obtenido con más heroísmo que él?

VI. Juana Borrero

¿Queréis conocerla? Tomad el tren que sale, a cada hora, de la estación
de Concha, para los pueblecillos cercanos a nuestra población, donde la
fantasía tropical, a la vez que el mal gusto, os habrá hecho soñar en paisajes
maravillosos o en viviendas ideales. El viaje solo dura algunos minutos. Tan
corta duración os preservará, si tenéis gustos de ciudadanos, de la contemplación, fatigosa e insípida, de los anchos senderos que parecen alfombrados de polvo de marfil, de las redes de verdura que, como encajes metálicos, incrustados de granates, bordan los bejucos en flor, de las quintas
ruinosas que a la trepidación de la locomotora, fingen desmoronarse, de los
surcos de tierra azafranada en que los labriegos, con la yunta de bueyes
uncida al arado, se hunden hasta los tobillos, de la palmas solitarias que,
como verdes plumeros de habitaciones ciclópeas, desmayan en las llanuras
y de las chozas de guano, frente a las cuales escarban la tierra las gallinas,

hincha su moco el pavo, enróscase el perro al Sol y surge una figura humana que os contempla con asombro o pasea sobre vuestra persona su mirada melancólica de animal.

Frente al río célebre, citado por los periodistas mediocres y ensalzado por lo copleros populares, que se encuentra a mitad del camino, descended del ferrocarril. En su morada, que se mira en las ondas, siempre la podréis encontrar. Hasta la fecha en que escribo estas líneas, su pie no ha traspasado los umbrales de ningún salón a la moda, yendo a mecerse allí en brazos de algún elegante, como una muñeca de carne en los de un titiritero de frac, al sonido monótono de la llovizna de los valses o al del estrepitoso que forma el aguacero de los rigodones. Tampoco se ha grabado su retrato para ninguna de las galerías de celebridades que exhiben algunos periódicos, porque no es hija de mantequero acaudalado o de noble colonial, porque no se ha dignado solicitar ese honor y, en suma, porque, como más que talento ha revelado genio, le cabe la honra de ser indiferente al público o paralizar la pluma de sus camaradas. Los periódicos no se han ocupado de sus producciones, más que en el folletín o en la sección de gacetillas, sitios destinados a decir lo que no compromete, lo que no tiene importancia, lo que dura un solo día, lo que sirve para llenar renglones. En las columnas principales no se habla más de lo que pueda interesar al suscriptor, de la barrabasada de algún ministro o de la hazaña de un bandolero, del saqueamiento de un burócrata o del homicidio último, del matrimonio de un par de imbéciles o de la llegada de cómicos de la legua, pero nunca de los esfuerzos artísticos que algunas individualidades, ni mucho menos de los de una niña de doce años que, como la presente, ha dado tan brillantes muestras de su genio excepcional, toda vez que eso tan solo interesa a un grupo pequeño de ociosos, desequilibrados o soñadores.

Yendo por la mañana, el caserío presenta alguna animación. Es la hora en que desfila, por la calzada polvorosa, la diligencia atestada de pasajeros; en que rechinan las ruedas de enormes carretas arrastradas por bueyes que jadean al sentir en sus espaldas de bronce el hierro punzante del aguijón; en que cruje el pavimento de los puentes al paso de los campesinos que, con la azada al hombro y una copla en los labios, marchan a sus faenas; y en que las rojas chimeneas de las fábricas abiertas vomitan serpientes de humo que se alargan, se enroscan, se quiebran y se disgregan entre los aromas del aire matinal. En tales horas, podréis encontrar a la niña, con el pincel empuñado en la diestra y con la paleta asida en la izquierda, manchando una de sus telas, donde veréis embellecido algún rincón de aquel paisaje, iluminado por los rayos de oro de un Sol de fuego y embalsamado por los aromas de lujuriosa vegetación. Llegada la noche, el sitio se llega mágicamente a transformar. Más que al borde de un río del trópico, os creéis transportados a orillas del Rhin. Basta un poco de fantasía para que veáis convertirse la choza humeante a lo lejos en la tradicional taberna de atmósfera agriada por el fermento de la ambarina cerveza y ennegrecida por el humo azulado de las pipas; para que el galope de un caballo a través de la arboleda os haga evocar la imagen del *Rey de los Álamos* de Goethe o la del *Postillón* de Lenan; para que el pararrayos de una de las fábricas que recortan su mole gigantesca sobre las evaporaciones nocturnas os parezca la flecha de histórica catedral; y para que el simple ruido de las ondas zafirinas, franjeadas de espumas prismáticas, os traiga al oído la voz de Loreley que, destrenzados los cabellos de oro sobre las espaldas de mármol, entona al viento de la noche, desde musgosa peña, su inmortal canción. Para la que inspira esta página, será la hora de arrinconar la tela esbozada, pasear la espátula sobre la paleta y aprisionar el color en sus frascos, dejando que su espíritu, como halcón desencadenado, se aleje de la tierra y se remonte a los espacios azules de la fantasía, donde las quimeras, como mariposas de oro en torno de una estrella, revoloteen sin cesar. Ella nos brindará después, en la concha de la rima, la perla de su ensueño, pálida unas veces y deslumbradora otras, pero siempre de inestimable valor. Así pasa los días de su infancia esta niña verdaderamente asombrosa, cuyo genio pictórico, a la vez que poético, promete ilustrar el nombre de la patria que la viera nacer.

No la he visto más que dos veces, pero siempre ha evocado, en el fondo de mi alma, la imagen de la fascinadora María Bashkirseff. Ésta no aprendió nunca a rimar, pero su prosa encanta y sugestiona su pincel. Ambos espíritus han tenido, en la misma época de la vida, idéntica revelación de los destinos humanos y análogos puntos de vista para juzgarlos. Se ve que han sufrido y han gozado por el mismo ideal. Pero ahí debe limitarse la comparación. Una vivió en los medios más propicios para el desarrollo de sus facultades y la otra se enflora en mísero rincón de su país natal. Aquélla fue rica y ésta no lo es. Tuvo la primera por maestros a los dioses de la pintura moderna y la segunda no ha recibido otras lecciones que las de su intuición. La hija de la estepa voló tempranamente al cielo

Dans le linceul soyeux de ses cheveux dorés

y la del trópico, por fortuna, se afirma en la tierra con toda la fuerza de la juventud.

Una tarde, al volver de su casa, esbocé su retrato por el camino en los siguientes versos:

Tez de ámbar, labios rojos,
Pupilas de terciopelo
Qué más que el azul del cielo
Ven del mundo los abrojos.

Cabellera azabachada
Que, en ligera ondulación,
Como velo de crespón
Cubre su frente tostada.

Ceño que a veces arruga,
Abriendo en su alma una herida,
La realidad de la vida
O de una ilusión la fuga.

Mejillas suaves de raso
En que la vida fundiera
La palidez de la cera,
La púrpura del ocaso.

¿Su boca? Rojo clavel
Quemado por el estío,

Mas donde vierte el hastío
Gotas amargas de hiel.

Seno en que el dolor habita
De una ilusión engañosa,
Como negra mariposa
En fragante margarita.

Manos que para el laurel
Que a alcanzar su genio aspira,
Ora recorren la lira,
Ora mueven el pincel.

¡Doce años! Mas sus facciones
Veló ya de honda amargura
La tristeza prematura
De los grandes corazones.

¡Ah! Y también de las grandes inteligencias. Hay pocos seres que, con doble número de años, tengan percepciones tan claras de las cosas y puedan emitir juicios tan acertados sobre ellas. Sin haber visto nada, díjérase que lo ha visto todo. Un simple hecho observado, rápidas lecturas de algunos libros, ligeras reflexiones emitidas en su presencia, han bastado para desgarrarle el velo negro del misterio y hacer que sus ojos contemplen a la inmortal Isis en su fría desnudez. Como todos los grandes artistas, oye la voz de la realidad, pero no se aprovecha de sus lecciones. Es que esos soñadores, a la par que los espíritus más lúcidos, son también los más rebeldes. Aunque el mundo imagina lo contrario, nada pasa inadvertido para ellos, por más indiferentes que se muestren a todos los acontecimientos. Esa indiferencia no es más que la resignación al mal o el desprecio que inspira el peligro a los fuertes. Es la confianza que adormece a la oveja extraviada en un bosque de lobos o la osadía del águila que bate sus alas entre nubes preñadas de rayos. Todavía puede afirmarse que, por la delicadeza de su sensibilidad, los hechos dejan en su carácter huella más profunda que en el de los otros. Algún tiempo tarda en descubrirse, pero se la llega a encontrar. La melancolía que destilan las primeras producciones de ciertos artistas no es más que la fermentación de los pesares que, día por día, les ha causado la observación de las múltiples deficiencias que la vida ofrece ante sus deseos. No es imaginaria, como algunos pretenden, sino real. En unos suele ser pasajera y en otros inmortal. De ahí ese hastío prematuro, ese profundo descorazonamiento, ese escepticismo glacial, ese adormecimiento de los sentidos, ese apetito desenfrenado de lo raro y ese estado de catalepsia en que se encuentran por completo sumergidos a los veinte años. Los que se consuelan en algunas horas, son los que se construyen, en el campo de la fantasía, un lazareto ideal, donde esconden la purulencia de sus llagas, pero donde nadie los seguirá por temor a los contagios mortales. Allí viven con sus ensueños, con sus alucinaciones y con una familia compuesta de seres imaginarios. Cada vez que salen al mundo, el asco los obliga a volver sobre sus pasos. Si hubieran nacido, en los primeros siglos, hubiesen ardido, como antorchas de carne, en los jardines de Nerón; si en la época medioeval, sus imágenes serían veneradas sobre el mármol de los templos cristianos. Pero han venido al mundo en pleno siglo diecinueve y no ha encontrado ninguno su sitio al Sol. Tan absoluta desconformidad, no solo los hastía de lo que han conocido, sino de lo que no han visto, de lo que no verán jamás. Así se explica que algunos, como la niña de quien me ocupo, contemplando solamente el mundo desde la ventana de su hogar, se sientan ya tan adoloridos y se atrevan a impetrar su misericordia de la manera desgarradora que ella lo hace en su composición:

¡Todavía!

¿Por qué tan pronto ¡oh mundo! me brindaste
Tu veneno amarguísimo y letal...?
¿Por qué de mi niñez el lirio abierto
   Te gozas en tronchar?

¿Por qué cuando tus galas admiraba,
Mi espíritu infantil vino a rozar

Del pálido fantasma del hastío
　　El hálito glacial?

Los pétalos de seda de las flores
Déjame ver y alborozada amar,
Ocúltame le espina que punzante
　　Junto al cáliz está.

¡Más tarde...! Cuando el triste desaliento
Sienta sobre mi espíritu bajar
Y el alma mustia o muerta haya apurado
　　La copa del pesar,

Entonces sienta de tu burla el frío
Y de la duda el aguijón mortal...
¡Pero deja que goce de la infancia
　　En la hora fugaz!

Todas sus composiciones inéditas, ya las que duermen en el fondo de su memoria, como ramas de corales bajo las ondas marinas, ya las que oculta en sus estuches, como enjambre de luciérnagas vivas en vasos de cristal, porque esta niña, como verdadera artista, comprende la mezquindad de la gloria y le repugna la ostentación de sus sentimientos, están humedecidas por ese relente de tristeza que se aspira en las estrofas que acabo de copiar. A través de esas composiciones, el alma de la niña parece un botón de rosa amortajado en un crespón, un ramo de violetas agonizante entre la nieve, un disco de estrella sumergido en un lago turbio. Las que irradian fulgores esplendorosos son aquellas en que revela su gran talento de artista, bosquejando un paisaje, como los de Sanz, verdaderamente ideal, o cincelando una estatua que, por el soplo de la vida que las anima, parecen sustraídas del taller de un Rodin. Ved una muestra de lo primero:

Crepuscular

Todo es quietud y paz... en la penumbra
Se respira el olor de los jazmines,
Y más allá, sobre el cristal del río
Se escucha el aleteo de los cisnes
Que, como grupo de nevadas flores,
Resbalan por la tersa superficie;
Los oscuros murciélagos resurgen
De sus mil ignorados escondites
Y vueltas mil y caprichosos giros
En la tranquila atmósfera describen
O vuelan luego rastreando el suelo,
Rozando apenas con sus alas grises
Del agrio cardo el amarillo pétalo,
De humilde malva la corola virgen.

Y otra de lo segundo:

Apolo

Marmóreo, altivo, indiferente y bello,
Corona de su rostro la dulzura
Cayendo en torno de su frente pura
En ondulados rizos el cabello:

Al enlazar mis brazos a su cuello
Y al estrechar su espléndida hermosura
Anhelante de dicha y de ventura
La blanca frente con mis labios sello.

Contra su pecho inmóvil, apretada
Adoré su belleza indiferente;
Y al quererla animar, desesperada,

Llevada por mi amante desvarío,

Dejé mil besos de ternura ardiente
Allí apagados sobre el mármol frío!

Así tiene muchas que no transcribo por haber sido ya publicadas, sobresaliendo entre todas el soneto:

Las hijas de Ran

Envueltas entre espumas diamantinas
Que salpican sus cuerpos sonrosados
Por los rayos del sol iluminados,
Surgen del mar en grupo las ondinas.

Cubriendo sus espaldas peregrinas
Descienden los cabellos destrenzados
Y al rumor de las olas van mezclados
Los ecos de sus risas argentinas.

Así viven contentas y dichosas
Entre el cielo y el mar, regocijadas,
Ignorando tal vez que son hermosas

Y que las olas, entre sí rivales,
Se entrechocan de espuma coronadas
Por estrechar sus formas virginales.

Para comprender el valor de sus cuadros, es preciso contemplar algunos de ellos. Corta serie de lecciones, recibida de distintos maestros, han bastado para que iluminada por su genio, se lanzase a la conquista de todos los secretos del arte pictórico. Puede decirse, sin hipérbole alguna, que está en posesión de todos ellos. «No me explique teorías, porque son inútiles para mí —le decía recientemente a Menocal—, pinte un poco en esta tela y así le entenderé mejor». Y, en efecto, al segundo día la discípula sorprendió al maestro con un boceto incomparable. Muchas personas lo han admirado más tarde en el salón Pola. Era una cabeza de viejo, preparada en rojo, donde se encontraban trozos soberbios. Aquella calva amarfilada, cubierta de grueso pañuelo, bajo cuyos bordes surgían mechones de cabellos grises; aquella frente rugosa, deprimida hondamente en las sienes, donde la piel parecía acabada de pegar a los huesos; aquellos párpados abotagados, próximos a cerrarse sobre las pupilas lánguidas, húmedas y vidriosas; aquellos labios absorbidos que moldeaban una boca desdentada; aquellas bolsas de carne, colgadas alrededor de la barba y, sobre todo, aquella expresión de cansancio, de sufrimiento y de mansedumbre senil sorprendían al más indiferente de los espectadores. Después de ese retrato, ha hecho otros muchos, abordando de seguida el paisaje y el cuadro de fantasía. Merece especial mención entre los primeros, el que representa la salida de su hogar. Es el fondo de vetusta casa, tras cuya altura se dilata, el firmamento azul. Se ve una puerta solferina, de madera agrietada y de goznes oxidados, encuadrada en ancho murallón, jaspeado por las placas verdinegras de la humedad y enguirnaldado por los encajes de verde enredadera cuajada de flores. Frente al murallón, serpentea un trozo del camino, sembrado de guijarros que chispean a la luz del Sol. Tallos de plantas silvestres se siguen a trechos. Hacia la izquierda se extiende el río entre la yerba de sus orillas, como una banda de tela plateada que ciñera una túnica de terciopelo verde. Así tiene otros paisajes, lo mismo que cuadros de fantasía, que producen la impresión de lo sublime en lo incompleto, pues al lado de trozos magistrales se ven algunos que solo su inexperiencia ha dejado sin retocar.

Dentro de poco tiempo, toda vez que una artista de tan brillantes facultades no puede permanecer en la sombra, ya porque una mano poderosa la arrastre a la arena del combate, ya porque se lance ella misma a cumplir fatalmente su destino, su obra será sancionada por la muchedumbre y su nombre recibirá la marca candente de la celebridad. Entonces llegarán para ella los días de prueba, los días en que se cicatrizan las viejas heridas o se abren las que ningún bálsamo ha de cerrar, los días en que el alma se estrella de ilusiones o las esperanzas naufragan en el mar de las lágrimas, los días en que uno se siente más acompañado o tal vez más solo que nunca, los días en que fuerzas generosas nos encumbran a las nubes o manos enemigas nos empujan a los abismos de la desolación. ¡Ay de ella si no sabe, al llegar esa época, encastillarse con su ideal, nutrir con su sangre sus ensueños, dar rienda suelta a su temperamento, agigantarse ante los ataques, desoír consejos ridículos, aplastar las babosas de la envidia y mostrar el más absoluto desprecio, al par que la más profunda indiferencia, por las opiniones de los burgueses de las letras!

VII. Bonifacio Byrne

Triste, pobre, aislado en una provincia, que no conozco, pero que me parece tan abrumante como todas las provincias, a pesar de que a ésta le otorgan algunos el sobrenombre de la Atenas de Cuba, sin haberse mostrado ateniense en ninguna ocasión, pasa este admirable y exquisito poeta los más floridos años de su vida, consagrado a las bajas tareas del periodismo, tan opuestas a la realización de sus legítimas aspiraciones como contrarias al desarrollo de sus soberbias facultades poéticas.

¡Sí! El periodismo, tal como se entiende todavía entre nosotros, es la institución más nefasta para los que, no sabiendo poner su pluma al servicio de causas pequeñas o no estimando en nada los aplausos efímeros de la muchedumbre, se sienten poseídos del amor del Arte, pero del arte por el arte, no del arte que priva en nuestra sociedad, amasijo repugnante de excremencias locales que, como manjares infectos en platos de oro, ofrece diariamente la prensa al paladar de sus lectores. Lo primero que se hace al periodista, al ocupar su puesto en la redacción, es despojarlo de la cualidad indispensable al escritor: su propia personalidad. Es una exigencia análoga a la que los directores de teatro tienen con los que abrigan la pretensión de salir a las tablas. Hay que blanquearse los cabellos, si son negros, o ennegrecérselos, si son blancos; enrojecerse las mejillas, si son pálidas, o empalidecérselas, si son rosadas; alargarse las cejas, si son cortas, o recortárselas si son largas; redondearse el abdomen si está plano, o aplanárselo, si está redondo; mostrar la sonrisa entre los dientes, si el dolor retuerce los labios, o la alegría en el fondo de los ojos, si las lágrimas humedecen las pestañas. Así el periodista, desde el momento que comience a desempeñar sus funciones, tendrá que sufrir inmensos avatares, según las exigencias del diario, convirtiéndose en republicano, si es monárquico, en libre pensador, si es católico, en anarquista si es conservador. Omito hablar de las mil tareas pequeñas del periodismo, las únicas a que pueden aspirar aquí los jóvenes literatos, por ser demasiado larga la enumeración de todas ellas. Básteme decir que algunas, como las inherentes a las secciones ínfimas, no solo son atrofiantes, sino envilecedoras. El periodismo puede ser, dado el odio que en él se respira hacia la literatura, la mano benefactora que, llevando el oro a nuestros bolsillos, coloque el pan en nuestra mesa y el vino en nuestro vaso. ¡Ay! Pero no será nunca el genio tutelar que nos ciña la corona de laurel. Sé que es más provechoso, como dice Zola, emborronar cuartillas en una redacción que mascar ensueños en una buhardilla, pero eso será en la magnífica Francia, donde el periodista tiene que ser un literato, no en la infortunada Cuba, donde solo es, salvo excepciones, el antípoda de su cofrade parisiense. Escribiendo con frecuencia, como lo hace el periodista, la pluma adquiere cierta soltura, pero a cambio de esto, ¡cómo se aprende a cortejar la opinión pública, cómo a aniquilar las ideas propias, cómo a descuidar el pulimento de la frase, cómo a expresar lo primero que se ocurra y cómo a aceptar el gusto de los demás!

De todas las cualidades que adornan al poeta matancero que, con el título de *Excéntricas*, ha coleccionado algunas de sus composiciones poéticas, la más sobresaliente de todas es la de que, habiendo pasado por el periodismo, ha sabido conservar íntegra su personalidad, del mismo modo que un cisne, al cruzar por un pantano, o un astro, al atravesar un nublado, saben conservar la blancura de sus plumas o la pureza de sus fulgores. Es un caso más raro de lo que a primera vista parece, porque supone una fuerza incontrastable, resistente al medio, propia solo de los verdaderos artistas. Encuéntranse algunos prosaísmos en sus poemas, como guijarros entre alfombras de césped, pero son de esos que se hallan en las mismas obras de algunos maestros. Quizás contribuyan a aumentar la belleza de algunos, a la manera de esos lunares de terciopelo que, mal adherido a la piel, hacen resaltar el rosa de la tez de algunas mujeres. Otra de sus cualidades, que tal vez sea un defecto para algunos, es que el poeta tiene, como muy pocos de los nuestros, el sentido de lo vago, de lo misterioso, de lo lejano, de lo desconocido, es decir, de todo lo que constituye la esencia misma de la poesía. Sanguily, hojeando el tomo, por diversas partes, me decía una tarde: «estos versos, no parecen escritos por un cubano, sino por un escandinavo». Tenía razón el ilustre crítico, pero hacía, al mismo tiempo, según mi criterio, el mayor elogio que se pueda hacer de un poeta. Los poetas son, por regla general, seres quiméricos, descontentos y antojadizos. Solo creerían encontrarse bien si se encontraran, como gime uno de ellos, en el sitio en que no están. Si estuvieran en el cielo, tendrían la nostalgia de la tierra, como estando en la tierra, tienen la nostalgia del cielo. Bajo el fuego del Ecuador suspiran por los hielos del Norte. Prefieren ser amados por una Teodora que por la virgen más hermosa de su valle natal. Calígula les parece más interesante que cualquier Cleveland. Viviendo en pleno siglo XIX, irán a buscar sus aspiraciones, como nuestro magnífico Heredia francés, entre las ruinas de las antiguas civilizaciones o en la época de los soberbios conquistadores. No me parece extraño, pues, que Byrne, a quien tengo por verdadero poeta, haya hecho versos que parezcan escritos en las regiones nevadas del globo, prescindiendo en absoluto de cantar las decantadas bellezas tropicales. Tampoco me sorprende, como al señor Heredia, que ha escrito un galano prólogo para las *Excéntricas*, el cambio de manera del poeta. Lo que me sorprendería mucho es que a pesar de sus decepciones, de su cansancio y hasta de su desesperación, bastante visible, en todas las páginas, para los que sepan leer, sin que necesite yo detenerme a entresacarlas, conservara todavía su antigua manera, la de las *Mariposas*, cantando las ilusiones, los ensueños y los devaneos de la primera edad. Por idéntico motivo, no creo que el poeta, al dedicar sus versos a Luzbel, el príncipe de las tinieblas, lo haya hecho por seguir las huellas de Baudelaire o de Richepin, sino más bien porque cansado de invocar al Bien acude a arrojarse entre los brazos del Mal. Hasta presumo que, al coleccionar esos versos, tuvo el presentimiento de que iban a ser acogidos con cierta reserva, por lo cual le consagró el tomo a Luzbel, diciéndole:

Te consagro estos versos que han surgido
De mi cerebro mísero y enfermo,
Como surgen, bailando, a media noche
De su helada mansión los esqueletos.

. . . .

Fíjate en estas páginas sombrías,
Donde te habrán de parecer mis versos
Muecas horripilantes de una momia
Que pugna por alzarse de su lecho.

\

. . . .

Escribiendo este libro, una vez sola
No he abismado mis ojos en el cielo...
¡Es para ti, Luzbel! Cuando te aburras
Léelo en alta voz en el infierno.

Y cuando te lo sepas de memoria
Y yo duerma en el vasto cementerio,
Sus páginas destroza, y haz que bailen
Una danza macabra con el viento.

La musa de este poeta, como se adivina, es una musa triste, quejumbrosa, doliente y funeral. Yo me la represento bajo la imagen de una joven viuda que, con su traje de gasa negra, bordado de siemprevivas, se pasea a la caída de la tarde por desolado jardín, mirando avanzar las sombras de la noche y oyendo crujir las hojas secas bajo sus plantas. Su color favorito es el gris. Ama las piedras preciosas, pero el ópalo y la perla, por ser tan pálidas, le cautivan más. Disculpa la caída de Margarita, porque sabe que

...encierra placeres enervantes
La fiebre intensa, misteriosa y triste,
Que producen las joyas deslumbrantes.

Prefiere el crepúsculo al mediodía, la noche a la mañana, la Luna al Sol, el invierno a la primavera. Dice que ha nacido en unas *Islas Pálidas* que

Son unas islas en donde
Existe la sangre apenas,
Pues parece que se esconde
Fugitiva entre las venas.

En esas islas hermosas
Que *ella* ha visto en *sus* delirios,
Desaparecen las rosas
Bajo una lluvia de lirios.

Tiene noches de insomnio en que el miedo, como el hálito de un titán, la hace estremecer, o noches de sueños lóbregos, en que la pesadilla, como siniestro Aqueronte, la conduce en su barca, por un río de pez, hasta el trono de Satán, adonde suben, como el oleaje de un mar de fuego, los gritos de los réprobos, o hasta el fondo de las selvas legendarias, donde las brujas, acurrucadas bajo los árboles, aguardan la venida de la noche, para celebrar sus orgías en los cementerios. Ha sentido la embriaguez del vino, pero encontrándola triste, ha vuelto a la vida real, oyendo el rechinamiento del carro de los muertos, los sollozos de los sauces, los graznidos de los buitres, los estertores de los náufragos y exclamando, por último,

Lo que ha sido no sé; pero hace días
Que no aspiro otro olor que el del incienso,
El son de las campanas me entristece
Y alguien me está llamando desde lejos...

Cualquiera que sea el juicio de la crítica sobre estos versos, yo creo que su autor, tanto por su elevada fantasía como por su exquisita sensibilidad, es el primero de los poetas de la nueva generación. Yo estimo al hombre, sin conocerlo, porque lo creo un mártir, un mártir que sufre el triple martirio de su destino, de sus aspiraciones y de su medio social. Lo tengo, como diría Verlaine, por un maldito o por un saturniano. Y, a la vez que estimo al hombre, yo admiro en alto grado al poeta, porque me ha iluminado, con la antorcha de su talento, las tinieblas de su corazón; porque es un espíritu

triste, y las almas felices, como los objetos grotescos, me inspiran repugnancia sin límites; porque no ha halagado, con sus estrofas, los caprichos
de la inmensa mayoría de los lectores; porque se ha atrevido a cantar en
admirables versos, lo que aquí no se puede apreciar, porque no se acierta
a comprender, sin temor a la indiferencia del público, a las censuras de los
críticos o a las burlas de los critiquillos; y en fin, porque ha interrumpido
el tono monótono de la poesía cubana, lanzando en ella una nota nueva,
extraña y original.

La Habana Elegante, 30 de abril de 1893.

VIII. José Fornaris

Hay escritores que tienen el privilegio de conquistar, en cierta época de
la vida, la admiración unánime de sus contemporáneos, hasta que, al cabo
de cierto tiempo, ya por la decadencia de sus facultades intelectuales, ya
por no haber seguido las modas literarias, ya por la aparición de nuevos
campeones que vienen a disputarles el premio en buena lid, sienten for-
marse poco a poco el vacío a su alrededor, enmudecer las muchedumbres
aclamadoras, cernerse la ceniza del olvido sobre sus obras y marchitarse
los laureles de sus sienes. Entonces comienza la agonía de su renombre,
que es la más lenta y la más cruel de todas las agonías. No hay espectáculo
más enervante que el de los esfuerzos desesperados de esos náufragos
de la popularidad. Muy pocos son los que se dejan arrastrar por la marea
de la playa desierta del olvido y ahogan los gritos del orgullo sublevado
que les impide adormecerse tranquilos en brazos de la resignación.

Tras de esa agonía, los laureles marchitos de algunos, al borde de la tumba suelen reverdecer. Pero ya es muy tarde. Cuando sopla esta brisa primaveral, el enjambre dorado de las ilusiones se ha ahogado entre las nieblas de
los años, la chispa del entusiasmo se ha apagado bajo sus propias cenizas,
la locura se ha guarecido en el cerebro, la sonrisa no asoma nunca al borde
de los labios y el corazón, a cada latido, se deshace en pedazos. Amargados
por las heces de los grandes dolores solitarios, descienden a los brazos de
la muerte, derruido el cuerpo por la vejez y el alma devastada por la desesperación, sin dar importancia a lo que pasa en torno de ellos, creyendo

firmemente que solo han dejado un nombre impreso sobre la arena y, que las ondas muy pronto lo habrán de borrar.

Tal es el caso del insigne poeta cubano que después de haber sido idolatrado por los hombres de su generación y escarnecido por algunos de la presente, murió hace algún tiempo, promoviendo entonces una reacción a favor de su nombre y despertando públicas simpatías. Hoy casi se le ha olvidado, pero su influencia todavía se hace sentir.

* * *

Hasta hace algunos años, se celebraban semanalmente, en el salón del doctor José María de Céspedes, unas veladas íntimas de carácter literario, a las que acudían muchos amantes de las letras cubanas. El ilustre poeta de quien hablo era el más asiduo de los concurrentes. Allí se presentaba, con su cuerpo vigoroso y con su alma juvenil, dispuesto a pulsar su lira de oro en honor de alguna beldad o a aplaudir los triunfos de los adolescentes que acudían a aquel torneo, donde nunca faltó una Clemencia Isaura que repartiera, si no rosas de plata, sonrisas perfumadas de aprobación.

Atraído por el éxito de las veladas, me presenté una noche en aquella casa, con objeto de leer un pequeño poema que acababa de escribir. Habiendo sentido siempre un gran amor por la pintura, yo había tratado de hacer, en aquella composición, dos cuadros poéticos, uno en el estilo de Perugino y otro en el estilo de Rembrandt. En el primero trazaba la figura de una joven novicia que se paseaba, al claro de Luna, por los jardines de un claustro italiano, formando ramilletes de lirios y violetas. Allí todo era lila, blanco, ámbar y azul. En el segundo, la misma joven, que había pronunciado ya los votos supremos, aparecía al pie de un altar, desgarrando el sayal y echada la toca hacia atrás, pidiendo a Dios, en la noche, que alejara de su memoria la imagen de un guerrero a quien había amado en sus primeros años. Todo era aquí blanco y negro. Bajo los tintes místicos del primero, había tanto sensualismo oculto, que me decidí a esconderlo y solo presenté el segundo, pues ambos podían mostrarse aislados.

Terminada la lectura de la composición, vi avanzar hacia mí, con sonrisa bondadosa en los labios y vivísimo interés en las pupilas, al noble poeta bayamés, quien me colmó de frases halagüe.as y me dio también algunos consejos. Aún conservo en mi oído el rumor de sus palabras y me parece sentir en las manos el calor que les imprimieran las suyas. Y si hablo de esto, no es para vanagloriarme, sino para decir cómo lo había conocido y hablar algo de su personalidad.

Después de aquella noche inolvidable para mí, tuve el honor de encontrarlo muchas veces. Era siempre el mismo en todas partes. Donde quiera que se presentaba se le acogía bien, no solo por su nombradía literaria, sino porque era un hombre de sociedad, galante con las damas, para las cuales tenía siempre un madrigal en los labios, generoso con sus enemigos, a quienes nunca demostró rencor, conversante ameno, porque su cultura intelectual le permitía desflorar todos los asuntos, y afable siempre con los que estaban a su alrededor, tanto por su modestia natural cuanto por tacto que poseía para ponerse al nivel de los demás. Como todo hombre sociable que marcha solo por el desierto de la vejez, necesitaba la compañía de sus semejantes y ahogaba entre la música del baile los gemidos de su corazón. Quizás por no haber sabido soportar el aislamiento, como también porque su profesión de cronista le obligaba a presentarse en todas partes, su persona fue el blanco muchas veces de las burlas de los irreverentes, no inspirando siempre el mismo respeto que inspira el escritor que sabe enclaustrarse en su gabinete y esquivar las miradas de la muchedumbre.

Entre las causas conocidas que debieron amargar su existencia en los últimos años, deben mencionarse los ataques groseros dirigidos a su persona, más bien que a sus obras, por muchos criticastros que, impulsados por la osadía de los pocos años y enardecidos por la impaciencia de llegar a las mismas alturas, descargaban su ira contra él, sin tener siempre presentes al escribir las reglas de la urbanidad. Esos criticastros, a semejanza de los pilluelos que arrojan guijarros a las estatuas de las plazas públicas para derribarlas de sus sólidos pedestales, empleaban el tiempo robado al estudio en dirigirle, ya desde las columnas de algunos periódicos, ya desde la mesa de algún café, todo género de censura y chanzonetas. Si muchos de esos ataques no dañaban la reputación del poeta a quien iban lanzados, porque casi todos eran gratuitos y procedían de escritores que no serían capaces de componer la peor de sus décimas, debían herir un tanto su corazón, porque no los merecía ni sabía devolverlos con las mismas armas.

A pesar de todo, su carácter se conservó siempre igual, exteriormente al menos, sin que ningún veneno oculto destilara en la conversación. Su alma era como el diamante; se la podía triturar pero no manchar, porque era inasequible a las impurezas. El *amari aliquid* de Lucrecio no brotó nunca de él. Firme en sus convicciones, marchaba sereno por el camino de la vida, sin hundirse en el lodo, porque le guiaba el Ideal y tenía curtida la epidermis para recibir las picadas de los tábanos de la envidia y cerradas las orejas a los aullidos de los lobos que permanecían en la oscuridad. Hasta la locura, que puede ser un bien, porque nos libra de las torturas del pensamiento, no tuvo ninguno de sus consuelos para él, pues solo se albergó en un rincón de su cerebro que, como el mundo sus dos hemisferios, conservó hasta el postrer instante una parte en la sombra y otra parte en la luz.

* * *

Hojeando rápidamente el último volumen que publicó el célebre poeta que acaba de morir, y en él solo figuran las composiciones poéticas que juzgó dignas de legar a la posteridad, se comprende de seguida que no alcanzaran el favor de otros días, a la par que se experimenta una sensación de indecible bienestar, semejante a la del hombre que vuelve a ver, al cabo de largos años de ausencia, la cúpula del campanario natal, alzada sobre la verdura de la campiña, entre la que corre a ocultarse, ansioso de huir del estruendo de las ciudades y de gozar en calma de los encantos de la soledad. Después podrá experimentar el horror de la naturaleza y la nostalgia de la civilización, pero el aura campestre habrá refrescado sus sienes, el rayo del Sol habrá infundido vigor a sus miembros, el canto de los pájaros habrá poblado su mente de ensueños azules y la vista de la casa paterna habrá hecho latir su corazón.

Las composiciones poéticas del autor de los *Cantos del Siboney* han sido escritas en época distinta a la nuestra, bajo la influencia de aspiraciones diversas y de ideas extrañas a muchos hombres de la presente generación. El mundo ha sufrido grandes transformaciones y los poetas se han encargado de presentarlas en sus obras de distintas maneras. El corazón no alberga los mismos sentimientos ni el cerebro las mismas ideas. El cierzo del escepticismo que sopla en la atmósfera moral, se ha introducido en nuestro espíritu, helándonos las creencias que habíamos heredado de nuestros antecesores y que, como aves ateridas por el frío, han muerto acurrucadas en los rincones de nuestro corazón. Tal vez vuelva algún día la primavera y el Sol se levante en el horizonte espiritual, pero ahora reina el invierno y la noche ha desplegado su tienda negra sobre nuestras cabezas.

El poeta moderno no es un patriota, como Quintana o Mickiewicz, que solo lamenta los males de la patria y encamina los pueblos a las revoluciones; ni un soñador, como Lamartine, perdido siempre en el azul; ni un didáctico, como Virgilio o Delille, que pone su talento poético al servicio de artes inferiores; ni un moralista como Milanés entre nosotros, que trata de refrenar en verso los vicios sociales; sino un neurótico sublime, como Baudelaire o Swinburne, mitad católico y mitad pagano; o un nihilista como Leconte de Lisle o Leopardi, que no ve más que la esterilidad de los esfuerzos humanos, ni aspira más que a disolverse en el seno de la nada; o un blasfemo, como Carducci o Richepin, que escupe al cielo sus anatemas; o un desesperado como Alfredo de Vigny, que lanza incesantemente contra la naturaleza gritos de rebelión; o un analista cruel, como Sully-Prudhomme o Paul Bourget, que nos crispa los nervios; o un pintor, como Teodoro de Banville o José María de Heredia, que solo ve formas y colores; o un músico como Mallarmé, que asocia la harmonía de la idea a la harmonía de las palabras; o un alucinado, como Poe o Villiers de L'Isle-Adam, que nos comunican sensaciones inexperimentadas; o un satiriásico, como Catulle Mendès o Alejandro Parodi, que solo canta la belleza carnal de las ninfas antiguas o de las hetairas modernas; o un gran subjetivista, como Heine o Bécquer,

que de sus grandes dolores
hace canciones pequeñas.

Creo que se puede ser todavía lo que fueron los primeros escritores que acabo de mencionar, como lo ha sido el más popular de nuestros poetas, pero a condición de que el ropaje de las ideas tenga mucho valor artístico, toda vez que la forma es la única que salva ciertas vulgaridades y la que ha llegado a su grado máximo de perfección en nuestros días.

Quien esté identificado con los poetas modernos, si abre el libro de Fornaris, se le caerá de las manos, porque solo descubrirá allí un enamorado o un patriota que presenta sus ideas, lo mismo que sus sentimientos, bajo una forma que no le llegará a satisfacer. El concepto que ha formado ese lector, tanto del amor como del patriotismo, difiere mucho del que revela el autor de la obra que comienza a leer. Y si no busca un mero pasatiempo en la lectura, sino un eco de sus propios sentimientos o un reflejo de sus propias ideas, cerrará al instante la obra, yendo a refugiarse en una cualquiera de sus autores favoritos.

Hoy se piensa, en general, que el amor es solo una sensación de la carne, que debemos procurarnos, o una enfermedad del espíritu, que debemos combatir. El tipo de la mujer, en la literatura moderna, no está menos desfigurado. Se la presenta hermosa, pero pérfida; enamorada, pero voluble; sensible, pero estúpida; adorable, pero funesta. Si se la eleva hasta las nubes, se le arroja de seguida en el arroyo. En vez de alma se le ponen nervios. Unas veces se la adora como a una deidad y se la trata otras como a una bestia. Alfredo de Vigny la ha definido, en su poema «La cólera de Sansón», tal como se la pinta hoy, diciendo:

La Femme, enfant malade et douze fois impur.

Tampoco se cree que el patriotismo consista en encender la llama del odio en la muchedumbre y arrastrar los pueblos, por medios artísticos, a los campos de batalla, sino más bien se deduce que estriba en dejar que broten en el suelo de la patria, a la sombra del árbol de la paz, las fuentes de riqueza, necesarias para el engrandecimiento de las bellas artes.

La forma de los versos de Fornaris tampoco satisface a los modernistas, los cuales le pedirán un poco más de arte, a cambio de menos espontaneidad. Hasta por los metros que emplea, se conoce que su maestro ha sido Quintana, hueco, vulgarote e insulso rimador de lugares comunes. Encontrarán las estrofas claras y sonoras, pero nada más. Dentro de algunas creerán oír estruendos de cascada y ver reflejos metálicos. Hallarán que el poeta se remonta algunas veces a la altura de las águilas y que otras, pasa rozando el suelo como una golondrina fatigada de volar. Las poesías que el poeta amaba más serán las que menos le agraden, pero también las que le proporcionarán, de cuando en cuando, la sensación de las cosas sencillas, gustada en la infancia y no sentida después.

* * *

Si hubiera de representar, por medio de una imagen, la obra entera del poeta bayamés, tal como aparece en el volumen definitivo que dejó a las generaciones del porvenir, diría que la concibo bajo la forma de una casa rústica, mitad de piedra, mitad de madera levantada, en medio de una ciudad sobre dos bases sólidas; el amor y el patriotismo. Dentro de la casa está siempre un poeta anciano, de rostro sonrosado y de cabellos blancos, que sonríe a las doncellas que pasan, adora entrañablemente a sus nietos y los educa para que liberten a la patria de sus cadenas. El bardo, en horas de tristeza, convoca con una flauta de caña silvestre, más bien que con un clarín de bronce, la sombra de los primeros habitantes de su país. Hay días en que se entretiene en cortar las flores de su jardín o en oír el canto de sus pájaros.

¿Morirá el anciano de soledad? Creo que no. Mientras los dos sentimientos que le sirven para inspirar admiración, no se borren por completo del alma humana, habrá mujeres que vayan a consolarlo, adolescentes que entren a oír sus cantos y escépticos que acudan a recalentarse a su lado en ciertos instantes, guareciéndose del frío que reina en la atmósfera y de las sombras que enlutan el firmamento azul.

IX. José Arburu

Allá lejos, en tierra extranjera, donde lo arrastró el destino, donde vivió algunos años y donde empezaba a recoger la cosecha dorada de sus sueños, murió este joven artista, legando un nombre glorioso a su país. Todavía no se hallaba siquiera en el ocaso de la adolescencia. Y, sin embargo, su apellido resonaba en el clarín de bronce de la fama y sus telas se cubrían de monedas en los mercados madrileños. Era como todo gran artista, fecundo y trabajador. Su vida podría definirse en breves frases: estudió mucho y trabajó más. Tenía siempre la inteligencia domeñada por la voluntad. No era de los que aguardan, con las manos inertes sobre los muslos y con la palidez de la impotencia en el rostro, para comenzar la diaria faena, el aleteo de la invisible paloma de la inspiración. Ésta consistía para él, del mismo modo que para todos los verdaderos artistas, tanto en el amor al arte, como en la perseverancia en la labor. Además de los gritos de la vocación escuchaba confusamente quizás, en el fondo de su alma, los de secretos presentimientos que, como fúnebres heraldos, le anunciaban su prematuro fin, entonándole la invitación al pincel. Estaba predestinado a morir joven. Aquella deidad lánguida, coronada de violetas y adormideras, que Gustavo Moreau ha pintado acechando al bello adolescente que, con un haz de margaritas, anémonas y narcisos en las manos, corre a ceñirse el lauro de los vencedores, se le interpuso también en su camino y lo hirió con su lanza de oro, esmaltada de pedrería, en su carrera triunfal. Empero sus obras le sobrevivirán. Pertenece ya, en la Historia del Arte, a esa noble familia de genios-niños que, como María Baskirseff y tantos, han muerto en el alba de la vida, dejándonos la impresión de esas estrellas que abrillantan la negrura aterciopelada del cielo un instante y, al avanzar la noche, palidecen para siempre entre nubarrones plomizos.

Una corriente poderosa de simpatía nos arrastra hacia esos genios malogrados. Sus obras exhalan un perfume sagrado, poético y misterioso que se difunde por todos los poros de nuestra sensibilidad. Parece que la comprendemos mejor que las de los demás. No vemos solamente lo que son, sino lo que hubieran llegado a ser. La piedad abre horizontes infinitos a nuestra admiración. Internándonos en el estudio de ellas, creemos estar viendo, desde la cubierta de un navío, a la caída de la tarde, las bellezas de una región que surge a la vista sobre las olas, pero en la cual no podemos penetrar. Tras el paisaje que contemplamos, nuestra fantasía sueña esplendorosas magnificencias. Si pudiéramos arrojar el ancla, quizás la realidad defraudara nuestras esperanzas. Otras veces se nos antoja que comprendemos tales obras a medias nada más. Entonces tienen todavía el encanto de esos aires extranjeros de los cuales solo podemos gustar la melodía sin comprender las palabras. Y si aquellos genios, después de su corta peregrinación terrestre, no han recibido todavía los homenajes merecidos, nuestra simpatía se acrecienta en su favor. Esto acontece con el gran artista de quien nos vamos a ocupar. Como la mayoría de los que han nacido en este país, la sociedad le fue indiferentemente hostil. Fuera de algunas frases compasivamente laudatorias, la prensa habanera, esa gran mercenaria que vive en el más repugnante contubernio con el comercio y la industria, ofreciéndoles a bajo precio sus vergonzosos favores, no ha hecho resaltar, como debiera, sus grandes méritos, ni sacado de la penumbra, como hubiera podido, esta figura artística de inapreciado valer. Densa bruma se extiende todavía alrededor de su nombre, que intentaremos desgarrar.

* * *

Una mañana de hace algunos años, la figura siniestra de un mendigo, maqueada de lacería y medio cubierto de andrajos, se encuadró humildemente en la puerta de una academia de dibujo, frente a las miradas curiosas de los jóvenes dibujantes. En el número de estos se encontraba Arburu, que solo tenía entonces diez años. Apenas entrevió al limosnero, su lápiz se puso a trazar febrilmente en la blancura de papel la silueta aterradora de aquel desertor de un capricho de Goya o de un hospital de Rembrandt, fijándola por completo a los pocos instantes. Aquel dibujo fue su primer triunfo. Todos sus condiscípulos quedaron maravillados del absoluto parecido que presentaba con el original.

Pasado el tiempo, después de haber terminado, en la Academia de San Alejandro, sus estudios preparatorios, concibió el proyecto de trasladarse a Europa, el cual realizó más tarde, ayudado por el producto de sus trabajos y la magnanimidad del más poderoso de sus admiradores. Estableció su residencia en Madrid. Allí ingresó de seguida en la Real Academia de San Fernando, donde obtuvo envidiables triunfos, lo mismo que en el taller del reputado maestro Domínguez, a quien secundó en el decorado del magnífico palacio de Murga. Estando para terminar las obras encomendadas, alcanzó un triunfo que merece ser conocido. Sintiéndose fatigado el maestro a quien ayudaba, esforzábase vanamente por concluir diversos accesorios de uno de los testeros que le estaban encomendados. Como deseara su pronta terminación, por estar próximo a extinguirse el plazo señalado, encargó a Arburu que se hiciera cargo de aquello. A las pocas horas el joven artista había concluido la tarea que se le confiara y dos pintores ilustres, Pradilla y Plasencia, que también decoraban otro salón, encomiaban más tarde lo que nuestro compatriota había llegado a terminar. No solo secundó a Domínguez en la pintura de los frescos mencionados, sino también en la ilustración de periódicos. Bajo su dirección hizo luego retratos tan notables como el de la difunta hermana de Castelar, el del obispo de Zamora y dos de la reina regente que fueron adquiridos para los palacios del Gobierno y de la Diputación Provincial de Santander.

Los que le han conocido, aseguran que producía la impresión, en lo físico, de un Montoro niño. Su retrato nos lo ha llegado a confirmar. Tiene la misma frente, la misma cabellera, la misma barba, la misma arrogancia y la misma robustez. Solo que se percibe, tanto en la mirada como en la boca, cierta melancolía que no se destaca en el semblante del gran orador. Por lo demás, tenía el carácter serio, sin necias pedanterías, modesto, sin exageraciones ridículas y concentrado sin ausencias de afabilidad. Vivía solo, íntimamente enlazado a sus sueños, libre de nostalgia y exento de ambiciones mezquinas. Preciábase de su independencia, como otros se precian de su servilismo. Taciturno con los burgueses, tornábase locuaz con los artistas. Era noble y generoso, como siempre lo son los que se sienten fuertes. Detestaba lo que se llama el gran mundo, los ditirambos de la prensa, los éxitos fáciles y todo lo que preocupa a los imbéciles. Sus dioses eran los grandes maestros de la pintura y su mejor amigo el pincel. Su mayor goce consistía en la traslación de un ensueño al lienzo. Pero nunca quedaba satisfecho de sus obras, porque había colocado muy alto su ideal. Su vida podía ilustrar aquel pensamiento de Leopardi de que la idea que el artista tiene de su arte o el sabio tiene de su ciencia, está en proporción indirecta de la idea que tiene de su propio valer en aquel arte o en aquella ciencia. También como Efraín Mikhael hubiera podido nuestro malogrado artista cantar:

Je sens ainsi toujours, ideaux ou charnels,
Vivre au fond de mon coeur les désirs eternels,
Et chacun d'eux, désir d'amant, désir d'artiste,
Pourra s'eteindre ainsi que les soleils pális;
Mais je n'endormirai jamais mon âme

* * *

Viendo sus trabajos pictóricos, compréndese fácilmente, no solo lo que estudiara, sino lo mucho que progresó en pocos años. Si no predominan en sus múltiples obras las facultades imaginativas, débese más bien a la escuela a que pertenecía y al medio en que se desarrollaba, que a su pobreza de imaginación. Sus concepciones son siempre nobles y elevadas. Ordena sus planes con sencillez y naturalidad. La idea fundamental se destaca a primera vista, sin hacer grandes esfuerzos imaginativos. Se ve que maneja el pincel con firmeza a la vez que con habilidad. Su dibujo es ajustado y no descuida las partes secundarias para concentrar todo su vigor en las principales. Acostumbra a ser muy sobrio en todas ellas. Es más colorista en las gamas profundas y da siempre a sus trabajos una armonía que se acerca a la perfección. Ha cultivado todos los géneros, desde el cuadro de historia hasta el retrato, mostrando en todos una conciencia artística de inestimable valer.

La vida madrileña tuvo en Arburu, como la vida parisiense en Nittis, uno de sus más fieles reproductores. Predominan, generalmente, lo mismo en sus cuadros de género que en sus figuras aisladas, los tipos españoles. Allí se ven frailes rollizos, congestionados por la gula y abrasados por la lujuria, quedarse estáticos ante la vista de una pantorrilla que asoma bajo una saya de merino o la morbidez de pechos marmóreos que hacen crujir el corpiño de encaje; manolas de ojos de terciopelo y moños de pelo de seda negra, envueltas en mantas de Manila, que mueven lascivamente sus caderas; toreros ágiles, de rostro frailunos y pechos de castrados, con la copa de manzanilla en las manos o el trapo rojo sobre los hombros; modistillas retozonas, ligeras como gamuzas y coloradas como manzanas, que acechan los transeúntes a la salida del taller; o grandes damas que pasan, con sus abrigos de pieles y con sus capotas florecidas, muellemente reclinadas entre los cojines de sus coches. Muchas escenas típicas de la capital española como la de la salida de la plaza de toros, han sido reproducidas magistralmente por nuestro llorado artista en sus mejores bocetos.

De sus cuadros de historia, el más notable de todos los acabados, porque la muerte vino a interrumpirlo en la ejecución de muchos que había llegado a empezar, es el que, con el título de *La primera misa en América*, presentó al certamen de La Ilustración Española y Americana, cuadro popularizado por la fotografía, obteniendo el primero de los premios ofrecidos.

Este cuadro que debió hacerse, según opinión de reputados pintores, en tela de seis a ocho metros, lo hizo su autor por falta de medios, en pequeñas proporciones. Bajo un cielo de turquesa, jaspeado de nubes rosadas, ambarinas y violetas, el mar levanta suavemente su dorso azul, franjeado de espumas blancas. La línea gris del horizonte se prolonga en la inmensidad. Sobre la playa, a la izquierda del espectador, despliégase ancha lona, entre cuyos pliegues ondulantes se oye el zumbido de los vientos. Debajo de ella, sobre extendida alfombra carmesí, contra un árbol gigantesco se levanta un altar. Un sacerdote de luenga barba, revestido de blanca casulla, con franjas de oro, acompañado de rubio monaguillo, celebra el sacrificio de la misa, bendiciendo en aquel instante a los fieles. Estos se agrupan a la derecha, unos de pie, otros de rodillas. Frente a todos, próximo al altar, con la espada inclinada en la diestra y el pendón elevado en la izquierda, se destaca la venerable figura del Almirante, coronado de cabellos grises, prismatizados por la luz solar. La bondad, a la par que la modestia, se reflejan en aquel rostro severo, estigmatizado por el infortunio. Sordo a las aclamaciones del más entusiasta de sus compañeros que lo aclama detrás, permanece atento solamente a la ceremonia religiosa. Cerca del gran genovés, sobresale la figura de un fraile dominico que, dobladas las rodillas en tierra y echado el capuchón de lana hacia atrás, ora con gran fervor. Cada uno de los concurrentes hacinados al fondo, está en distinta actitud y tiene variada expresión. El grupo es magistral. A la izquierda surgen varios indios, de piel cobriza y de cabellera áspera, que se aproximan, medio desnudos, al lado del altar, mostrando el asombro o la indiferencia en sus negros ojazos. Toda la composición, que hubiera podido degenerar en teatral, sin la maestría del artista, resulta heroica, grandiosa y conmovedora.

Muchos cuadros pequeños hemos visto del infortunado pintor, pero solo mencionaremos los más conocidos. El primero representa a un obispo que, con vestidura talar de seda violeta, ribeteada de rojo y con su solideo de raso negro, coronado de verde moña, aparece sentado en alto sitial de roble, con incrustaciones de bronce, dentro de florido jardín. Tiene un breviario abierto entre las manos, donde parece que lee sus oraciones. A su derecha se levanta un muro, medio cubierto por las hojas de verde enredadera, estrellada de botones lilas, por encima del cual se abre el cielo azul. El rostro del prelado, pálido como los cirios y apergaminado por la edad, denuncia la calma infinita del espíritu divorciado de las cosas terrestres y sumido en las dulzuras de los goces espirituales. Tras de los pliegues de la sotana, descúbrense las líneas de aquel cuerpo, torturado por el cilicio, enflaquecido por el ayuno y encorvado por el peso de los años.

Junto a ese cuadro, hay otro que tiene también por escenario un jardín. En primer término aparece una joven hermosa, de ojos negros y cabellos rubios, sentada en ancha butaca de mimbre, mostrando su belleza fascinadora, su elegancia sencilla y su indolencia espiritual. Ostenta un traje color de acero, ornado de lazos rojos, que moldea admirablemente sus formas. Un abanico se abre entre sus manos. La mirada de sus ojos semejantes a dos perlas negras, entre las conchas rosadas de los párpados, retiene al contemplador. Al respaldo de la butaca, se descubre una fuente marmórea, formada por cuatro angelillos que sostienen una concha labrada entre las manos, sobre la que se yergue una cabeza seráfica que arroja por la boca un abanico prismático de agua, cuyas gotas emperlan la desnudez de los angelillos que están a sus lados y la verdura de las plantas que se elevan a su alrededor. Junto a la fuente, hay dos macetas de barro, donde florecen lirios, cuyo aroma embriaga a la joven, haciéndole inclinar ligeramente la cabeza hacia atrás.

Cuando se exhibieron estas obras maestras por la primera vez, presentóse también un estudio al desnudo que pronto pasó a manos desconocidas. El lienzo tendría un metro de alto, por medio de ancho. Representaba el interior de una caverna, donde una especie de viejo ermitaño se encontraba absorto en la meditación. Sentado en un banquillo, el anciano apoyaba su cabeza en el hueco de la mano derecha, cuyo brazo descansaba en una mesa cercana, sobre la que amarilleaba un cráneo y verdeaba un crucifijo de metal. El brazo izquierdo, caído sobre la rodilla, sostenía lánguidamente un grueso infolio de tonos amarfilados. Un paño rojizo rodeaba la cintura del solitario, cayendo al suelo por entre sus piernas. El rostro del ermitaño estaba ceñido de una barba blanca, de esa blancura de los celajes vespertinos ligeramente dorados por los últimos rayos del Sol que descendía en cascada sobre su pecho, donde la flacidez de las carnes estaba de tal modo copiada que producía una sensación repugnante a las miradas. El fondo de la caverna tenía un color verdinegro que abrillantaba la blancura del cuerpo del anacoreta y la púrpura del paño que colgaba de la cintura de éste, lanzaba una mancha luminosa que contrastaba con los tonos dominantes, contribuyendo a la belleza del conjunto. Había tal blandura en las pinceladas, tal coloración en las carnes y tal naturalidad en la actitud que aquel desnudo parecía hecho por un maestro. Y mucho más que la ejecución, la vista del ermitaño hablaba en pro al espectador. Contemplándolo algunos instantes, un poema de amargura se leía en aquel harapo de carne, donde el tiempo, a la vez que la meditación, había derramado su ácido corrosivo que ya comenzaba a filtrar por todos sus poros. Adivinábase que aquel hombre había vivido un día entre sus semejantes y, desencantado de ellos, se había retirado a la soledad, sin dignarse mostrar su desprecio a los demás. Para no sentir el curso de las horas, se había puesto a acechar la verdad y después de sacrificarle su vida había llegado el momento de comprender que lo único cierto era la muerte y cerrando el libro que tenía entre las manos, su espíritu se había hundido en la más negra desesperación. Sorprendiéndolo en tal momento, el pincel del artista trasladó su figura al lienzo, ejecutando una obra que Ribera, el pintor de los grandes desolados, hubiese firmado en sus primeros años.

Pero más que las obras mencionadas, nos gusta un boceto del mismo autor, cuya composición llega verdaderamente a sorprender. Parece una visión de pesadilla trasladada al lienzo. Vista de cerca, no es más que un amasijo de colores, aplastados por la espátula en todas direcciones, pero alejándola un poco, el cuadro se precisa con toda claridad. Es una tarde tempestuosa, húmeda y glacial. El cielo tiene un color plomizo, veteado de rayas anaranjadas, solferinas y moradas. Azotada por el viento y empapada por la llovizna, una mujer corpulenta, vestida de lana negra, abarquillada y azul, marcha catalépticamente por una llanura pedregosa, dilatada a las faldas del Calvario, donde se elevan tres cruces rígidas, negras y solitarias. Lleva las manos unidas y tiene vacías las cuencas de los ojos. Semeja una deidad maléfica que va sembrando a su paso la desolación. ¡Ay! ¿No será esa visión la que el artista entreveía en sus horas de fiebre, la que lo acostó en la tumba y la que nos lo arrebató para siempre hacia regiones donde quizás no lo podamos encontrar jamás?

Cronología
Vida y obra de Julián del Casal

1863   7 de noviembre: nace Julián del Casal en la casa familiar de la calle
       Cuba, número 24, en La Habana.
       Sus padres: Julián del Casal Ygareda, natural de Santurce, Vizcaya,
       España, y María del Carmen de la Lastra y Owens, natural de Artemi-
       sa, Pinar del Río, Cuba.
       23 de diciembre: es bautizado en la iglesia del Santo Ángel Custodio,
       de La Habana, con los nombres de José Julián Herculano, el primero
       de ellos en honor de su tío y padrino, José de la Lastra.
1867   31 de diciembre: nace su hermana, María del Carmen Matilde Sives-
       tra Josefa de la Concepción de Todos los Santos (Carmelina), quien
       sería madre de la pintora Amelia Peláez del Casal.
1868   Muere su madre, María del Carmen de la Lastra. Su hermana menor
       es llevada al sur de Estados Unidos, con unos parientes maternos
       junto a los cuales crecerá. La familia se muda a una casa más modes-
       ta, situada en San Lázaro y Refugio.
1873   29 de septiembre: ingresa en el Real Colegio de Belén para cursar el
       bachillerato (no hay datos sobre cómo cursó la enseñanza primaria).
1877   Algunos de sus condiscípulos advierten sus tempranas inclinaciones
       y aptitudes literarias y de su espíritu rebelde. Se lo castiga por des-
       mentir a un profesor que difundía en clases infundios anticubanos del
       periódico de los Voluntarios, *La Voz de Cuba*. Forma parte, con Arturo
       Mora, Agustín Penichet y Ramón G. Echevarría, del grupo califica-
       do de «masones» y «libres pensadores». Funda con ellos *El Estudio*,
       periódico clandestino y manuscrito cuyos dos únicos números son
       recogidos por las autoridades escolares.
1879   6 de junio: recibe el título de bachiller y cesa su internado en el cole-
       gio jesuita. Pasa a residir con su padre en una casa situada al fondo
       de la droguería Sarrá, en la calle Compostela, entre Ricla y Teniente
       Rey.

1881   Obtiene un modesto empleo de escribiente en la Intendencia General de Hacienda. Inicia la carrera de Derecho en la Universidad de La Habana.

Aparece su primera colaboración conocida en la prensa habanera: el poema «Una lágrima», publicado el 13 de febrero por *El Ensayo*, semanario de cuatro páginas de extensión dedicado a «las ciencias, las artes y la literatura», que un mes más tarde daría a conocer otras dos composiciones suyas: «El poeta y la sirena» y «Huérfano».

1882   Interrumpe sus estudios universitarios al poco tiempo de haber abandonado los derechos correspondientes a la matrícula del segundo curso.

1883   5 de agosto: se publica en la revista *El Museo* su poema «Amor en el Claustro», el mismo que leerá días después en una de las veladas literarias del Nuevo Liceo, donde lo presenta Nicolás Azcárate. En esa oportunidad conoce al que luego sería notable novelista Ramón Meza, que fue uno de sus amigos más cercanos.

1884   Es posible que este año hayan iniciado Casal y Meza, en la biblioteca de los abuelos del novelista, las prolongadas e intensas sesiones de lectura que cuenta el último, a las que después se unieron los escritores Aurelio Mitjans, Manuel de la Cruz y Enrique Hernández Miyares, particularmente en las reuniones que continuaron en la biblioteca de la Sociedad Económica de Amigos del País, donde copiaron textos de Cirilo Villaverde solicitados por éste desde su exilio en Nueva York.

1885   9 de febrero: fallece su padre, don Julián del Casal e Ygareda.

9 de abril: aparece su primera colaboración en la revista *La Habana Elegante*, con su poema «Nocturno», primero de ese título.

25 de octubre: integra el cuerpo de redacción de la revista con Manuel de la Cruz, Ramón Meza y Aniceto Valdivia, bajo la dirección de Enrique Hernández Miyares. En esta época, Casal reside en una pequeña habitación, al fondo del local de dicha revista.

20 de diciembre: aparece en esa publicación su primer trabajo en prosa, «Manuel Reina», semblanza de este poeta español que fuera amigo de Aniceto Valdivia.

1886   28 de enero: publica su primera colaboración en la otra revista haba-
       nera de literatura, *El Fígaro*, su poema «Lazos de amor». Entre sus co-
       laboraciones en *La Habana Elegante*, aparecen traducciones e imita-
       ciones de Víctor Hugo, Théophile Gautier y Francois Coppée. A partir
       de este año puede situarse su estrecha amistad con su compañero
       de redacción, Aniceto Valdivia, quien recientemente había regresado
       de Europa —con breve residencia en Puerto Rico— con buena remesa
       de novedades literarias francesas —especialmente de parnasianos y
       simbolistas— que absorbieron a Casal, según el conocido testimonio
       de Ramón Meza y que influyeron decididamente en su poesía.

1887   Continúan apareciendo sus colaboraciones en *El Fígaro* y sobre todo
       en *La Habana Elegante*, incluyendo entre estas últimas la traducción
       de un poema de Heine y de poemas en prosa de Charles Baudelaire.
       En el diario *El Liberal* (diciembre 8), la traducción de «El pescador
       arrepentido», del conde León Tolstoi.
       11 de diciembre: publica *La Habana Elegante* por primera vez un
       poema de Rubén Darío, «Caso cierto».

1888   Entre sus colaboraciones, aparecen traducciones de Catulle Mendès.
       25 de marzo: comienza la publicación en *La Habana Elegante* de su
       serie de artículos «La sociedad de La Habana», bajo el seudónimo
       de El Conde de Camors. El primero titulado «El general Sabas Marín
       y su familia», nada menos que el Capitán General español en la Isla.
       Las autoridades disponen la recogida de la edición y Casal es llevado
       a los tribunales, donde queda absuelto, pero es cesanteado de su
       empleo de escribiente en la Intendencia General de Hacienda.
       10 de abril: reanuda en la revista la publicación de la serie «La socie-
       dad de La Habana», con el artículo sobre la antigua nobleza, donde
       muestra hostilidad hacia los españoles integristas y simpatía patrióti-
       ca hacia los criollos independentistas.
       8 de abril: la directiva del Círculo Habanero, institución de la cual es
       órgano *La Habana Elegante*, publica el acuerdo de no solidarizarse
       con los artículos sobre «La sociedad de La Habana». Por su parte,
       los redactores de la revista anuncian que ésta ya no representa a

dicha institución. Varios órganos de prensa de tendencia liberal se solidarizan con *La Habana Elegante*.

5 de noviembre: se embarca rumbo a España en el vapor *Chateau Margaux*, después de vender un solar heredado de su padre. Lo acompañan su hermana Carmelina y su esposo, que continuarían a París en viaje de luna de miel.

En Madrid, Casal hizo amistad con los poetas Salvador Rueda y Francisco A. de Icaza, segundo secretario de la legación de México en España.

Visita lugares que frecuentan artistas y escritores, entre ellos la Cervecería Inglesa.

1889   27 de enero: regresa a La Habana de su viaje a España.

Febrero: reanuda colaboraciones en las revistas *La Habana Elegante* y *El Fígaro*.

5 de mayo: nota en *La Habana Elegante*, anunciando la próxima publicación del libro La sociedad de La Habana, obra que no llegó a ser editada.

Noviembre: comienza a colaborar en el diario *La Discusión*. Se instala en una pequeña habitación, en edificio de la calle Aguiar N₀ 55 esquina a Obispo, donde estaba La Galería Literaria, famosa librería frecuentada por escritores y periodistas donde se reunían para sus tertulias.

1890   Enero: inicia su amistad con el médico, profesor y escritor Esteban Borrero Echevarría.

Febrero: visita a su hermana Carmelina, que reside en Yaguajay, poblado de la provincia de Las Villas.

Mayo: publica su primer libro de poesía, *Hojas al viento*.

Julio: conoce personalmente al general Antonio Maceo, de visita en la ciudad de La Habana, quien le inspira su soneto «A un héroe».

19 de octubre: aparece su primera «Crónica semanal» en el diario *El País*, firmada con el seudónimo de Alceste. Se muda para una habitación en los altos del diario *El País*, que le ofrece su director Ricardo del Monte, en Teniente Rey 30, entre Habana y Compostela, «un cuarto alto muy alto —contaría después Ramón Meza—, el tercer

o cuarto piso, elevado como una torre, desde donde se dominaba, a través de una ancha ventana, gran parte del caserío norte de la ciudad, y tenía por fondo la vista del mar, hermoso, azul. (...) La habitación era enorme, (...) semejaba vasta celda de prior o refectorio de fraile. (...). La vista del que entraba tenía que acostumbrarse a la tiniebla para distinguir algo de lo que había adentro. Un reclinatorio en el ángulo izquierdo del fondo, con una cruz tosca de leños cruzados, (...) una calavera al pie de la pequeña cruz, sobre el reclinatorio, y un grueso colchón de paja pegado al suelo. De allí, de aquel rincón oscuro, de entre la sombra surgía Casal (...) envuelto en blanco sayal, recibiendo la faja de blanca luz que penetraba por la única ventana abierta. Se abstraía con sus lecturas y sus versos».

30 de noviembre: en una de sus colaboraciones en *El País* menciona elogiosamente el poema «a mis hermanos muertos el 27 de noviembre», de José Martí, sobre los estudiantes cubanos de medicina fusilados en 1871 en La Habana. En su libro *Hojas al viento* incluyó un soneto «A los estudiantes».

Durante todo este año –uno de sus más fecundos– publicó traducciones suyas de Guy de Maussapant, de Catulle Mendès y de poemas en prosa de Charles Baudelaire.

1891 Conoce personalmente a la poetisa y pintora adolescente, Juana Borrero (1877-1896), sobre quien ejerció fuerte influencia artística y emotiva.

Febrero: se le declara la grave enfermedad pulmonar; los médicos le recomiendan reposo, por lo que permanece varias semanas en el hogar de su hermana en Yaguajay.

Marzo: renuncia a su empleo de folletinista de *El País*, porque –como informa en carta a un amigo– no estaba dispuesto a complacer a los suscriptores ni a tolerarles sus quejas, y para no sentir sobre sí la envidia de algunos de sus compañeros, que aspiraban a ocupar su puesto. Comienza a trabajar como redactor anónimo en el semanario humorístico *La Caricatura*.

5 de abril: nota de *La Habana Elegante* acusando recibo de ejemplares de la segunda edición de *Azul* (Guatemala, 1890) de Rubén Darío, uno de ellos dedicado a Julián del Casal.

11 de abril: escribe a J. K. Huysmans a París y, por mediación de éste, a Gustave Moreau, iniciando una interesante correspondencia con el pintor francés.

10 de mayo: aparece en esa misma revista el poema de Casal titulado «La reina de la sombra», dedicado «A Rubén Darío (Guatemala)».

Agosto: la revista *La Habana Elegante* se refunde con otra para denominarse *La Habana Literaria*, bajo la dirección conjunta de Enrique Hernández Miyares y Alfredo Zayas, manteniendo la misma redacción, incluso a Casal.

15 de noviembre: aparece en *La Habana Literaria* el artículo de Casal sobre Rubén Darío: «Azul y A. de Gilbert».

1892   15 de marzo: publica en dicha revista el poema de Darío titulado «El clavicordio de la abuela» dedicado a Julián del Casal.

Abril: edita Casal su segundo libro de poesía, *Nieve*, que habría de recibir un comentario encomiástico de Paul Verlaine en carta de Enrique Hernández Miyares.

27 de julio: llega a La Habana, en el vapor México, el poeta Rubén Darío de tránsito para viajar a España como Delegado del Gobierno de Nicaragua a los actos conmemorativos al IV Centenario del Descubrimiento de América. Durante la breve estancia de Darío en La Habana –donde recibió muchos agasajos de los escritores y de la prensa– Casal fue su más asiduo acompañante. Al reseñar el almuerzo que ofreció al visitante el director de la revista *El Fígaro*, un cronista apuntó que «Casal apenas almorzó, la admiración que siente por Rubén y el regocijo de tenerlo cerca, quitaron el apetito al sombrío poeta de *Nieve*». Posteriormente, en una carta que dirigió Darío a Hernández Miyares y que éste publicó en *La Habana Elegante* el 17 de junio de 1894, recordaba detalles de sus días habaneros en relación con Casal; al visitar el cementerio de Colón con varios colegas cubanos, entre ellos Casal, éste, «atormentado y visionario como Nerval, todo hecho un panal de dolor, un acerico de penas, ya con

algo de ultratumba en las extrañas pupilas. Íbamos todos alegres menos él, bajo la luz de la tarde. Y cuando descendimos de los carruajes, recorrimos las calles de cipreses y mármoles, entonces, solamente entonces, fue que Casal se puso a hablar lleno de animación, tal como un pájaro que se sintiese en su propio bosque. ¡Desdichado ruiseñor del bosque de la muerte! Estaba enamorado de la más pálida, de la más fiel, de la más silenciosa de las reinas...». En otra evocación, la de su visita a la familia Cay, recordaba Darío: «Pasamos Julián del Casal —el poeta celebrado por Verlaine y alentado por Huysmans y Gustave Moreau—, Raoul Cay y yo a un saloncito contiguo, a ver chinerías y japonerías.

Primero las distinciones enviadas al señor Cay por el gobierno del gran imperio; los parasoles, los trajes de seda bordados de dragones de oro, los ricos abanicos, las lacas, los *kakemonos* y suorimonos en las paredes, los pequeños netskes del Japón, las armas, los variados marfiles.

Julián del Casal, el pobre y exquisito artista que ya duerme en la tumba, gozaba con toda aquella instalación de preciosidades orientales, se envolvía con los mantos de seda, se hacía con las raras telas turbantes inverosímiles (...)».

30 de julio: Darío continuó viaje en el vapor Veracruz con destino a La Coruña.

3 de noviembre: la amistad entre Casal y Juana Borrero experimentó duro golpe este día, según apunte de la poetisa: «Ese día, hice sufrir a un ser muy grande».

5 de diciembre: nueva escala de Rubén Darío en La Habana, de regreso de su viaje a España. Llegó en el vapor Alfonso XIII, y al día siguiente zarpó en el vapor Veracruz, donde lo despidió Casal; los pormenores de esta dramática y última entrevista de ambos poetas aparecen en el patético poema de Casal, «Páginas de vida».

24 de diciembre: durante la familiar cena de Nochebuena a que fuera invitado por don Domingo Malpica (autor de la novela En el cafetal, comentada por Casal), éste se vio obligado a retirarse por sentirse con mucha fiebre.

1893   8 de enero: reanuda su publicación *La Habana Elegante* al desaparecer *La Habana Literaria*.

15 de enero: aparece en dicha revista el artículo de Casal sobre «Rubén Darío», con esta dedicatoria: «Para Enrique Gómez Carrillo, en París».

Gravemente enfermo, comienza el poeta a preparar su tercer libro *Bustos y rimas*.

Acepta la invitación a trasladarse a un cuarto alto de la residencia de don Domingo Malpica, situada en la calle Virtudes N₀ 2.

18 de junio: *La Habana Elegante* informa que Casal ha viajado a Yaguajay, para encontrar «junto con las más dulces alegrías en el seno de su familia», la salud que tiene quebrantada.

Septiembre: sufre nueva crisis de su enfermedad, ya de regreso a La Habana. Su médico, el doctor Francisco Zayas, diagnostica «tumores en los pulmones». Impedido de subir escaleras, se lo traslada a una habitación de la planta baja de la residencia del señor Malpica.

17 de septiembre: informa la revista *La Habana Elegante* que su redactor Julián del Casal ha mejorado de su enfermedad y está fuera de peligro.

1 de octubre: dicha revista informa sobre la pronta reincorporación de su redactor Julián del Casal ya restablecido.

Hace entrega al director de la revista, Hernández Miyares, los originales de su libro *Bustos y rimas*, que editará la revista.

5 de octubre: escribe a su amigo, el escritor Eulogio Horta: «Ven lo más pronto que puedas, para darte un abrazo antes de marcharme». Ha tenido una grave crisis de su enfermedad con fiebre y asfixia.

7 de octubre: carta de despedida a Rubén Darío: «Te escribo estas líneas para demostrarte que aún al borde de la tumba, adonde pronto me iré a dormir, te quiero y te admiro cada día más».

21 de octubre, sábado: «Mal día es hoy para mí», dice a Aurelio Miranda, administrador de *La Habana Elegante*, al llegar por la mañana a la redacción, mientras señalaba al cielo nublado a través de una ventana. Después de hacer las correcciones a las pruebas de su «Busto» de Aurelia Castillo de González, dijo a Miranda, alegre,

risueño, jovial: «Hasta el lunes». Por la noche asiste a una cena en la residencia de don Lucas de los Santos Lamadrid, en Prado N.º 11. De sobremesa, al reír de algún chiste, lo sorprende una violenta hemorragia y muere repentinamente de la rotura de un aneurisma, según certifica el doctor Francisco Zayas.

22 de octubre: las más representativas figuras de la cultura cubana acudieron al sepelio, que fue costeado por Antonio San Miguel, acaudalado director del diario *La Lucha*. «A las cuatro en punto — cuenta Aniceto Valdivia— llegó el suntuosísimo carro Philadelphia de la casa Guillot, con sus tres parejas negras como la noche y vestidas de arreos de seda negros y amarillos. A las cuatro y media se tapó el ataúd (...) y el cortejo se puso en marcha después de colocarse el féretro en su urna de vidrio. Más de veinte coches particulares (...) seguían al carro fúnebre por el Campo de Marte hasta Reina y el Campo Santo». Fue inhumado en el panteón de la familia Rosell.

Libros a la carta

A la carta es un servicio especializado para
empresas,
librerías,
bibliotecas,
editoriales
y centros de enseñanza;
y permite confeccionar libros que, por su formato y concepción, sirven a los propósitos más específicos de estas instituciones.

Las empresas nos encargan ediciones personalizadas para marketing editorial o para regalos institucionales. Y los interesados solicitan, a título personal, ediciones antiguas, o no disponibles en el mercado; y las acompañan con notas y comentarios críticos.

Las ediciones tienen como apoyo un libro de estilo con todo tipo de referencias sobre los criterios de tratamiento tipográfico aplicados a nuestros libros que puede ser consultado en Linkgua-ediciones.com.

Linkgua edita por encargo diferentes versiones de una misma obra con distintos tratamientos ortotipográficos (actualizaciones de carácter divulgativo de un clásico, o versiones estrictamente fieles a la edición original de referencia).

Este servicio de ediciones a la carta le permitirá, si usted se dedica a la enseñanza, tener una forma de hacer pública su interpretación de un texto y, sobre una versión digitalizada «base», usted podrá introducir interpretaciones del texto fuente. Es un tópico que los profesores denuncien en clase los desmanes de una edición, o vayan comentando errores de interpretación de un texto y esta es una solución útil a esa necesidad del mundo académico.

Asimismo publicamos de manera sistemática, en un mismo catálogo, tesis doctorales y actas de congresos académicos, que son distribuidas a través de nuestra Web.

El servicio de «libros a la carta» funciona de dos formas.

1. Tenemos un fondo de libros digitalizados que usted puede personalizar en tiradas de al menos cinco ejemplares. Estas personalizaciones pueden ser de todo tipo: añadir notas de clase para uso de un grupo de estudiantes,

introducir logos corporativos para uso con fines de marketing empresarial, etc. etc.

2. Buscamos libros descatalogados de otras editoriales y los reeditamos en tiradas cortas a petición de un cliente.

www.ingramcontent.com/pod-product-compliance
Lightning Source LLC
Chambersburg PA
CBHW022201170626

46807CB00005B/2295